KB268909

위즈덤하우스는
새로운 시대를 이끌어가는
지혜의 전당입니다.

대한민국
욕망의
지도

대한민국 욕망의 지도

초판 1쇄 인쇄 2006년 11월 18일   초판 1쇄 발행 2006년 11월 23일

지은이 김경훈   펴낸이 김태영

기획 이진아

기획편집 1분사_ 편집장 박선영   책임편집 한수미
1팀_양은하 도은주   2팀_오유미 가정실 김세희   3팀_최혜진 정지연 한수미
4팀_이효선 성화현 조지혜   디자인_김정숙 하은혜 차기윤

상무 신화섭   콘텐츠 기획 노진선미 이유정 이화진   제작 이재승 송현주
마케팅 신민식 정덕식 권대관 송재광 박신용 김형준   영업관리 이재희 김은실
인터넷 사업 정은선 왕인정 김미애   홍보 김현종 허형식 임태순   광고 김정민 이세윤 허윤경 임효구
경영지원 하인숙 김도환 봉소아 김성자 고은미 최준용   인사교육 송진혁

펴낸곳 (주)위즈덤하우스   출판등록 2000년 5월 23일 제13-1071호
주소 서울시 마포구 도화 1동 22번지 창강빌딩 15층   전화 704-3861   팩스 704-3891
전자우편 yedam1@wisdomhouse.co.kr   홈페이지 www.yedamco.co.kr
출력 으뜸   종이 화인페이퍼   인쇄·제본 영신사

값 13,000원   ⓒ김경훈, 2006   ISBN 89-6086-001-8 03320

대한민국 욕망의 지도

김경훈 지음

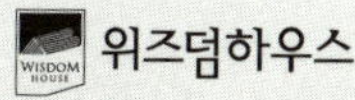

위즈덤하우스

욕망! 미래를 여는 문

과거 그 어느 때보다 대한민국은 빛나고 있다. 세계 속에서 대한민국의 위상은 꾸준히 커가고 있다. 그러나 그 대한민국에 사는 개인들의 삶은 '글쎄……' 라는 따옴표 안에서 머뭇거리곤 한다. 왜인가? 현란한 복잡성의 시대에 변화의 수레바퀴를 끌고 가기보다는 쫓아가기에 급급하기 때문일 것이다. 현재와 미래에 대한 자신의 좌표가 속도문명에 채여 자주 길을 잃기 때문이리라.

지하철을 타보면 스포츠신문 한 귀퉁이에서 '오늘의 운세'를 뒤적이는 청춘들을 가끔 만난다. 무릎에 얹어놓은 큼지막한 전공서적이 미끄러질세라 까치발을 하고는 오늘의 애정운, 재물운, 취업운을 훑는다. 세계는 넓고 할 일도 너무 많은 시대, 개성과 자기주장으로 온몸을 감싸고 '나의 스타일을 함부로 보지 말라'고 외치는 젊음들로 거리가 미어터지는 시대에도 여전히 사라지지 않는 작은 풍경이다. 아니, 오히려 운세 봐주는 것을 직업으로 삼는 역술가만 50여만 명, 운세업의 전체 규모가 2조 원대에 이를 만큼 대한민국 성장산업의 한 풍경으로 자리잡고 있다.

불확실성 속에서 진로를 모색해야 하는 것은 평범한 개인만의 현실은 아니다. 요즘 '질문 잘하는 남자' 손석희가 진행하는 라디오 프로그램을 즐겨 듣는데, 아무리 그가 재기 넘치는 답변을 유도해도 정치가나 정부 당국자들로부터 똑 부러지는 대답을 들은 기억이 거의 없다. 장밋빛 정사진과 그럴듯한 의도는 현실과 미래에 닥칠 다양한 문제점들 속에서 갈팡질팡 길을 잃기 일쑤다.

과거와 현재, 그리고 미래를 아는 데 필요한 정보와 지식이 오늘날처럼 넘쳐나는 시대가 또 있었던가? 전 세계 인터넷 사용자 수는 2005년에 이미 10억 명을 넘어섰고, 2006년 10월에는 웹사이트의 숫자만 1억 개를 돌파했다. 앨빈 토플러는 근간 『부의 미래』에서 '총지식 공급량'이라는 말을 사용하며 정보와 지식이 늘어나는 '믿을 수 없을 정도의 속도'에 대해 언급하고 있다. 실제로 미국 버클리대학 정보관리시스템 대학원의 연구원들이 조사한 바에 따르면, 이미 2002년 한 해 동안 늘어난 지식의 양이 국회도서관 크기의 도서관을 100만 채나 새로 지어 보유하는 양과 같다고 한다.

그런데도 우리는 현재의 좌표와 미래의 방향성 앞에서는 여전히 '유세'에 한쪽 귀를 열어두곤 힌다. 무슨 이유인가? 그 수많은 지식들로도 세상의 변화를 따라잡지 못하는 까닭은 무엇인가?

우리에게 필요한 통찰은 지금이 '통찰이 필요한 시대'라는 것이다. 세상이 복잡해질수록 사물들의 관계와 맥락을 잇는 단순한 통찰이 빛을

발한다. 과거와 현재와 미래의 맥락을 한눈에 들어오게 하는 간명한 관찰력 하나가 인터넷의 수백억 개에 달하는 지식보다 더 반짝일 수 있다. 양은 많지만 어지럽기만 한 낱낱의 정보와 데이터들은 통찰을 통해서 비로소 우리에게 의미 있는 지식으로 바뀐다.

　나는 전작 『트렌드 워칭』에서 수많은 정보에도 불구하고 제대로 파악하기 어려운 사회의 변화를 '생태학'이라는 종합적 시각으로 바라볼 것을 제안한 바 있다. 생태학은 자연의 변화를 물질, 에너지, 시공간, 다양성이라는 4가지 요소들의 관계를 토대로 추적한다. 우리 앞에 놓인 거대한 자연의 무수한 현상들도 이 4가지 요소로 분류하면 간단하게 이해할 수 있고, 미래를 예측할 수 있다. 공터에 떨어진 꽃씨만 연구해서는 앞으로의 성장을 예측할 수 없지만 기온, 토양, 영양소, 주변 동식물들 같은 생태계적 요소를 종합적으로 고려하면 그 미래를 점칠 수가 있다. 자연의 변화는 결코 간단하지 않지만 생태학적 요소를 바탕으로 분석하면 우리는 변화의 과정을 예측할 수 있는 통로를 갖게 된다. 이 방법론을 사회에 적용해 보면 어떨까? 수많은 요소들이 어우러진 사회적 변화도 보다 쉽게 파악할 수 있지 않을까? 사회에 대한 생태계적 관찰이 통찰의 도구가 될 수는 없을까?

그래서 나는 자연생태계를 분류하는 요소를 가지고 인간생태계에 적용해 보는 시도를 해왔다. 지금은 어느 한 분야만의 연구나 전문지식으로는 변화의 전체상을 이해할 수 없을 정도로 복잡성이 증대된 시기이기 때문이다. 따라서 우리네 삶의 변화도 물질, 에너지, 시공간, 다양성이라는 요소들의 상호관계를 통해 종합적으로 추적해야만 과거와 현재, 미래를 잇는 변화의 흐름을 파악할 수 있을 것이다.

불과 10년 전하고만 비교해 봐도 대한민국의 변화는 가히 혁명적이다. 생태계적 요소로 분석해 본다면 우리 사회의 물질적 기반은 확실히 디지털과 세계화의 압도적 영향력 아래에 놓였고, 시공간의 경계는 허물어지거나 확장되었으며, '단일민족'이라는 말이 무색할 정도로 다양성은 폭발적으로 증대했다. 그런데 무엇보다도 주목할 만한 변화는 바로 대한민국과 한국인의 변화를 끌고 가는 에너지에 있다.

인간 사회를 변화시키는 에너지는 개별 인간의 행위를 촉발시키는 동기인 욕망이다. 오늘날 우리가 목도하는 수많은 변화의 한복판에 바로 이 욕망이 자리잡고 있다. 그런데도 의외로 욕망에 대해 주목하는 이는 드물다.

지금 그 어느 때보다 격한 변화의 소용돌이 속을 살아가는 한국인들의 욕망에 큰 변화가 생겨나고 있다. 21세기의 한국인들은 더 이상 '조용한 아침'을 꿈꾸지 않는다. 그들은 잠재된, 혹은 억압된 욕망 보따리를 함부로 풀어놓기 시작했고, 이렇게 세상에 뛰쳐나온 욕망들은 생태계의 다른 요소들과 치열한 사투를 벌이며 우리의 현재와 미래를 혼돈 속으로 몰아넣는 에너지가 되고 있다. 그것이 바로 오늘날의 대한민국인 것이다.

그래서 나는 한국인의 욕망을 이해하는 것이야말로 우리 시대에 필요한 통찰이라는 결론에 도달했다. 욕망은 대한민국의 과거에서 미래로 이어지는 변화의 물줄기를 꿰뚫어보는 맥락을 제공할 수 있다. 욕망은 이질적인 대상들, 과거와 미래, 소비자 니즈와 시장, 갈등과 추진력 등의 관계를 주체의 관점에서 연결시킨다. 그리하여 욕망이라는 에너지를 통해 우리가 살고 있는 대한민국 생태계의 변화를 종합적으로 이해하는 것, 그것이 바로 이 책이 지향하는 바다.

이 책의 1부는 대한민국의 변화를 욕망이라는 에너지로 새롭게 해석하는 데서 시작한다. 지배적 욕망의 추출을 통해 20세기 중반에서 오늘날까지의 대한민국을 크게 세 개의 시기로 간략하게 구분하고 있다.

무엇이 우리를 폐허가 된 극빈국에서 오늘날의 다이내믹 코리아로, 한류 열풍의 진원지로 만들었는가를 살핀다. 그리고 왜 욕망에 주목해야 하는지, 욕망이 결코 탐욕이나 성욕이나 과잉소유욕의 동의어가 아닌 변화의 에너지임을 밝히고, 인간을 욕망하는 존재로 볼 것을 제안한다. 1부는 2부를 읽기 위한 기본 틀이다.

2부에서는 욕망의 지도가 그려지고 있는 대한민국의 실상이 전개된다. 새로운 욕망들의 토대가 되고 있는 시대적 변화들을 추적하고, 그 욕망들이 대한민국 땅에 건설하고 있는 새로운 시간의 도로들을 쫓아가본다. 이를 통해 욕망은 현재와 미래를 잇는 가장 분명한 연결고리의 하나임을 알 수 있을 것이다. 특히 비즈니스적 관점에서의 소비자 니즈와 앞으로의 성장시장, 트렌드에 중점을 두었다. 진정한 블루오션이란 아직 아무도 선점하지 않은 시장인 미래에 있다는 점을 상기할 때, 욕망을 바탕으로 하는 성장시장의 존재는 미래의 불확실성을 줄이고 현재의 토대 위에서 비전을 설정하는 데 큰 도움이 될 것이다.

나와 우리의 미래가 궁금하다면 지금 우리가 가진 욕망의 지도를 펼쳐보자. 욕망은 우리가 이 시대를 살아가기 위해 필요한 통찰의 기본 재료이며, 미래를 여는 문인 까닭이다.

차례

1부 욕망의 지도

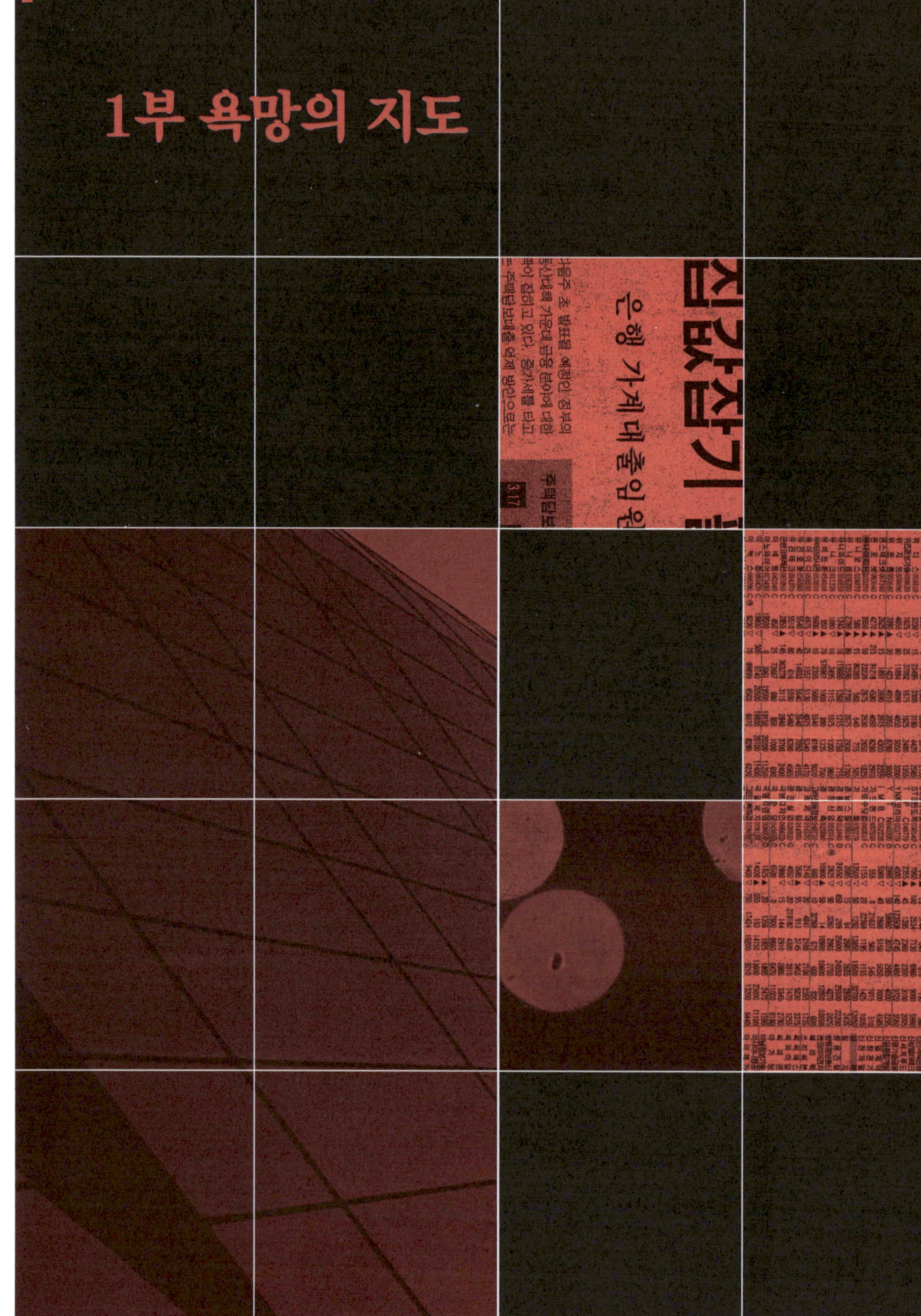

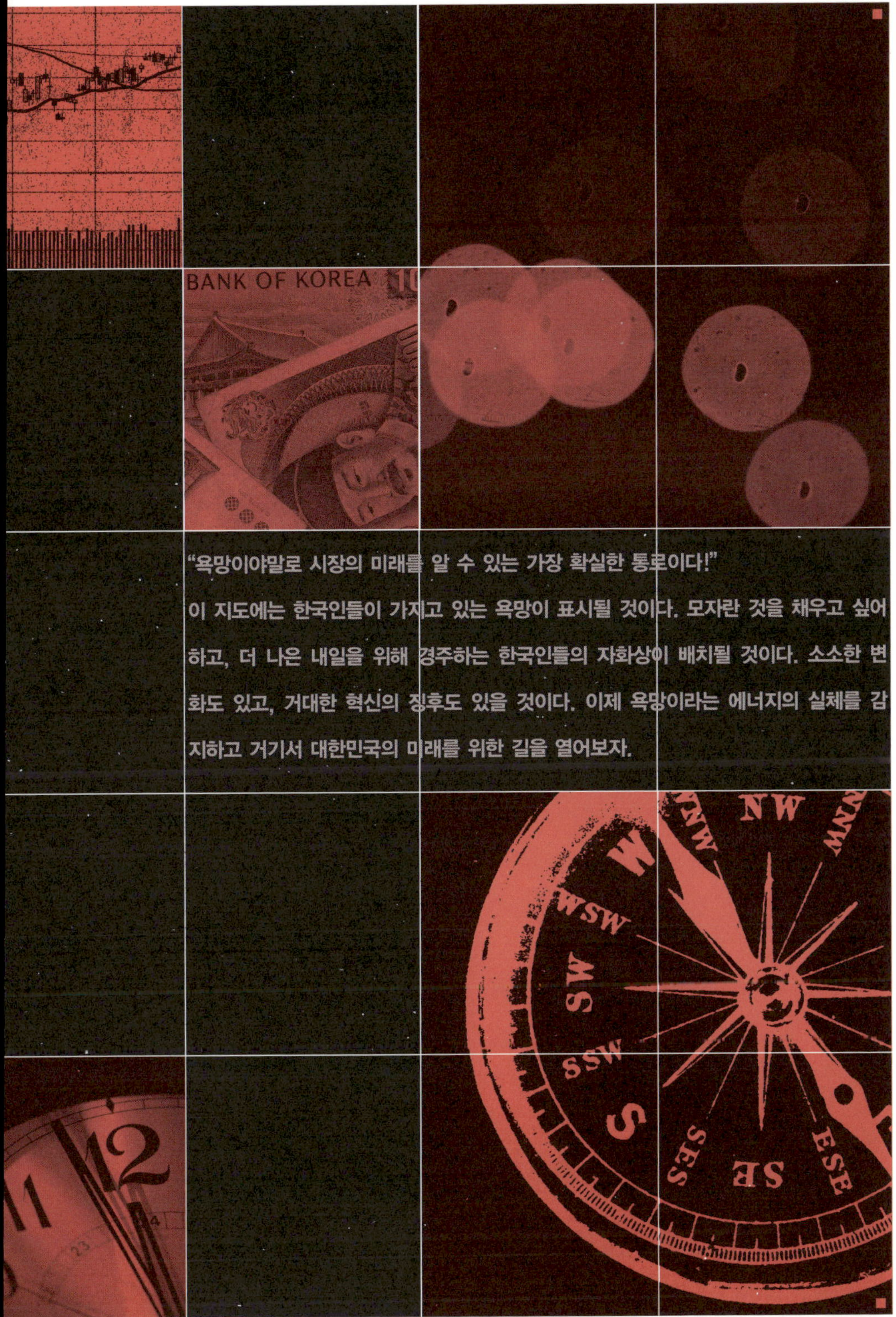

BANK OF KOREA
“욕망이야말로 시장의 미래를 알 수 있는 가장 확실한 통로이다!”
이 지도에는 한국인들이 가지고 있는 욕망이 표시될 것이다. 모자란 것을 채우고 싶어
하고, 더 나은 내일을 위해 경주하는 한국인들의 자화상이 배치될 것이다. 소소한 변
화도 있고, 거대한 혁신의 징후도 있을 것이다. 이제 욕망이라는 에너지의 실체를 감
지하고 거기서 대한민국의 미래를 위한 길을 열어보자.

1장

욕망의 대한민국

"유사 이래 20세기 후반에

한국이 겪었던 것보다 더 빨리,

그리고 더 많이 변한 나라는 없다."

— 피터 드러커, 「단절의 시대」 한국어판 서문 중에서

가능성에의 도전, 다이내믹 코리아

부징고 도나티엔은 2006년 9월 독일 베를린에서 한국 아마추어 마라톤의 신기록을 세웠다. 2시간 19분 25초. 아프리카의 소국 브룬디 출신인 그는 귀국을 거부하고 한국에 남은 난민이지만, 한국의 자동차 부품 기업 (주)위아의 어엿한 영업부 직원이다. 이제 28세인 그는 너무 늙어서(?) 프로선수가 되기는 어렵지만 그의 꿈은 2시간 18분대에 진입하는 것이고, 또한 한국인으로 귀화하는 것이다.

한국으로 귀화하는 외국인들의 수가 늘고 있다. 1990년대 후반 1년에 150명 안팎이던 귀화인 수는 매주 150여 명이 귀화 시험을 보러 오고, 이중 70%가량이 합격할 정도로 늘어났다. 시험은 필기와 면접으로 이루어지는데, '훈민정음을 창제한 왕은?'처럼 쉬운 문제들이지만 '만원짜리에 나오는 왕' 같은 정성스런 대답들이 나온다. 이 시험을 통과한 외국인들은 대부분 새로운 성과 본관을 얻으며 시조(始祖)가 된다. 시화 유씨의 시조인 방글라데시 출신 무하마드 알리는 2004년 귀화하면서 부인의 성인 유씨에다 거주지인 경기도 시흥의 시화호에서 딴 '시화'를 본관으로 하여 유현우라는 한국 이름을 얻었다.

이 외에도 우리에게 잘 알려진 독일인 사업가 이한우(다시 이참으로 개명했다)는 독일 이씨의 시조이고, 미국 출신의 국제변호사 로버트 할리는 '하일'이라는 이름으로 귀화하면서 영도 하씨의 시조가 되었으며, 러시아 출신 축구선수 사리체프(신의손)는 구리 신씨, 또 다른 러시아 선수 데니스 라티노프(이성남)는 성남 이씨의 시조로 등재된 바 있다.

이처럼 귀화를 준비하는 외국인들은 한국에서 무엇을 보았을까? 비록 소국이지만 부룬디 국립대학교 정치경제학 학사인 도나티엔 같은 이들이 한국에서 이루려 하는 것은 무엇일까?

우리는 그 대답의 일단을 세계 곳곳에서 벌어지는 첨단제품들의 전시회장에서 찾아볼 수 있다. 2006년 1월 미국 라스베이거스에서 열린 글로벌 가전축제 'CES 2006'에서 관람객들로 문전성시를 이룬 곳은 바로 삼성전자와 LG전자의 부스였다. 너무 많은 사람들이 밀려드는 통에 삼성의 와이브로 휴대폰 시연장 앞에는 두 줄로 대기자들이 늘어섰고, 한 시간쯤 기다려야 상품을 볼 수 있었다. 또한 LG의 102인치짜리 PDP TV가 전시된 곳은 최고의 사진촬영 장소로 떠올랐다. 9월에 독일에서 열린 세계 최대 멀티미디어 가전 전시회 'IFA 2006'에서도 이 열기는 고스란히 이어졌다. 전시회장 앞은 온통 삼성과 LG의 깃발만 나부꼈고, 가전제품의 대명사였던 일본의 소니는 '보여줄 게 없었기 때문' 아니었냐는 불명예스런 추측 속에 불참하고 말았다. 1980년대 중반 한국의 청소년들이 가장 갖고 싶어했던 선망의 대상이 바로 소니의 초소형 워크맨 아니었던가?

사람들은 이제 한국의 첨단상품들이 차별화된 가치로 '가격경쟁의 악순환'에서 벗어나고 있다고 말한다. 가전업체만이 아니다. 자동차에서도 20여 년간 막대한 돈을 들여 엔진을 개발한 현대자동차의 약진이 눈부시다. 그랜저가 2006년 미국 소비자 평가에서 대형차 부문 1위를 차지한 것은 그간의 양적인 성장이 질적인 도약으로 이어지고 있는 현실을 상징한다. 소위 '한강의 기적'이 모방을 통한 양적 성장을 대표한다면, '다이내믹 코리아'는 가치 창조를 통한 질적 도약의 양상을 띠고 있는 것이다.

그러나 정작 한국인들에게는 눈에 보이는 구심점이 필요했다. 열정과 도전, 그리고 작은 승리가 이어지는 가운데 이제는 박수치고 춤추는 한국인만의 광장이 필요했다. 자기비하와 방어적 가치관에 익숙한 한국인은 스스로의 잠재력을 인정하고, 다이내믹한 삶 자체를 긍정적으로 바라볼 계기가 필요했다. 그리고 그 역사는 2002년 6월 전국 곳곳의 도시와 거리에서 시작된다.

1954년 스위스 월드컵에서 헝가리에 9대 0이라는 기록적 스코어로 패했던 한국 축구 국가대표팀의 도전사는 48년 만인 2002년 6월, 마침내 월드컵 4강이라는 대역전 드라마를 만들어낸다. 이 기간 동안 그보다 더 큰 신화는 세계 초유의 거리응원이었다. 한국인들은 밀실에서 뛰쳐나와 그들 앞에 펼쳐진 축제를 온전히 즐겼으며, 공개적으로 자신들의 잠재력을 세계에 시위했다. 2002년 한일월드컵이 폐막된 후 영국 일간지 「더 타임스」는 '역동적이라는 단어는 이 나라를 위해 발명된 듯하다'고 감탄했다. 2006년 독일월드컵 조직위원회는 한국의 거리응원을 모방한 팬 축제장(Fan-Fest)을 열었다. 모방의 나라 한국이 마침내 선진국의 모방 대상이 되는 짜릿한 경험이었다.

한국인의 기(氣)와 열정이 모이는 새로운 광장은 미국에서도 열렸다. 제1회 월드베이스볼클래식(WBC) 본선에서 세계 야구 최강국인 미국을 7대 3으로 물리친 한국이 예선에서 한 자례 격파했던 일본과 두 번째로 맞붙는 날, 로스앤젤레스 에인절 스타디움은 4만 명 규모의 관중석 중 무려 3만 석을 한국인들이 차지했다. 수십 년 이민의 역사를 통해 곳곳에서 작은 승리를 경험한 재미동포들은 이날 2대 1로 승리한 후 서재

응 선수가 태극기를 꽂은 에인절 스타디움을 작은 해방구로 만들었다. 한국인들은 넓은 스타디움에 작은 승리들을 모아 21세기 대한민국의 새로운 깃발을 꽂았다.

현대의 문화 후진국이던 한국은 이제 당당한 문화 수출국으로 올라섰다. 싱가포르 중심가에 있는 다케시야마 백화점은 과거 일본 전성시대의 산물이지만, 노베나 역과 직접 연결된 노베나스퀘어 쇼핑센터는 이제 한국의 시대라며 4개 층 전체를 서울 컨셉으로 꾸미겠다는 계획을 발표했다. 한류 드라마는 동아시아를 넘어 하루에 5번씩 기도하는 이슬람국인 이집트와 알제리의 시민들을 저녁마다 TV 앞에 모이게 한다. 멀리 멕시코에는 장동건 팬클럽이 생겼고, 브라질에서는 한국영화가 상영된다.

다이내믹 코리아는 대역전 드라마다. 농업문명에서도 산업문명에서도 후발국이자 수입국이었던 한국이, 대륙 끄트머리에서 그나마 분단의 상처로 고립되어 있던 한국이, 21세기를 여는 정보지식문명의 선두주자가 되었다. 한류는 몇몇 드라마나 배우의 힘이 아니라 한국 특유의 역전 드라마, '무한한 가능성에의 도전'이 21세기에 꽃을 피운 성과물의 하나인 것이다.

다이내믹의 에너지

20세기 폭스사의 전직 부사장이자 미국 UCLA 사회교육원의 대중문화·예술연구소장인 제인 케이건은 한류가 세계 문화산업의 주류가 된 이유를 다음의 8가지로 정리한다. 이 8가지는 오늘날 한국이 지닌 역동성의 근원이기도 하다.

- 문화적 허브로서 한반도의 지정학적 위치

- 외래문화 흡수의 기나긴 역사

- 디지털에 적합한 음성문자 한글

- 디지털적 창의력에 기반을 이루는 언어와 문화

- 한국 내 각 도심의 높은 인구밀도에 기반한 다양한 커뮤니티 형성과 전 국민의 인터넷 접속 가능조건

- PC방, 인터넷 카페 등 인터넷 문화의 광범위한 보급 및 유행

- '고요한 아침의 나라'라는 전통문화와 '다이내믹 코리아'라는 현대문화, 즉 평형성과 역동성 사이에서 이루어지는 절묘한 문화적 긴장감

- 전 세계를 향한 다차원적인 문화적 물결의 생성

(2006년 6월 29일자 「중앙일보」 기사에서 인용)

그런데 그는 불과 50년 만에 한국이 어떻게 이와 같은 역동적인 문화를 가질 수 있었는지 알고 있을까? 1953년의 첫 국민소득 조사에서 1인당 67달러로 세계 120위에 불과했던 한국이 2005년에 1만 6,921달러로 252배나 성장하고, 1946년에 350만 딜러였던 수출이 2006년 3,000억 달러를 달성해 무려 8만 5,714배나 뛰어오르게 만든 에너지의 원천을 알고 있을까?

반세기 사이에 거듭된 이 놀라운 성장의 이면에는 분명한 동기들이

있었다. 변화와 발전의 에너지들이 있었다. 그 에너지는 다름 아닌 '욕망'이다. 욕망이 오늘의 한국을 만들었고, 욕망이 미래의 한국을 만들 것이다.

한국은 아직 선진국이 아니다. 이 시점에서 우리에게는 무엇이 그동안의 성장 에너지였으며, 앞으로는 어떤 에너지를 이용해야 하는가에 관한 냉철한 통찰이 필요하다. 지난 50여 년의 역사를 돌이켜보면 참으로 수많은 사건과 역사적 부침들이 있었지만, 그 시기를 지배한 에너지(욕망)라는 관점에서 보면 크게 세 개의 시기로 구분할 수 있다.

집단적 모방의 시대

1945년 광복 이후의 첫 번째 시기는 '집단적 모방의 시대'라고 할 수 있다. 새로운 것은 모두 바깥에 있었던 시기에 성장의 욕망은 모방으로부터 시작할 수밖에 없었다. 이 시대는 1960~70년대의 개발독재기를 거쳐 서울올림픽이 열리던 1980년대 후반까지 계속되었다. 여러 가지 우여곡절도 많았지만, 전반적으로는 후진 농업국가로서 선진 산업문명국가들을 쫓아가기 위해 치열하게 모방하고 따라가던 시절로 평가할 수 있다.

한국전쟁으로 폐허가 된 1953년에 고작 67달러였던 1인당 국민소득은 1960년에도 87달러에 불과했다. 이런 상황에서 극적인 변화는 박정희의 5.16 군사정변, 그리고 1961년 7월 정부 내에 경제기획원을 설치하면서부터 시작된다. 경제기획원은 선진국들의 발전모델을 연구한 끝에 5년을 주기로 한 경제개발계획을 입안했고, 무소불위의 권력은 이 계획을 강력하게 밀어붙였다.

이 시절 한국인의 내면 깊숙이 자리잡은 욕망은 가난으로부터 탈출하겠다는 것이었다. 이것은 생존의 욕망이었다. 굶주린 보릿고개를 넘어서야 했고, 성장의 재원을 얻기 위해 머나먼 베트남에서 젊은 피를 흘려야 했다. 그러나 거기서 그쳤다면 성장의 에너지로는 충분하지 않았을 것이다. 5000년 문화대국의 후예답게 한국인에게는 배움에 대한 치열한 욕망이 자리잡고 있었다. 한편으로는 배워야 사람대접 받는다는 명분이, 다른 한편으로는 배워야 출세한다는 현실적인 고려가 이 욕망을 자극했다. 오늘날 문맹률 세계 최저를 이룬 배경에는 가난한 시기에조차 치열했던 부모들의 교육열이 있었기 때문이었다.

가난 탈출과 배움에 대한 욕망은 집단적 모방으로 나타났다. 중학교 영어 교과서에 등장했던 'Boys, be ambitious!(소년이여, 야망을 가져라!)'라는 말조차 일본에서 베낀 것이었다. 이 말은 일찍이 미국 흉내를 내던 일본이 메이지 유신 이후 원주민인 아이누 족을 억압하며 홋카이도를 개척하던 시절 식민지 개척의 모토로 쓰였다. 한국의 소년들은 그 사실을 모른 채 책상 앞에 그 문구를 써붙이곤 욕망을 불태웠던 것이다. 「마징가 제트」나 「허리케인 조」, 「철인 아톰」이 일본만화라는 것조차 까맣게 몰랐다.

한국 수출의 일등공신인 종합무역상사는 1975년 7월 삼성물산을 제1호로 출발했는데, 이는 일본 무역의 중추였던 종합상사를 모방한 것이었다. 한국에 국제화의 길을 열어준 88서울올림픽에 대한 구상은 1979년에 시작되었는데, 이것은 1964년 아시아에서 처음 열렸던 도쿄올림픽이 일본의 발전에 지대한 효과를 발휘한 것에 대한 모방이었다. 그리고 올려다보면 고개만 아픈 최강대국 미국이 있었다. 미국과 일본을 보며 열심히 쫓아갔던 이 모방을 성공시킨 것은 가난에서 탈출하려는 필사적인 생존 욕망과 엄청난 교육열로 인한 인적 자원의 양성이라는 두 가지 축이었다. 그리고 이 시기에 한국은 자칭 타칭 '한강의 기적'을 이루어 냈다. 그리고 피터 드러커는 1994년에 번역된 『자본주의 이후의 사회』 한국어판 서문에서 이 시기의 한국에 대해 이렇게 썼다.

'(한국은) 열심히 일함으로써 성취할 수 있는 것은 무엇이든지 다 성취했다.'

조절과 모색의 시대

두 번째 시기는 '조절과 모색의 시대'다. 한국인을 지배했던 가난 탈출과 교육에의 욕망이 새로운 시대적 변화를 맞아 변이를 시작했다. 이 시기는 1980년대 말부터 21세기 초반까지 걸쳐진다. 서울올림픽을 계기로 공산권과의 외교가 시작되었고, 소련식 사회주의가 붕괴하면서 이념 대립의 축이 무너졌으며, 민주화와 세계화의 거대한 변화가 시작되었다. 이제 한국은 모방의 시대를 끝내고 나름의 가치를 만들어야 했으나, 세상은 그리 녹록치 않았다. 1995년에 1인당 소득 1만 달러를 돌파하는 개가를 올렸지만 1997년 외환위기를 겪으며 세계화의 잔인한 칼날에 상처를 입었다.

이 시기에 한국인의 욕망은 재산축적과 개인화로 대표될 수 있을 것이다. 일벌레로 살아왔던 40대 이상의 한국인들은 부동산을 비롯, 다양한 재화를 통한 재산축적으로 경제성장의 성과를 누리기 시작했다. 한국에서 처음으로 스톡세대(Stock Generation, 번 돈을 바로 지출하지 않고 축적하는 세대)가 형성된 것이다. 반면 같은 시기에 한국판 베이비붐 세대(1956~75년생, 이 시기 해마다 90만 명 이상의 신생아들이 탄생했다)들의 사회진출이 시작됨에 따라 세계화·민주화의 세례 속에서 개인화의 욕망이 고개를 들기 시작했다. 그간 쌓아왔던 양적인 축적의 결과는 사회적으로 많은 문제점들을 양산했고, 선진 각국의 문물을 직접 체험하면서 공동체적 정서나 집단적 목표가 아닌 개인의 욕망에 조금씩 귀를 기울이기 시작했다.

이 시대의 상징적 사건은 1993년 6월, 독일 프랑크푸르트에서 삼성그룹 이건희 회장이 천명한 '신경영 선언'이었다. 그는 '마누라와 자식만 빼고 다 바꾸라'며 세계화 시대의 일류기업으로 거듭나기 위해서는 기존의 가치를 모두 바꿔야 한다고 역설했다. 1994, 1995년 잇따라 발생한 성수대교 및 삼풍백화점 붕괴사고는 무엇을, 왜 바꿔야 하는가에 대한 치열한 문제제기였다.

여기에 세계화의 물결을 타고 전 세계적 메가트렌드인 지식정보문명, 디지털문명이 한국에 도입되었다. 이 새로운 문명에 처음 적응한 사람들이 한국판 베이비붐 세대였다는 사실은 의미심장하다. 그들은 집단적 대안이 사라진 현실 속에서 컴퓨터와 인터넷, 그리고 영화와 같은 문화산업에서 '자유와 열정'의 대상을 보았다. 그들에게 디지털문명은 새로운 모색의 기회였다. 집단 대신 개인을 선택했지만 개인 안의 무엇을 일깨워야 하는지 막연했던 그들에게 새로운 테크놀로지가 제공하는 기회, 무한한 발전의 가능성, 열정을 쏟는 만큼 성과가 있는 분야라는 매력은 새로운 동기를 제공했다. 그것은 조절과 모색의 시대에 놓여 있던 대한민국에 새로운 성장의 동력을 제공했다. 그들이 1990년대에 집단적으로 몰려든 분야들이 21세기 다이내믹 코리아의 발판이 된 것은 어쩌면 당연한 일인지도 모른다.

그렇게 21세기를 맞았다. 어느새 베이비붐 세대가 사회의 허리가 되고, 더 일찍부터 새로운 문명에 맛을 들인 어린 세대들이 성장했다. 세계와는 더 긴밀히 연결되었고, 중국의 놀라운 성장과 오랜 침체기에서 깨어나기 시작한 일본의 부활이 새로운 위협으로 부상했다. 그리고 집단에서 개인으로, 산업문명에서 지식정보문명으로의 전환기 끝에 2002년 한일 월드컵이 있었다. 이것이 세 번째 시기인 다이내믹 코리아다.

7가지 욕망, 7개의 대한민국

2002년 이후의 한국은 더 이상 단일민족이니 문화의 변방이니 하는 말을 갖다 붙일 수가 없다. 이제 변화는 한층 다양해졌으며, 그 변화를 야기하는 것은 국내요소뿐만 아니라 글로벌 환경들이기도 하다. 1990년대에 시작된 한국인들의 개인화된 욕망은 더욱 세분화되고, 다양한 가지치기가 일어났다. 그리고 이 새로운 시기는 시작에 불과하다.

지금 우리를 지배하는 욕망은 무엇인가?

이 책은 바로 여기에서 시작한다. 지금까지의 욕망이 아니라 앞으로 우리를 지배할 욕망을 찾는 것이다. 에너지이자 동기로서의 새로운 욕망은 한국의 미래가, 시장이, 트렌드가 어떤 지향점과 방향성을 갖게 될지 짐작케 하는 바로미터의 역할을 할 것이다.

본격적인 욕망의 탐색에 앞서, 먼저 변화의 토대를 검출할 필요가 있다. 우리의 욕망에 영향을 미치는 지배적 변화들의 관찰을 통해 언제, 무엇이, 왜 우리를 특정한 욕망에 지배받게 만드는가를 알 수 있기 때문이다. 그리고 이 결과는 변화에 관한 간단한 욕망의 공식을 만들어낸다.

지배적 변화 → 지배적 욕망 → 성장시장 & 트렌드

물질적 · 환경적 토대에 영향을 미치는 지배적 변화로부터 한국인의 내면을 장악하는 지배적 욕망이 생긴다. 그리고 다시 이 지배적 욕망이 대한민국의 새로운 변화를 만들어내는 에너지가 된다. 이미 등장하고 있는, 또한 앞으로 태어날 성장시장과 트렌드는 이 새로운 욕망의 부산물들이다.

이 책의 2부에서 모두 7개의 욕망을 추적할 것이다. 다이내믹 코리아의 주인인 한국인들의 개인화된 욕망들이다. 과거와는 달리 다이내믹 코리아의 시기는 한두 가지의 욕망들로 정리될 수 없다. 7개의 욕망은 7개의 대한민국을 만들어낸다. 그들 모두의 총합이 미래의 대한민국이다.

여기서는 일단 그 7가지 욕망의 배경이 되는 우리 시대의 지배적 변화를 일별해 보기로 하자. 이것은 다이내믹 코리아를 만드는 새로운 생태계들이다.

(1) 복잡성

20년 전 한국 중산층의 거실은 단출했다. 주방기기들 중 사용설명서가
필요한 것은 거의 없었다. 눈으로 보면 어디에 쓰는 물건인지 알 수 있는
것들이었다. 하지만 21세기에 들어서자마자 우리는 사용설명서 없이는
버튼을 조작할 수 없는 수많은 전자제품들에 둘러싸인 채 살고 있다. 복
잡함을 줄여주기 위해 태어난 리모컨도 TV에서 시작하여 이제는 오디
오, 에어컨, 선풍기, 심지어 전등에 이르기까지 늘어나 리모컨 수납함을
따로 둘 정도다.

　거실의 풍경이 이러할진대 세상은 더 말할 나위가 없다. 이 지나친
복잡성은 사람들의 뇌 용량에 과부하를 주고 있다. 그리하여 첨단기술의
향연이 벌어지고 있는 한국에서 첨단이 아닌 새로운 기술들이 우리의 욕
망을 들여다보고, 틈새를 구축하고 있다. 그들의 예민한 촉수가 짚어낸
것은 첨단이고 뭐고 간에 내 삶을 좀 간단하게 만들어달라는 욕망이다.
그리고 이것은 비단 한국만의 현상이 아니다.

(2) 고령화

한국인의 평균수명은 1960년 52.4세에서 2006년 77세로 늘어났다. 환갑
잔치는 실종된 지 오래다. 환경오염과 공해에도 불구하고 풍부한 영양,
안정적인 삶, 수명연장을 지원하는 의학기술의 발달로 인해 이 추세는

계속될 것이다.

정부는 고령화로 인한 노인복지대책을 고민하고 있다. 발 빠른 사업가들은 실버타운을 비롯하여 실버산업의 성장에 걸맞는 새로운 사업 기회를 노린다. 65세 이상 인구가 국민의 20%를 넘는 초고령 사회가 시작될 2026년까지 고령화의 영향은 더욱 다양하고 폭넓어질 것이다.

그러나 고령화라는 지배적 변화가 일으키는 욕망은 노인복지에 국한되지 않는다. 고령화의 영향을 받는 세대는 당장의 60대, 70대가 아니라 30대, 40대부터인 것이다. 그렇다면 한국인은 고령화라는 변화를 토대로 어떤 개인화된 욕망을 품게 되었을까? 그리고 이 욕망은 우리를 어디로 인도하는 것일까?

(3) 쿨 네트워크

우리나라의 초고속인터넷 가입률은 여전히 세계 최고 수준이다. 그런데 인터넷을 통해 형성된 네트워크는 비대면 접촉이라는 특성을 가진다. 손과 손이 맞닿아 따뜻한 체온을 나누는 것이 아니라, 광케이블 선을 타고 익명의 사람들이 얼굴도 모른 채 이야기를 나눈다. 이것이 쿨 네트워크다.

쿨 네트워크 안에서 정체를 알 길 없는 사람들에 의한 집단적 린치가 벌어진다. 얼굴도 모르는 사람과 눈에 핏발을 올리며 키보드를 두드린다. 인터넷 댓글 문화는 욕망의 배설물이 되어버리고 있다. 그렇다면 쿨 네트워크는 우리를 비인간적인 어떤 세상으로 인도하는 것일까?

쿨 네트워크라고 해서 반드시 비인간적이라고 말할 수는 없을지 모른다. 쿨 네트워크 안에서 한국인은 미니홈피나 카페 같은 새로운 공동체를 만들었다. 열혈 회원들은 오프라인에서 새로운 관계를 쌓아가고 있다. 이러한 사실들은 무엇을 의미하는 걸까? 디지털 네트워크의 속성인 익명성과 비대면성의 굴레를 넘어서서, 한국인들은 무엇을 지향하고 있는 걸까?

(4) 자극

고등학교 생물시간에 배운 '역치' 라는 말이 있다. 감각세포에 흥분을 일으킬 수 있는 최소한의 자극이라는 뜻이다. 운동을 할 때에도 역치가 중요한데, 가벼운 아령을 열 번 드는 것은 근육에 자극을 주는 무거운 아령을 한 번 드는 것만 못하다.

그런데 한국인들의 역치 값이 나날이 커지고 있다. 도시는 자극들로 넘쳐난다. TV는 전 세계의 놀라운 자극들을 안방으로 배달하고 있다. 자극이 넘치자 역치도 상승해 웬만한 자극은 자극이라고 부를 수도 없게 되었다. 액션이 슈퍼액션으로 진화하고, 사람들은 이제 울트라 슈퍼액션을 기다리게 되었다.

더 강한 자극만이 이런 시대적 변화의 해답일까? 그렇지 않다. 동일 자극에서 더 강한 강도를 원하는 대신, 종류가 다른 자극을 찾기 시작한다. 일례로 도시인들은 아무것도 가공하지 않은 자연 그대로의 농촌에서 오히려 자극을 받곤 하는 것이다. 그렇다면 우리가 찾는 새로운 자극은 어디에 있을까? 아니, 정작 우리가 찾는 자극의 실체는 무엇일까?

(5) 공포

한국인들은 30년 전보다 더 살해의 공포에 시달리고 있을까? 치안은 30년 전보다 오히려 후퇴했는가?

물론 아니다. 하지만 우리가 느끼는 공포는 더 커진 것이 틀림없다. 그렇지 않다면 모든 산업이 바닥을 치던 외환위기 시대에도 보안산업만큼은 고성장을 구가한 원인을 찾아낼 수 없다. 9.11 테러를 비롯한 세계적인 테러 위협에서부터 프랑스인 부부의 영아유기 사건에 이르기까지, 공포는 언제나 우리 곁에 있다.

공포가 더 커지는 원인은 현실의 위협보다는 아무래도 미디어의 역할이 크다. 디지털 미디어, 1인 미디어의 발달은 그야말로 미디어를 공기처럼 숨 쉬게 만들고 있는데, 그 미디어를 통해 가장 쉽게 전달되는 것이 위협과 두려움을 느끼게 하는 사건, 사고들이다.

그렇다면 이 공포로부터 어떻게 탈출할 수 있을까? 2,000개의 CCTV로 나를 둘러싸면 공포가 사라질까? 한국인들은 이제 새로운 싸움에 돌입했다. 정체불명의 공포와의 싸움이다. 아이도 위험하고, 노인도 위험하다. 나는 어디서 안전할까?

(6) 일상

1990년대의 조절과 모색의 시기를 지나면서 한국의 젊은이들조차 기대 이데올로기를 버렸다. 남은 것은 우리 삶에 직접적인 영향을 주는 환경, 공정성, 분배의 문제들이다. 나아가 그나마도 벗어버린 개인화된 욕망은 자신의 삶을 돌아보고, 일상에 주목하게 된다.

한때 웰빙이라는 말이 유행했다. 웰빙은 우리말 순화 표현인 '참살이'라는 말 그대로 하루하루의 살이, 즉 일상을 어떻게 하면 잘 보낼 수 있는가에 관한 문제였다. 이왕이면 몸에 더 좋은 먹을거리, 편안한 휴식처, 즐거운 오락거리들이 삶의 질을 높이는 웰빙이라는 이름으로 우리 곁을 찾아왔다.

그렇다면 한국인은 이렇게 자기 주변을 돌아보면서 무엇을 채우려고 하는 것일까? 소소한 일상 안에 우리를 채울 무언가가 있긴 있는 건가? 여기서 우리는 한국인이 유난히 삶의 레벨에 민감하다는 사실을 발견하게 된다. 일상을 새롭게 들여다보며 재구성하는 가운데, 그것을 자기 삶의 레벨과 연관시키는 태도들이 목격되고 있다. 이것은 삶의 질과는 다른 개념이다.

(7) 융합

세계적인 미래학자들은 21세기를 통째로 지배할 단어로 퓨전, 혹은 융합을 꼽는다. 우리가 이미 알고 있었던 장르의 개념들은 파괴되고 분야와 분야, 기술과 기술, 그리고 가치와 가치가 새롭게 결합하고 변모할 것이라는 예상이다.

이미 우리는 주변에서 세계 각국의 요리와 한국인의 입맛이 버무려진 퓨전음식점이 정통음식점을 밀어낼 정도로 성장한 것을 볼 수 있다. 은행에서 보험을 사고 팔 수 있는 방카슈랑스는 산업과 산업의 결합이 만들어낸 신종 비즈니스다. 디지털기기들의 컨버전스는 유행처럼 번지고, 방송과 통신의 융합은 세계가 한국의 변화를 주시하는 상황이다.

그러나 비비고 섞고 버무리는 것으로 끝이 아니다. 그 모든 융합의 행위는 새로운 창조의 수단일 뿐이다. 한국인들은 그 융합의 이면에서 새로운 가치창조를 위한 욕망을 품기 시작했다.

이상의 7가지 키워드는 말하자면 길잡이들이다. 이 코드들을 통해 우리는 욕망과 시장, 그리고 트렌드를 추적해 나갈 것이다. 그리고 그 욕망들이 낸 길이 바로 대한민국이 움직여 나아갈 변화의 지도다.

물질적 환경으로부터 시작된 변화는 새로운 욕망을 부르고, 욕망은 시장으로 나아가 소비자 니즈가 된다. 새로운 소비자 니즈를 바탕으로 트렌드가 형성되며, 시장을 성장시킨다. 이것은 마치 욕망의 생로병사를 보는 것과 같다. 그리고 우리는 욕망의 귀착지인 새로운 트렌드와 성장 시장을 통해 미래를 예상하고, 그 길목을 지킬 수 있게 된다. 7개의 욕망이 만드는 7개의 대한민국을 그릴 수 있는 것이다.

다이내믹 코리아, 그 성장의 지표들

108위

■ 한국의 국토면적 순위 세계 1위 러시아, 17억 982만 4,000㏊. 108위 한국, 992만 6,000㏊. 지구 대륙의 0.07%를 간신히 차지하고 있는 이 초미니 반도국가가 오늘날 이룬 것을 보라!

1.08명

■ 합계출산율(2005) 1950년대 말~60년대 초의 6명에서 40년 만에 1명꼴로 줄었다. 낮은 순으로 세계 1위다. '하나씩만 낳아도 삼천리는 초만원'이라던 표어도 '아빠, 혼자는 싫어요'라는 출산장려구호로 바뀌었다. 다른 사회 영역에 비해 변화의 속도가 더딘 편인 가족의 풍경마저도 한국에서는 이토록 다이내믹하게 바뀌고 있다.

0%

■ 문맹률 1945년 광복 직후 80%에 달하던 문맹률이 50년 만에 0%대로 낮아진 것은 비단 한글의 우수성에 힘입은 결과만은 아닐 터다. 교육에 대한 한국인의 종교적인 신념은 대학진학률마저도 1990년 33.2%에서 2005년 82.1%(핀란드 이어 세계 2위)로 끌어올린 것이다.

1위

■ 국제전기통신연합(ITU) 발표 '디지털기회지수평가' 한국 순위(2005~06 연속 세계 1위)와 OECD 정보통신위원회 발표

(2006) '정보통신상품의 국제비교지수' 및 'IT 수출이 전체 수출에서 차지하는 비율'의 한국 순위(2004년 기준) OECD 발표 중 다른 2개 부문에서도 한국은 세계 2위에 이름을 올렸다. '전체 산업 부분 중 IT 분야의 부가가치 창출비율'과 'IT 분야의 국내총생산(GDP) 대비 R&D(연구개발) 투자비율'이 그것이다. 순위가 좀 밀리긴 했지만 2006년 6월 기준 초고속망 가입자 수는 세계 2위(2005년 1위), 초고속인터넷 보급률은 세계 4위(2001~04년 연속 1위)다. 아무래도 한국은 '디지털 체질'인 것 같다.

1위

■ 선박수주량 · 선박건조량 · 선박수주잔량(2005) / D램 반도체(2005, 삼성전자) / TFT-LCD 및 PDP(2005, 삼성전자) / 광스토리지, 에어컨, 청소기(2005, LG전자) / 항공사별 화물수송(2005, 대한항공)

3개

■ '글로벌 100대 브랜드' 명단에 포함된 한국기업 수(2005, 인터브랜드) 삼성, 현대자동차, LG가 이름을 올리며 국가별 순위로는 8위에 랭크되었다. 『포춘』지 선정 세계 500대 기업(2006)에는 12개가 포함되어 국가별 순위 9위를 기록했다. OEM에 의존하며 '메이드 인 코리아'로 위안을 삼던 때가 엊그제 같은데, 한국발(發) 브랜드 파워가 이렇게 성장한 것이다.

6위

■ 스팸메일을 가장 많이 발송한 나라 순위(2006, 스팸하우스) 그나마 2004~05년의 3위에서 3계단 내려간 게 다행이다. 그러나 한편으로 2005년 2분기 사이버 폭력사범 수는 진년 동기 1,949명보나 63.3%나 증가한 3,221명을 기록했다. '디지털 체질'의 어두운 단면이다.

7.9%

에는 그 비율이 63%였다. 40년 만에 제1물결에서 제3물결로 건너뛴 이 대담한 압축과 생략!

9.3ℓ

년대 초의 1.7ℓ에서 5배나 증가한 걸 보면, 역시 맨 정신으로는 눈알이 핑핑 도는 다이내믹의 속도를 쫓아가기 힘들었던 것일까. 그래도 그렇지 세계에서 4번째의 스카치위스키 수입국(2005)이라니, 독한 한국인들이여!

11위

GDP는 1953년 13억 달러에서 2005년 7,876억 달러로 605.8배, 수출은 1948년 2,200만 달러에서 2005년 2,844억 2,000만 달러로 무려 1만 2,928배나 증가했다. 최근 들어 성장세 둔화를 우려하는 소리가 높지만, 아무튼 잠시 숨을 고를 때도 된 것이다.

32%

(2005) 미국은 인구의 약 65%가 과체중이어서 강력한 비만세를 신설하라는 건의가 연방정부에 잇따르고, 비만이야말로 '진짜로 치러야 할 전쟁'이란 말까지 나오고 있다. 불과 10년 사이에 한국에서도 비만 문제가 현안으로 등장했다. 국가비만대책위원회나 관련법 제정이 거론되는 마당이다. 이런, 에너지를 너무 많이 비축했나?

100억 달러

■ 디지털 전자 수출액(2006.9) 1977년 12월 22일, 무역협회는 수출 100억 불 돌파 기념으로 광화문에 대형 아치를 세웠다. 그로부터 30년 후, 한국은 디지털 전자 한 부분만, 그것도 월 수출이 108.8억 달러에 이르는 나라가 되었다.

267명

■ 2004년 아테네올림픽 참가 선수단 수 한국이 최초로 출전한 1948년 런던올림픽 당시 참가 선수단 수는 67명이었다. 그러나 88서울올림픽에서 종합 4위를 차지한 이후 대한민국은 4년마다 뜨겁게 달아올랐고, 우리 선수들은 종합 7위-10위-12위-9위라는 '착한' 성적으로 보답했다.

501명

■ 1995년 6월 29일 삼풍백화점 붕괴사고의 사망자 수(실종 6명, 부상 937명) 1970년 와우아파트 붕괴사건 사상자 73명, 1981년 경산열차 충돌사고 사상자 298명, 1994년 성수대교 붕괴사고 사상자 49명, 2003년 대구 지하철 화재사고 사상자 340명……. 더 이상 되풀이해서는 안 될 '빨리빨리'의 슬픈 기록들이다.

8,100회

■ '난타' 국내외 공연 횟수(~2006.9) 1997년 10월 초연 이후 10년 만에 국내 외국인 관람객 수 100만 명 돌파(해외공연까지 합하면 170여만 명)라는 의미 있는 기록을 달성했다. 「난타」는 IT, BT의 눈부신 성장과 더불어 CT의 상징으로 떠오르면서 한국인들에게 또 하나의 자부심이 되었다.

1만 2,306개 ■ '한국직업사전'에 오른 직업 명칭의 수

(2003) 1969년에는 3,260개였다. 보라, 불과 30여 년 사이에 우리 사회의 산업지형도가 얼마나 드라마틱하게 변화했는가를!

2,100만 명 ■ 2002년 6월 월드컵 당시 길거리 응원 참

여인원 1980년 광주민주화운동 이후 '5월 그날이 다시 오면 우리 가슴에 붉은 피 솟던' 한국인들은, 2002년 그날 이후 2006년 다시 찾아온 6월에도 각양각색의 붉은 옷을 걸치고 거리에서 하나가 되었다. 그해 여름의 땀과 눈물은 일시에 온갖 균열을 녹이고 메우며, 세계와 우리의 가슴에 '다이내믹 코리아' 라는 뜨거운 이름을 새겨놓았다.

2장

호모 데시데로

:

욕망하는 인간

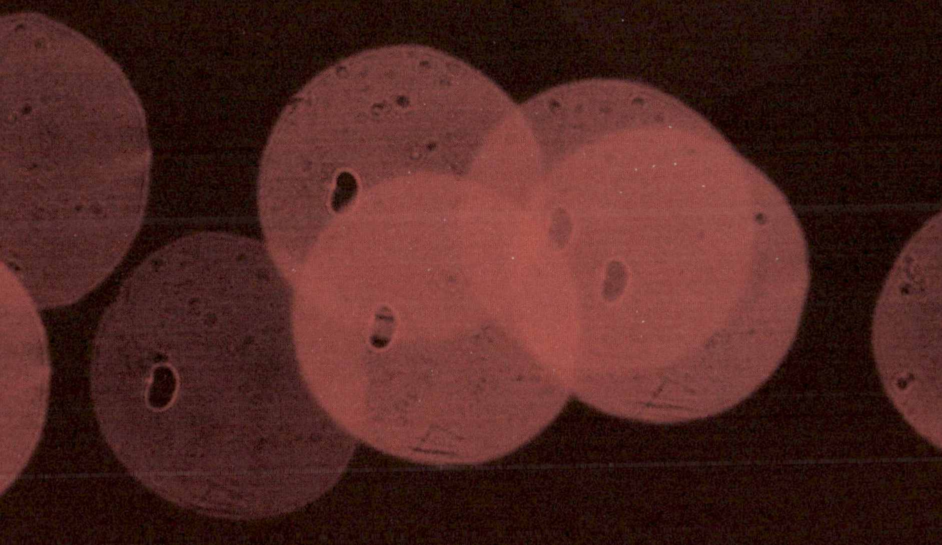

"나에게 욕구 충족 이론은 모든 건강한 인간 발달의 토대가 되는 가장 중요한 하나의 원리로 보인다. 인간의 다양한 동기를 함께 묶어주는 하나의 전체적인 원리로서, 낮은 수준의 욕구가 충분히 만족되면 새롭고 높은 수준의 욕구가 발생하는 경향성이 있다."

– 에이브러햄 H. 매슬로, 「존재의 심리학」 중에서

다이내믹 코리아의 잠재력

미국 워싱턴의 레드먼드에 위치한 디지펜 공과대학은 매년 2만여 명이 몰려들지만 불과 200여 명의 소수정예만 뽑아 엄청난 경쟁률을 자랑하는 인기대학이다. 게임개발 전문 인력으로 육성된 졸업생들은 해마다 미국 유수의 게임 및 컴퓨터 업체에 취직한다. 그런데 이 대학이 2007년부터 매년 우리나라의 한 고등학교 졸업생 10명을 토플시험 없이 입학을 허가하기로 결정했다. 바로 한국게임과학고등학교 졸업생들이다. 온라인게임 강국인 한국의 위상을 인정하여 우수한 고등학생들을 특별전형으로 받아들이기로 한 것이다.

한국정부의 게임산업에 대한 관심은 여전히 지대하다. 하지만 2004년까지 200억 원가량의 예산을 집행하더니 2005년 170억 원대, 2006년 135억 원대(이상 문화관광부)로 줄어들고 있다. 그럼에도 한국의 온라인게임 산업은 계속해서 세계시장으로 뻗어나가고 있다. 리니지 사용자는 전 세계적으로 700만 명에 달하고, NHN재팬은 일본 온라인게임 분야의 회원 수 1위를 자랑하고 있으며 중국 온라인게임 시장의 40~50%는 한국 게임들이 장악하고 있다. 2005년 전체 게임 수출액 5억 6,000만 달러 중 온라인게임이 80%를 차지하기도 했다.

온라인게임 산업은 한국에서 통하면 세계에서도 통한다는 공식을 만든 좋은 사례다. 세계 각국의 게임산업이 아케이드게임, 비디오게임(콘솔게임) 중심으로 달려갈 때 유독 한국만은 온라인게임 분야에서 급성장했다. 잘 구축된 초고속인터넷망도 한 가지 이유지만, 무엇보다 엄청난 수의 유저(User)들이 성장을 뒷받침했다. 한국의 게임 유저들은 익명의 상대와 대결이 가능하고 커뮤니티를 형성할 수 있는 온라인게임의 묘미를 가장 먼저 깨우쳤다. 왜냐하면 그것이 관계를 중시하는 한국인의 욕망을 가장 잘 충족시켜 주었기 때문이다.

온라인게임 산업은 다이내믹 코리아의 성장 잠재력을 어디서 찾아야 하는가에 대한 방향을 제시한다. 다이내믹 코리아의 시대는 한국인들 스스로가 자신의 잠재력에 대한 긍정적인 평가를 하는 최초의 시기지만, 동시에 미국, 일본 등의 선진국과 브릭스(BRICs, 브라질·러시아·인도·중국) 등의 후발국들 사이에서 새롭게 진로를 열어야만 하는 고통의 시대이기도 하다. 따라서 온라인게임 산업처럼 한국이 강점을 발휘할 수 있는 성장시장을 찾고, 그 성장시장에서 새로운 블루 오션을 만들어야 한다.

우리가 한국인의 욕망에 주목하고, 그로부터 성장시장을 찾아야 할 이유가 바로 여기에 있다. 관계에 대한 한국인의 욕망이 온라인게임의 성장 에너지였던 것처럼, 또 혁신에 대한 한국인의 빠른 수용도가 한국 시장을 첨단상품의 테스트 마켓으로 떠오르게 한 것처럼, 한국인의 욕망은 한국적 성장시장을 만든다. 그리고 그 시장에서의 성공을 잘만 다듬으면 우물의 입구가 아니라 세계로 나가는 문이 된다.

20세기에는 한국인의 욕망이 갖는 의미와 파장이 작았다. 유행을 이끌지도 못했고, 첨단산업에는 명함도 내밀지 못했으며, 한국에서의 성공이 세계시장 진출에 교두보가 되는 것도 아니었다. 하지만 21세기는 다르다. 다이내믹 코리아는 자기 안에서 충분히 세계로 나갈 문을 찾을 수 있다. 이제 우리는 좀더 자기 자신의 욕망에 주목해야 한다. 그리고

이 욕망의 시장 안에서 개인, 기업, 국가의 비전과 미래 전략을 세워야
할 때다.

호모 데시데로(Homo Desidero)

전통적으로 욕망이란 억누르고 감춰야 할 그 무엇이었고, 노골적으로 드
러내는 것은 경멸의 대상이었다. 그러나 사실을 말하자면 욕망은 건전하
지도 불량하지도 않다. 백과사전을 찾아보라. 욕망은 '생물의 행동을 야
기시키는 개체(個體)의 동인(動因)'이다. 쉽게 말해서 생물을 움직이게
하는 에너지라는 얘기다. 따라서 동물에게든 인간에게든 욕망 그 자체로
는 선도 아니고 악도 아니다. 살아 있는 것을 살아 있게 하고, 움직이고
성장하게 하는 원인일 뿐이다.

한국인의 욕망을 이야기하려면 먼저 욕망 자체에 대한 올바른 평가
가 필요하다. 아니, 인간에 대한 새로운 규정이 필요하다. 문명의 발전과
사회 변화, 그리고 진보의 주체인 인간의 진면목을 올바로 보는 데서부
터 출발해야 한다.

인간의 특징을 '생각하는 능력'에 두고 이름 붙인 학명이 '호모 사
피엔스(Homo Sapiens)'다. 하지만 철학자 베르그송은 실용적이고 실존적
인 인간관을 바탕으로 생산과 행위에 몰두하는 인간을 강조하며 '호모
파베르(Homo Faber, 제작하는 인간)'라고 명명했다. 이에 비해 네덜란드
의 역사학자 요한 호이징가는 인간의 특징을 놀이에서 발견한다. 우리는
흔히 놀이가 삶의 한 요소일 뿐이라고 생각하지만, 실제로는 삶과 문화

자체가 놀이의 형식을 띠고 있다는 것이 그의 주장이다. 그래서 나온 개념이 유희하는 인간, 즉 '호모 루덴스(Homo Ludens)'다.

인간은 호모 사피엔스이며 동시에 호모 파베르이고, 또한 호모 루덴스다. 이 명칭들에는 인간을 인간답게 만드는, 그리하여 다른 동물들과 확실히 구별할 수 있는 인간만의 특징을 나타내려는 의도가 분명히 살아 있다. 하지만 굳이 '구별'을 목적으로 하지 않고 실체, 혹은 진실 그 자체만 두고 본다면 인간은 '욕망하는 존재'다. 욕망으로 인해 경쟁하고, 새로운 지식을 탐구하며, 먼 달나라까지 로켓을 쏘아올리는 존재가 바로 인간이다. 바로 '호모 데시데로(Homo Desidero, 데시데로는 라틴어로 욕망이라는 뜻이다)'다.

인간을 호모 데시데로, 욕망하는 존재로 인정할 때 비로소 사회변화와 새로운 문명의 에너지를 제대로 투시할 수 있다. 인간의 욕망은 동물적 본능에서부터 환경과 상호작용하여 생기는 다양한 욕구까지 모두 포함한다. 마땅히 이성의 지배하에 놓여야 하는 것으로 여겨졌던 육체적 욕망과 끊임없이 새로운 무언가를 창조하고 생산하려는 긍정적 힘으로서의 욕망(철학자 들뢰즈와 가타리는 욕망을 이렇게 정의한다)까지도 포함한다. 구체적으로 말하면 욕망은 성적 환상을 가진 사춘기 소년의 짝사랑에서부터 흔히 '웰빙'이라고 하는 새로운 라이프스타일에 이르기까지, 더 나아가 사회변혁을 꿈꾸거나 명상을 통해 영혼의 구원을 꾀하는 것까지, 모든 인간행위들과 관계를 맺는다. 욕망은 인간을 움직이게 하는 동기이기 때문이다.

욕망의 짝은 욕망이며 욕망의 적도 욕망이다. 끝을 모르는 욕망도 브레이크가 걸리는데, 그것은 바로 또 다른 욕망 때문이다. 혀에 좋은 음식만 무한정 먹을 수도 있지만 건강에 대한 욕망이 이를 제어하는 것과 같다. 더 많은 물질을 소유하려는 욕망은 정신적 성장에 대한 욕망에 의해 제어된다. 욕망은 짝이자 적인 다른 욕망들과 대결하고, 갈등하고, 화해한다. 이렇게 의식적, 무의식적 욕망들이 충돌하면서 우리는 '자각'이라는 과정을 거치며, 순간순간 자기 자신을 되돌아본다. 이것이 삶의 전부다. 그리고 이런 개개인의 삶이 모이면 사회가 된다. 따라서 우리가 품고 보듬고 키우고 있는 욕망들을 이해하지 못하면 인간도, 비즈니스도, 사회도, 미래도 이해할 수 없다. 이해했다고 해도 껍데기일 뿐이다. 그러므로 우리는 인간을 다른 그 무엇도 아닌 욕망하는 존재, 즉 '호모 데시데로'로 인정하고 그 바탕 위에 사회변화와 문명의 진보, 그리고 시장을 이야기해야 한다.

결핍과 성장

사람은 물이 없으면 대략 3일이면 죽는다고 한다. 따라서 목이 마르면 물을 찾는 것은 생명과 직결되는 부족함을 메우려는 본능적 욕망이다. 그런데 한편으로는 생명과 무관하고 의무도 아닌데 적지 않은 사람들이 성인(聖人)의 모습을 닮으려고 한다. 물도 정신적 성장도 모두가 인간이 바라는 욕망의 대상이다.

근대에 와서 인간이 보편적으로 갖고 있는 기본적인 욕망을 찾아내려는 시도는 심리학자들의 몫이었다. 그중에서도 가장 많이 인용되고, 타당한 분류로 인정받는 심리학자는 매슬로(Abraham H. Maslow, 1908~

1970)이다. 후대 연구자들의 진전된 연구에도 불구하고, 그의 욕구 5단계설은 인간 욕망에 대한 간명한 정리로 많은 이들에게 영감을 주었다. 이 책 역시 기본적인 분류에 관해서는 그의 이론에 기초하고 있다.

인간을 좀더 긍정적인 존재로 생각했던 매슬로는 욕망을 통해 성장하는 인간상을 그려내고자 했다. 그의 심리학을 '인본주의 심리학'이라고 하는 이유는 선이나 악의 도덕적 강제가 아닌, 인간에게 내재한 욕망만으로도 우리가 충분히 더 나은 존재, 자아실현을 위해 끊임없이 성장하는 존재가 될 수 있다는 믿음을 바탕으로 했기 때문이다.

매슬로의 욕구 5단계설은 자주 인용되는 데 비해 그 분석의 깊이는 덜 알려져 있다. 그러나 조금만 더 접근하면 그의 욕구 분류가 동물적 본능에서 출발한 것으로부터, 신에게 다가가려고 애쓰는 존재로서의 특성까지 모두 담고 있다는 사실을 발견할 수 있다. 매슬로의 분류 기준에 대해 이견이 있다 하더라도 내용적으로 그가 정리한 스펙트럼을 벗어나는 욕구는 존재하기 어려우며, 이 점이 매슬로의 성과를 인정하지 않을 수 없는 가장 큰 이유다.

매슬로는 인간의 욕망을 크게 결핍욕구와 성장욕구로 구분한다. 결핍욕구는 인간이 살아가기 위해 필요한 최소한의 기본적 욕구다. 목이 마르면 물을 찾듯, 모자라면 채워야 하는 그 어떤 것이다. 여기에는 생리적 욕구(1단계), 안전에 대한 욕구(2단계), 애정과 소속감에 대한 욕구(3단계), 그리고 자존감의 욕구(4단계)가 포함되어 있다. 결핍욕구는 행복을 목표로 하기보다는 해소나 긴장완화를 추구한다. 결핍욕구의 대상들은 해소되지 않으면 병적인 신경증이나 스트레스를 유발할 수 있기 때문에, 그만큼 충족시키려는 강도가 세다. 또 결핍이 해소되면 추가적인 욕구를 발생시키는 대신 상위욕구의 충족에 매달린다. 이 점이 성장욕구인 자아실현욕구와 분명히 구별된다고 매슬로는 말한다.

1단계 욕구	생리적 욕구	먹는 것, 자는 것, 종족보존 등.
2단계 욕구	안전에 대한 욕구	추위·질병·위험 등으로부터 자신을 보호하려는 욕구. 미래를 위해 저축하는 것도 안전 욕구의 표출이라 할 수 있다.
3단계 욕구	애정과 소속에 대한 욕구	가정을 이루거나 친구를 사귀는 등 어떤 집단에 소속되어 애정을 주고 받으려는 욕구이나.
4단계 욕구	자존감의 욕구	소속 단체의 구성원으로서 명예나 권력을 누리려는 욕구이다.
5단계 욕구	자아실현의 욕구	자신의 재능과 잠재력을 충분히 발휘해서 자기가 이룰 수 있는 모든 것을 성취하려는 최고 수준의 욕구이다.

<매슬로의 욕구 분류>

5단계 욕구인 자아실현욕구는 자신의 재능과 잠재력을 충분히 발휘해서 자기가 이룰 수 있는 모든 것을 성취하려는 최고 수준의 욕구이다. 여기에는 지적 탐구나 아름다움에 대한 욕구도 포함된다. 성장욕구는 결핍욕구와 달리 일정하게 충족되면 만족한다. 하지만 공부를 잘하는 아이가 계속해서 더 공부하고 싶어하듯이, 만족은 새로운 자극을 부르고 이에 따라 끊임없이 더 높은 성취를 향해 나아간다는 특징을 갖는다. 성장욕구는 일시적인 긴장의 해소가 아니라 더 큰 성취를 위해 더 높은 긴장, 그러나 즐거운 긴장을 갖는다는 특징이 있다.

욕망을 결핍과 성장이라는 두 가지 성격으로 나누었을 때, 우리는 보다 간명하게 욕구를 이해할 수 있다. 호모 데시데로인 우리는 부족한 것을 채우기 위해, 그리고 더 성장하기 위해 욕망을 품는다. 그것이 전부다. 한국인도 예외는 아니다.

솔직한 디지털

다이내믹 코리아의 시대는 욕망과의 관계에서도 분명한 변화가 있다. 과거 그 어느 때와도 다르게, 이 시대의 호모 데시데로들은 욕망의 존재와 영향력을 분명히 자각한다. 오랫동안 개인의 경계라는 울타리 안에서 잠자고 있었지만, 이 시대의 욕망은 당당하게 거리를 활보한다. 그 이유는 무엇일까?

첫번째 원인은 전 세계적 현상인 디지털 혁명으로부터 유래했다. 흔히 말하듯 디지털 도구들은 지구를 그야말로 하나의 촌락처럼 연결했고, 인간과 세상 사이의 경계를 무너뜨렸다. 그 경계 중 하나는 바로 내적 욕망과 세상 사이의 경계다. 2006년 9월을 기점으로 회원 수 1,900만 명을 돌파한 싸이월드나 네이버에서만 700만 개를 넘어선 블로그의 운영자 중 누구든 자기 집의 인테리어 사진을 올릴 자유가 있고, 1촌을 맺은 사람들을 포함해 익명의 대중들이 와서 구경하게끔 설정할 수 있다. 그 집 인테리어에 반한 사람들은 팬이 될 수 있고, 많은 팬이 모여들면서 유명세를 탄 블로거는 주부라는 직장을 때려치우고 인테리어 사업자로 나설 수 있다. 축구해설을 하고 싶어 몸부림치던 누군가는 1인 방송국을 차려 30명쯤 되는 청취자들을 대상으로 자신의 끼를 발휘할 수 있다. 자기만의 욕망과 취미를 순식간에 시장으로 연결하는 이런 세상은 과거에는 없던 것이다. '나'라는 경계 안에만 머물던 바람들은 언제든 디지털 매체를 통해 세상에 나가고, 세상과 소통할 수 있다. 욕망은 더 이상 내 안에 갇혀 있을 이유가 없다.

두 번째 이유는 시대적 변화에 따른 한국인의 변모와 관련이 있다. 집단적 정서와 가치관으로 자신을 억누르던 한국인들이 점차 사라져가고 있는 것이다.

어느 자전거 여행자의 여행기에 이런 글이 있다.

> 나는 호모 루덴스(Homo Ludens)이고 싶다. 놀 줄 아는 사람이 되고 싶다. 나는 놀기 위해서 세상에 태어났다. 놀면서 이 세상에 있다는 거, 살아 있다는 것을 실감한다. 놀기 위해서 일하는 것이다. 노는 데는 어떤 의무나 조건도 붙어 있지 않다는 점에서 자유롭다. (중략) 호모 파베르였던 나는 자전거 여행을 시작한 뒤 호모 루덴스로서의 나를, 그리고 장거리 여행의 스트레스를 이겨낼 수 있는 내 몸을 발견한다. 그래서 미국 단독 횡단이라는, 그 전에는 생각도 할 수 없을 만큼 엄청나게 큰 판의 유희에 하루하루 희희낙락하면서 그 꿈을 한 발 한 발 이뤄가고 있는 중이다. 로키 산맥이 나를 불렀던 것은 바로 세계 한 판 놀아보자는 유혹이었던 것이다.
>
> (「한겨레신문」, '홍은택의 아메리카 자전거여행' 중에서)

이 사람은 자신에게 솔직해졌고, 그것을 행동으로 옮겼다. 이처럼 욕망에 솔직해지기 위해서는 외적인 압박을 이겨낼 준비가 되어야 한다. 외적인 압박이란 무엇인가? 그것은 사람이란 모름지기 일을 해야 한다는 식의 가치관이거나, 나이가 몇인데 애들처럼 자전거 여행이냐는 식의 비아냥, 그리고 인간은 욕망대로만 살면 안 된다는 꾸짖음 등 다양한 사회적 시선이다. 첩첩산중인 체면과 명분에 얽매이지 않고 자기 자신에 충실해야 하는 것이다. 쉬운 일은 결코 아니다.

하지만 지금 우리 사회에는 이런 종류의 인간 유형이 다양하게 증가하고 있다. 아니, 몇몇 사람만이 아니라 대한민국의 거의 모든 세대에게서 공통적으로 나타나기 시작했다. 그들은 다음과 같은 특징을 공유한다.

첫째, 자신이 욕망을 가진 존재임을 부끄러워하지 않는다.
둘째, 욕망을 타인에게 표현하는 데 거리낌이 없어졌다.
셋째, 세계를 변화시키기보다는 자신의 삶을 가꾸려는 욕망에 충실하다.

젊은 세대들의 블로그나 미니홈피에 한 번이라도 들러본 사람이라면 이러한 특징을 금세 알아차릴 수 있을 것이다. 그러나 젊은 층만 변한 것은 아니다. 예컨대 '통크족(TONK, Two Only No Kids, 자식들과 떨어져 둘만 사는 노부부)'으로 불리는 노인들을 보라. 대한상공회의소는 2005년 「새로운 소비자 집단 등장과 기업의 대응」이라는 보고서에서 통크족을 새로운 소비층으로 꼽았는데, 이 새로운 노년층의 소비패턴이 자기중심적이고 감각지향적이라는 분석을 내놓았다. 그들은 자식에게 의존하려고 하지 않으며 자기들만의 인생을 추구한다. 늙었다고 해서 자신의 욕망을 주름 뒤에 감추려 하지 않는다.

위의 두 가지 원인은 다이내믹 코리아를 더욱 더 욕망과 긴밀하게 연결되는 나라로 만들고 있다. 욕망은 언제든 소비자 니즈가 되고, 시장을 만들 수 있으며 호모 데시데로들은 그 사실을 잘 알고 있다. 과거 어느 때보다 소비자 파워가 커진 것은 그들의 자각 때문이다. 또 소비자로 머물지 않는 능동성 역시 자신의 욕망을 감추려 들지 않기 때문이다. 그래서 다이내믹 코리아는 욕망의 나라이고, 다이내믹 코리아의 미래는 욕망들의 미래다. 이제 그 욕망의 지도를 그릴 때가 왔다.

노랑가방 속의 욕망

얼마 전에 우연히 딸아이의 동화책을 읽게 되었다. 흥미롭게도 욕망에 대한 이야기였다. 주인공 여자아이는 어느 날 노랑가방을 선물 받았는데, 아이는 거기다 남에게 밝히기 싫은 자신의 욕망을 넣어둔다. 이야기는 다음과 같이 시작한다.

> 나는 나의 욕망들을 감추어둘 수 있는 장소를 찾아야만 한다. 그건 아무 때고 아이스크림을 먹고 싶다거나, 산수 시간에 땡땡이를 치고 싶다거나, 내가 신고 다니는 구두들이 지겨워져서 새 구두를 사고 싶거나 하는 아주 하잘것없는 욕망들이 아니다. 실제로 나는 이런 욕망들을 경멸한다. 그러나 갑자기 언제부터인지 내 속에서 끊임없이 커지고 자라기 시작하는 세 가지 다른 욕망들이 있다.
>
> (리지아 보쥥가 누니스, 『노랑가방』 중에서)

이 여자아이의 세 가지 욕망은 얼른 어른이 되고 싶은 욕망, 소녀가

아니라 소년이 되고 싶은 욕망, 글을 쓰고 싶은 욕망이다. 성장과 자존
감, 그리고 성취에 관한 욕망들이다. 우리가 누구나 갖고 있는 것들이다.
그리고 지금 이 열한 살짜리 여자아이에게는 그 세 가지 욕망이 다른 수
많은 사소한, 혹은 하잘것없는 욕망을 제치고 가장 지배적으로 작용하고
있는 것이다.

노랑가방 속의 욕망 이야기는 다음과 같이 이어진다.

> 난 오래전부터 이 욕망들을 없애보려고 온갖 짓을 다 했다. 성공했냐고? 흠!
> 내가 조금만 긴장을 풀어버리면 금세 욕망이 다시 나타나는 것이다. 어제 역
> 시, 저녁을 먹다가 갑자기 난 생각했다. '내가 어른이 되려면 앞으로도 몇 년
> 을 더 기다려야 하니 얼마나 긴 시간이람.' 그때 어른이 되고 싶은 욕망이 아
> 주 커지기 시작했고, 난 사람들이 그걸 눈치 채지 못하게 하기 위해서 식탁
> 에서 일어나 뛰어나가야만 했다.

누구나 똑같다. 이 꼬마아이처럼 어떤 욕망이 생겨나고, 지배적으로
자라게 되면 휴지통에 쉽게 버릴 수가 없다. 우리는 마음속에 저마다의
노랑가방을 두고 거기에 욕망을 구겨넣지만 금세 다시 나타난다. 그것은
무의식으로도 나타난다. 그리고 행위의 동기가 되어 시장으로 나온다.
그러므로 우리는 이렇게 말할 수 있다.

"욕망이야말로 시장의 미래를 알 수 있는 가장 확실한 통로다!"

이제 우리 시대의 호모 데시데로들은 저 꼬마아이처럼 욕망을 감출
필요도 없고, 감출 이유도 없다. 그것이 대한민국을 들끓게 하고, 다이내
믹하게 만들고 있다. 우리는 그 안에서 욕망이 내는 길을 조심스럽게 따

라가면 된다. 거기에 한국의 미래가 있다.

2부에서는 본격적으로 욕망의 지도를 그릴 것이다. 다이내믹 코리아를 만들어나갈 7개의 대로다. 각각의 대로는 크게 세 가지 요소로 구성되어 있는데, 첫번째는 지배적 변화에 대한 분석과 간략한 통찰로 변화의 본질을 이해하는 데 도움을 줄 것이다. 두 번째는 이 변화로부터 발생하는 주요한 욕망의 성격과 소비자 니즈에 관한 분석이며, 새로운 변화의 에너지에 해당한다. 그리고 마지막으로는 이 에너지들이 어떤 시장을 성장시키고, 어떤 트렌드를 만들어내는가를 전망할 것이다.

이 지도들에서 무엇을 찾는가는 개인에 따라 조금씩 다를 수 있다. 나는 무엇보다 그것이 우리의 현재와 미래에 대한 통찰이기를 바란다. 그래서 너무 복잡해져 불투명해진 세상을 꿰뚫어볼 자기만의 안경이 되었으면 한다.

| 7개의 욕망을 찾는 4가지 질문 |

우리 시대의 다양한 욕망 속에서 가장 지배적인 욕망을 추출하기 위해 다음의 4가지 질문을 주된 모티브로 삼았다.

1. 인간의 기본적인 욕구에 얼마나 밀착해 있는가?

– 일시적인 호기심이나 변덕스러운 관심은 기껏해야 유행을 만들 뿐이다. 매슬로의 욕구분류에 따라 호모 데시데로의 결핍, 혹은 성장의 욕구에 더 밀착된 욕망일수록 사회적 동기로서 높은 점수를 받을 수 있다.

2. 이 욕망은 실제로 인생이나 비즈니스에서 얼마나 넓은 영역에 나타날 수 있는가?

– 좀더 날렵한 휴대폰을 갖고 싶다는 욕망은 휴대폰에만 한정된다. 따라서 전파범위가 휴대폰 산업에서 더 넓어지기 어렵다. 하지만 인간적인 감성이 묻어나는 휴먼 디자인에 대한 욕망이라고 하면 그것은 건축 디자인, 휴대폰 디자인, 컵 디자인, 심지어 아이들 과자봉지의 디자인에서도 나타날 것이다. 이렇게 전파범위가 넓을수록 더 지배적인 욕망이 된다.

3. 시장화가 쉬운가?

– 우리의 욕망 가운데 많은 것은 지극히 사적인 것들이다. 그런 욕망은 개인적이고 상상의 차원이어서 시장으로 나오지 않고 개인 안에 머문다. 하지만 어떤 욕망들은, 예를 들어 있는 그대로의 자연을 체험하고 싶은 욕망이라면 여가생활을 통해 당장 비즈니스로 나타날 수 있다. 시장화가 쉬울수록 삶과 사회에 대한 지배력이 높다.

4. 생태계에 직접적인 변화요소가 있는가?

– 여기서 생태계란 새로운 사회적 흐름의 바탕이 되는 '트렌드 생태계'를 말한다. 가령 고령화가 세계적 메가트렌드이기는 하지만 좀더 직접적인 변화요소, 예를 들어 우리나라에서 곧 고령자를 위한 획기적인 사회복지법이 통과될 예정이라면 현실의 변화는 훨씬 탄력을 받게 된다. 이렇게 생태계에 직접적인 변화요소가 있을 때 특정 욕망은 더 지배적이 된다.

〈욕망의 지도 분류표〉

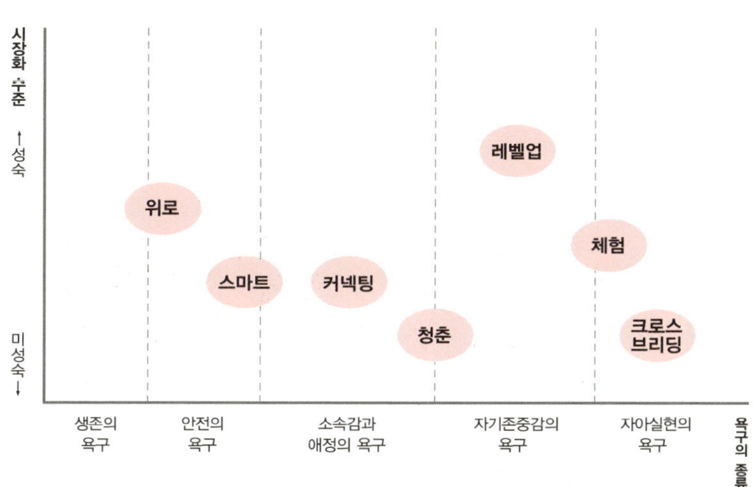

이 책에 소개된 7가지의 지배적 욕망을 그 뿌리가 되는 기본적 욕구(가로축)와 현재 상품화된 정도(세로축)를 기준으로 분류한 그래프이다. 가로축을 통해 해당 욕망이 밀착해 있는 호모 데시데로의 기본적 욕구를 파악할 수 있고, 세로축을 통해 현재의 시장화 수준과 앞으로의 성장 여지를 가늠해 볼 수 있다.

2부 욕망의 성장시장

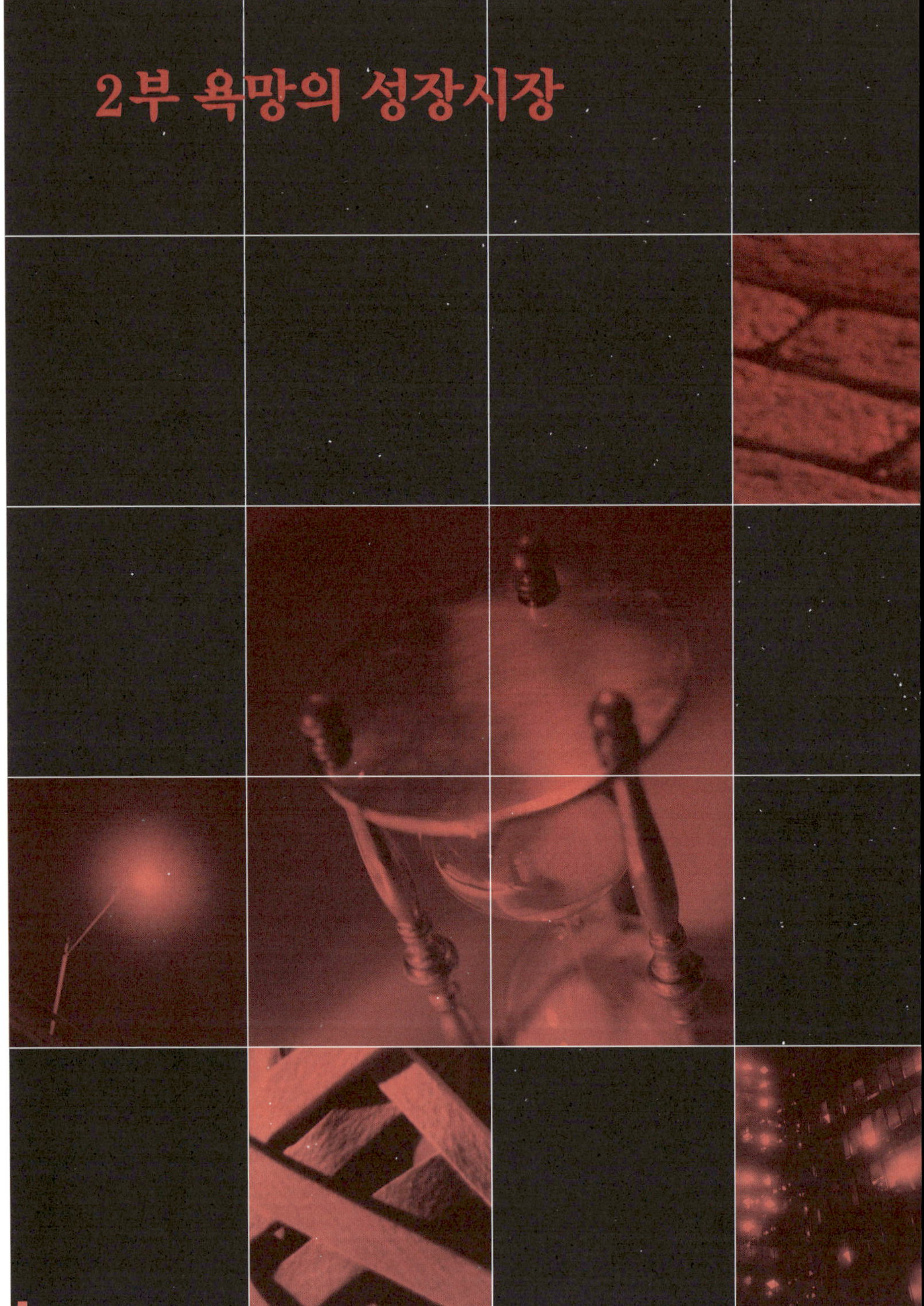

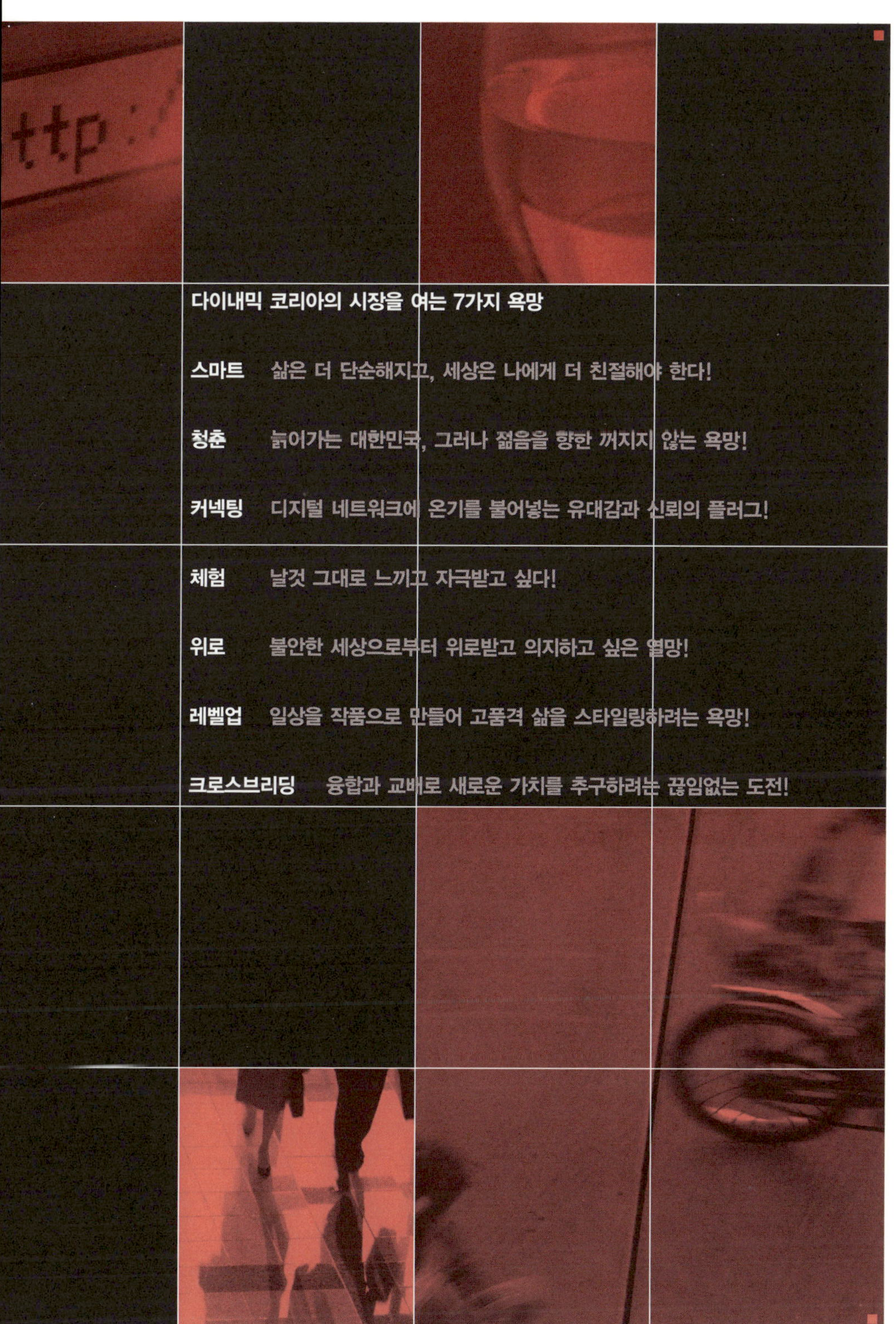

다이내믹 코리아의 시장을 여는 7가지 욕망

스마트   삶은 더 단순해지고, 세상은 나에게 더 친절해야 한다!

청춘   늙어가는 대한민국, 그러나 젊음을 향한 꺼지지 않는 욕망!

커넥팅   디지털 네트워크에 온기를 불어넣는 유대감과 신뢰의 플러그!

체험   날것 그대로 느끼고 자극받고 싶다!

위로   불안한 세상으로부터 위로받고 의지하고 싶은 열망!

레벨업   일상을 작품으로 만들어 고품격 삶을 스타일링하려는 욕망!

크로스브리딩   융합과 교배로 새로운 가치를 추구하려는 끊임없는 도전!

오, 친절한 테크놀로지

:

스마트

Smart

"모든 것은 더 이상 단순화할 수 없을 때까지 단순화해야 한다."

– 앨버트 아인슈타인

1. 복잡성의 시대

사용설명서로 채우는 책장

기술이 발달할수록 생활이 더 복잡해지고 있다는 것은 참으로 역설적이다. 편리함을 위한 도구들은 저마다 장점을 가지고 있지만, 기능이 늘어날수록 공부를 해야 하고 점점 더 머리를 복잡하게 만든다는 단점이 있다.

리모컨 하나로 간단한 조작이 가능했던 TV는 이제 디지털 TV로 발전하면서 복잡한 사용설명서가 필요해졌다. 마이크로소프트에서 윈도 (Window)의 새 버전이 나온다는 뉴스에 기대를 품기보다는 사용법을 익힐 생각에 지레 골치부터 아파진다. 디지털 카메라도 괜찮은 사진을 찍을 요량이면 다양한 작동법을 익히기 위해 사용설명서를 뒤지고, 고수들에게 이것저것 물어봐야 한다. 휴대폰에는 수백 가지 기능이 있지만 그 중 내가 사용하는 것은 10가지도 안 된다. 전자레인지가 알려준다는 요리법과 전기밥솥의 다양한 기능, 냉장고에 달린 인터넷 모니터 작동법, 휴대폰으로 집안의 전자제품들을 원격제어할 수 있는 방법……

나중에 꼭 봐야지 하고 고이 모셔놓은 사용설명서들이 책장 한켠을 가득 채우고 있다. 새로운 기능을 사용하기 위해 일일이 사용설명서를 보는 것도 귀찮은 일이라 이제는 웬만하면 참고 넘어가게 된다. 한편에서 신기술의 화려한 불꽃놀이에 환호하는 동안, 책장의 사용설명서에는 먼지가 쌓이기 시작한다.

미래학자 앨빈 토플러는 신제품 개발에서 가장 유념해야 할 키워드로 '복잡하지 않은 기능'을 제시한 바 있다. '얼마 전 구입한 자동차 계기판에 기능 버튼만 49개이고 매뉴얼이 700쪽에 달했다'며 개인적 경험을 토로한 그는 이런 현상에 '초복잡성', 혹은 '잉여복잡성'이라는 이름을 붙였다. 이런 경험이 어디 그만의 것이겠는가? 편리한 디지털 도구들이 우리 삶을 더 복잡하게 만드는 경우도 많다.

편지를 보내던 시대에는 한 달에 한두 번 편지를 쓰는 것이 고작이었다. 물론 손으로 쓰고 우표를 사서 우체통에 넣는 일은 꽤 귀찮았지만, 그래봤자 한 달에 한두 번이다. 요즘 우리는 매일 이메일을 열어보고, 한두 통의 메일을 날린다. 메일 주소도 불가피한 회원가입용과 사적인 용도로 분리해 두지 않으면 온갖 메일이 섞여서 혼란스럽다. 스팸메일을 일일이 제거하는 것도 만만찮은 시간을 잡아먹는다. 편리한 이메일 때문에 우리는 더 많은 시간을 메일 주고받기에 할애할 지경에 이르렀다.

또 고객만족을 최우선으로 한다는 기업들의 잘못된 비즈니스가 고객의 삶을 더 복잡하게 만들어 불만을 고조시키고 있다. 예를 들어 콜센터가 그렇다. 고객의 편리와 기업의 효율적 운영을 위해 만든 곳이 콜센터다. 그러나 다음 기사를 보라. 한 직장인의 분통기다.

전화 속 기계음의 안내에 따라 주민등록번호 제시 등 전화기 단추를 눌러가며 여러 단계를 밟아갔지만 결국은 상담원과 통화를 해야 궁금증을 풀 수 있다는 사실을 알았다. 이후 전화기를 들고 상담원 기다리기를 20여 분. 전화는 "나중에 다시 걸라"는 멘트와 함께 자동으로 끊겼다. 다시 전화를 걸어 똑같은 과정을 밟아 기다리기를 20여 분. 역시 자동으로 전화가 끊겼다. S씨

는 결국 더 이상 시간을 허비할 수 없어 집에 있는 아내에게 전화를 대신 걸
도록 해 카드사용 명세를 겨우 확인할 수 있었다.

(「경향신문」 2005년 8월 26일자 기사 중에서)

고객을 위한다는 콜센터가 고객 불만의 온상이 되어가고 있다. 안
그래도 복잡해지는 삶에 혼란만 가중시킴으로써 불만과 짜증을 돋운다.
이런 현상은 우리 삶의 곳곳에서 하루에도 몇 차례씩 일어나고 있다.

소비자의 외면

TV 채널이 몇 개 안 되던 시대, 광고가 그다지 많지 않던 시대에는 리모
컨의 효용이 크지 않았다. 1956년에 미국 제니스사가 내놓았던 TV 리모
컨은 채널 수가 급증하고, 광고가 TV를 지배하기 시작한 1980년대부터
엄청난 인기를 끌었다. 채널을 쉽고 빠르게 돌릴 필요가 생겼기 때문이
다. 리모컨은 현대문명의 복잡성을 상징하는 대표적인 기기다.

그런데 지난 10여 년간 한국은 복잡성을 제거해 주는 리모컨보다는
복잡한 기능이 추가되는 새로운 TV의 개발에만 신경을 곤두세웠다. 한
국의 소비자들은 첨단기능을 선호함으로써 기업들의 기술개발을 든든하
게 지원해 왔다. 세계적으로 한국이 테스트 마켓이 되고 있는 것은 이런
성향 덕분이었다. 기업들도 고수익을 위해 첨단기능을 탑재한 고가품 위
주의 시장구조를 만들어냈다. 하지만 그 결과 기형적 시장의 발달을 불
러왔다.

한국의 휴대폰 시장은 참으로 기형적이다. 거의 모든 신상품이 고가

품이다. 일반적으로 상품군은 초고가품부터 저가품까지 피라미드형으로 분포한다. 가격접근성이 좋은 저가품이 더 많이 나오고, 시장에 더 넓게 분포하게 마련이다. 하지만 한국의 휴대폰 시장은 역피라미드형이다. 세계적으로 100달러 이하의 휴대폰이 저가휴대폰으로 분류되는데, 한국에는 10만 원대 이하의 휴대폰이 신제품으로 나오는 경우는 거의 없다. 사용설명서만 두껍게 만드는 수십만 원대 고가품이 하루가 멀다 하고 쏟아져나온다.

물론 그동안 한국기업들이 성공적으로 세계시장을 공략할 수 있었던 데에는 첨단기술을 옹호하고 신기술에 열광하는 한국 소비자들에 힘입은 바가 크다는 점을 부인할 수 없다. 업계에서는 한국 소비자들의 눈높이에 맞추다 보니 저절로 세계시장에서 경쟁력을 확보할 수 있었다는 말이 나올 정도다. 하지만 이 틈새를 뚫고 지금 영리한 소비자들이 출현하고 있다. 고기능을 위해 지불해야 할 고가격을 기꺼이 감수하는 소비자들 한편에서, 단순하지만 꼭 필요한 기능과 저가격을 선호하는 소비자들이 생겨나고 있는 것이다.

인터넷 전도사로 불리는 전(前) 매사추세츠공대(MIT) 미디어연구소장 니콜라스 네그로폰테는 이런 변화에 대해 새로운 제안을 내놓는다.

그는 스위스의 중저가 시계 브랜드 스와치를 본받으라고 충고한다. 스와치는 수백 가지 디자인의 저가시계를 만들어 소비자의 선택범위를 넓힘으로써 성공한 회사다. 스와치를 본받아 수백 가지 디자인의 저가휴대폰을 공급하면 소비자들은 여러 대의 휴대폰을 사서 기분에 따라 날마다 바꿔 사용하리라는 것이 그의 아이디어다.

실제로 고기능 상품에 대한 소비자의 외면은 이미 시작되었다. 세계

1위 휴대폰업체인 노키아를 따라잡겠다던 삼성전자는 모토롤라에 밀려서 시장점유율 3위로 내려앉았고, LG전자도 4위에서 5위로 물러났다(미국 시장조사업체 IDC, 2006년). 국내의 경제연구소들은 다른 환경적 요인들과 더불어 첨단기능 중심의 휴대폰이 소비자들의 외면을 받기 때문이라고 진단했다. 모토롤라의 감성 휴대폰인 '레이저폰'의 약진과 500만 화소를 넘긴 국내업체들의 카메라폰 부진은 이런 현상을 잘 보여준다.

이제 생각을 바꿔야 할 때다. 첨단기술 개발의 중요성이 줄어든 것은 아니다. 하지만 삶을 복잡하게 만드는 첨단기술은 소비자를 소외시킴으로써 소비자에게 외면받는다. 첨단과학에 무조건 환호하기보다 무엇이 자신의 삶에 유리한지 고민하는 영리한 소비자들이 출현하기 시작했다. 이제 기술은 보다 친절해질 필요가 있다. 이 소비자들의 새로운 욕망을 '스마트(Smart)'라고 부를 수 있을 것이다. 세상이 뭐라든 나 자신에게 유리한 방법을 추구하려는 영리한 욕망, 그것이 우리 시대의 스마트다.

2. 스마트 : 영리함에 대한 욕망

영리함이란?

서너 개의 아이스크림을 앞에 두고 어느 것을 먹을지 고르는 것은 행복한 고민이지만, 수백 종류의 아이스크림 앞에서는 보는 것만으로도 마음이 먼저 피로에 물든다. 첨단제품을 애프터서비스하는 업체들에 따르면 기계 오작동을 호소하는 고객의 70~80%가 기능에 대한 이해 부족 때문이라고 하는데, 너무 복잡한 기능은 소비자를 '피로한 바보'로 만들고 있다. 비싼 돈 주고 상품을 사면서 스스로를 바보라 느끼고픈 소비자가 어디 있겠는가?

기술은 삶을 지원하는 도구이지, 삶을 지배하고 복잡하게 만들어 부담을 안겨주는 도구여서는 안 된다. 삶은 더 단순해지고, 세상은 나에게 더 친절해야 한다. 이것이 바로 스마트 욕망의 핵심이다.

한 시대의 지배적 욕망은 호모 데시데로의 기본적 욕구에 그 뿌리가 닿아 있다. 그렇지 않다면 쉽게 왔다가 사라지는 유행에 지나지 않는다. 그렇다면 스마트 욕망의 뿌리는 무엇인가?

복잡성을 멀리하고 피로에서 벗어나려는 욕망의 뿌리는 안전의 욕구에 밀착해 있다. 매슬로의 욕구분류 중 2단계의 욕구로, 결코 고차원의 욕망이 아니다. 결핍이 생기면 얼른 채워야 하는 욕구다. 그만큼 강렬한 동기가 되는 욕망인 것이다.

안전의 욕구는 추위, 질병, 위험으로부터 자신을 보호하려는 욕구다. 평안한 삶을 위해 필요한 가장 기본적인 것들에 대한 욕구다. 그런데 기술과 사회의 복잡성은 이 욕구를 충동한다. 피로의 증가는 삶에 위협이 되기 때문이다. 칼 든 강도를 만나는 것처럼 직접적인 위협은 아니지만, 일상의 삶에 누적되는 피로는 장기적으로 칼을 든 강도만큼이나 위협적이다. 따라서 본능적으로 피로를 가중시키는 삶의 위협요소를 제거하려는 욕망이 생기고, 위협이 제거될 때까지 안전의 결핍을 지속적으로 느끼게 된다.

단순함의 과학

호모 데시데로는 자신의 욕망을 행동으로 옮긴다. 세상이 욕망을 충족시킬 수 없다면 자신이 세상을 변화시키고자 한다. 시장에서는 이것을 '소비자 니즈'라고 부른다. 그리고 스마트 욕망의 첫번째 소비자 니즈는 '단순성'의 추구다.

유럽의 트렌드 전문가 마티아스 호르크스는 '스마트테크'가 새로운 기술의 세계를 열 것이라면서 '적성수준화'라는 대안을 제시한다. 적정수준화란 복합기술에 적절한 기준 설정이 필요하다는 의미다. 지나치게 많은 기능이 아니라 사용자가 사용할 수 있고, 또 사용하기를 원하는 기능에 초점을 맞추는 것을 말한다(마티아스 호르크스, 『미래는 불면증에 걸린 좀비들 세상이다』).

여기서 중요한 것은 사용자다. 그는 인간이고, 따라서 자신의 한계를 벗어난 복잡성을 원하지 않는다. 호르크스는 컴퓨터가 지배하는 세상에서 고급 만년필의 매출이 14배로 증가했다는 사실을 지적한다. 구입해서 잉크만 넣어주면 아무런 추가조치 없이 쓸 수 있는 이 물건은 사용이 편리할 뿐만 아니라 모양이 아름답고, 글씨를 쓰면 사각거리는 소리에 살가움이 묻어난다. 눈에 보이는 곳에 꽂아놓고 아무 때나 꺼내 쓰는데도 아무런 복잡함이 없다. 좋은 만년필은 그 단순함으로 오히려 사랑을 받는다.

세계적 인터넷 기업으로 급성장한 구글의 초기화면은 무척 단순하다. 구글에도 수많은 부가기능이 있다. 한국의 네이버나 다음, 엠파스에 못지않은 화려함을 자랑할 수도 있지만, 구글은 정보검색기능을 부각시킨 30자 내외로 된 6개 메뉴만을 초기화면에 내보낸다. 우리는 구글의 성공을 통해 첨단제품, 첨단기능이라도 소비자와의 상호작용은 간단해야 한다는 것을 알 수 있다. 리모컨처럼 말이다.

다시 콜센터를 떠올려보자. 전화로 소비자의 불만이나 고충을 해결해 주겠다는 마음이 있다면 '전화하면 받기'가 최우선이다. 어떻게 비용을 적게 들이고 기술적으로 실현할 수 있느냐는 기업의 고민이지, 고객이 대신 떠안아야 할 고민이 아니다. 친절한 상담원의 목소리가 짜증나게 들릴 정도가 되면 제아무리 교육을 잘 받은 상담원이라 하더라도 고객의 불만을 잠재울 수 없다. 콜센터에서 연결이 안 되는 것은 리모컨 버튼을 눌렀는데 채널이 바뀌지 않는 상황과 마찬가지인 것이다.

해결사

두 번째 소비자 니즈는 내 고민의 해결을 바깥에서 구하는 것으로 나타난다. 자신의 힘만으로 단순성을 추구하는 데에는 한계가 있기 때문이다. 새롭게 등장하는 기술에의 적응, 매번 다른 모습으로 찾아오는 인생의 위기들, 구매에서 애프터서비스까지 날로 복잡해지는 쇼핑 등의 복잡성을 내 밖의 누군가가 대신 해결해 주길 바란다. 그래서 호모 데시데로들은 해결사를 원하기 시작했다.

콜센터 및 컴퓨터 수리 아웃소싱 업체인 유베이스의 사례는 해결사로서의 기업상을 떠올리는 데 도움을 준다. 유베이스는 주요 컴퓨터 회사의 A/S 아웃소싱업체로 쌓아온 노하우를 바탕으로 '윙서비스'라는 상품을 론칭했는데, 이 서비스는 모든 컴퓨터 기종을 수리해 줄 뿐만 아니라 소비자들이 컴퓨터를 사용할 때 느끼는 고충까지 처리해 준다. 즉, 소비자가 원하는 컴퓨터 기능, 주로 사용하는 분야 등에 맞춰 컴퓨터를 설계하고 업그레이드 서비스를 제공하는 것이다. 많은 컴퓨터 사용자들이 날로 향상되는 컴퓨터의 기능을 제대로 알지 못한 채 최신기종 중심의 고가 컴퓨터를 사면서 얻게 되는 피로도를 해결해 주는 것이다.

유베이스는 또 부천시, LG CNS 등과 손잡고 고객상담 콜센터를 운영하고 있다. 시 공무원들이 담당하던 전화상담을 전문상담원이 대신하는데, 상담원은 시 행정의 매뉴얼을 데이터베이스화한 자료를 바탕으로 전화문의 단계에서 시민들의 고충을 80% 이상 해결해 주고 있다. 그 결과 콜센터의 가장 큰 문제점인 '전화돌림' 현상을 줄였다. 담당공무원에게 연결되는 시민들의 고충은 이렇게 걸러진 후의 것으로, 시 공무원들은 한결 전문적이고 깊이 있는 상담으로 고객맞춤형 서비스를 실시할 수 있게 된다. 이 같은 시스템을 적용한 결과 부천시는 시민들의 콜 요청 부문을 97%가량으로 향상시키고, 민원처리 기간을 5일에서 하루로 단축시켰으며, 민원서비스 고객만족도를 65%에서 88%로 향상시켰다.

문제해결형 디자인에서 또 다른 모범사례를 발견할 수 있다. P&G의 디자인 혁신 담당인 클라우디아 코치카는 간단하게 디자인의 4단계를 제시함으로써 문제해결형 디자인이 최종적인 목표임을 설명한다.

최초의 제품개발자는 마인드 결여(Clueless) 상태다. 기능을 최우선으로 하기 때문에 제품이 디자인이니 시용자 편의를 무시하며, 따라서 묵직한 사용설명서와 수많은 버튼들이 복잡성을 증대시킨다. 두 번째 단계인 스타일(Style)에 오면 디자인의 중요성은 인정하지만 기본적인 기능을 여전히 우선시하고, 따라서 맵시 있는 외형적 디자인을 중시한다. 세

번째는 기능 향상(Function) 단계로, 디자인이 외형에 머물지 않고 소비자의 편의성을 고려해 기능과 디자인이 함께 가는 단계다. 그리고 마지막 단계가 바로 문제해결(Problem Solving)이다. 이 단계가 되면 디자인은 외형이나 스타일이 아닌 소비자의 니즈를 따져서, 소비자가 가진 문제를 해결해 주는 것으로 진화한다.

그래서 P&G의 디자이너들은 고객의 가정을 방문해 자사의 상품을 어떻게 쓰고 있는지를 조사한다. 예컨대 기저귀를 언제, 어떤 경로로 구매하고 어떻게 사용하는지를 파악한 디자이너들은 많은 가정에서 아이의 기저귀를 단순히 변을 처리하는 소모품이 아니라 패션 속옷으로 인식하려 한다는 사실을 발견한다. 소비자의 잠재적 니즈를 발견한 P&G는 기저귀 디자인을 패션 디자이너에게 맡겨서 이 문제를 해결했다.

소비자는 청부하고 기업은 해결한다. 소비자가 청부하지 않은 고민도 기업이 나서서 해결한다. 해결사로서의 기업이 갖는 새로운 포지셔닝이다.

스마트 욕망은 삶의 피로도를 줄이려는 안전욕구에서 출발한다. 안전욕구는 결핍의 요소이기 때문에 해소를 목표로 한다. 그렇다면 스마트 욕망이 결핍의 해소를 목표로 하는 대상은 무엇일까?

놀랍게도 그것은 삶의 거의 모든 구성요소를 포함한다. 그것은 첨단 테크놀로지, 복잡해진 라이프스타일, 생활을 편리하게 하는 디자인, 힘들고 지치는 가사노동, 인생계획의 수립, 편리한 쇼핑, 소비자 니즈에 대한 기업의 대응과도 충돌한다. 그리고 이 각각의 분야에서 욕망을 실현시키기 시작한다. 이것이 스마트 욕망이 성장시키는 새로운 시장이며 트렌드다.

3. 성장시장 & 트렌드

1»» 스마트테크(Smart-tech)

캐나다 트루도(Trudeau)사가 내놓은 감자칼은 얼핏 팬시상품처럼 보인다. 엎어놓은 모양이 유연한 곡선으로 이루어져 어떤 이는 마치 스포츠카 같다고 감탄할 만큼 깔끔한 외양, 손으로 쥐면 딱 잡히는 손잡이, 게다가 손잡이 부분은 미끄럼 방지를 위해 실리콘으로 제작되었다. 눈을 즐겁게 하고, 손의 모양이나 사용할 때의 불편함을 미리 고려한 상품이다.

또 양손에 쓰레기를 들고 있으면 센서가 이를 감지하여 손을 대지 않아도 뚜껑이 열리는 쓰레기통, 튜브 모양에 부드러운 소재로 되어 있어 손이 누르는 대로 모양이 변하는 볼펜, 그리고 요리를 하던 국자의 국물이 아무데나 흐르지 않게 만든 국자 받침 등도 있다.

언뜻 가벼운 아이디어 상품들의 목록 같다. 하지만 바로 이것이 첨단 테크놀로지가 아니어도 사람의 마음에 꼭 들게, 소비자가 사용할 때 느끼는 작은 불편까지도 미리 배려하는 테크놀로지, 즉 '스마트테크'의 단면이다. 아무리 첨단기능이 화려만발해도 소비자가 사용하기 불편하다면 그것은 '태클놀로지(Tacklenology)', 혹은 '풀테크(Fool-tech)'라고 불러야 할 것이다.

고급 두뇌와 엄청난 비용이 동원되는 하이테크놀로지 시대에도 이처럼 틈새시장이 존재한다. 사용자가 원하는 기술, 사용자의 고민을 해결해 주는 기술, 이것이 바로 스마트테크다. 트렌드 전문가 존 나이스비트는 첨단, 고급 일변도의 기술이 가진 한계에 대해 '우리는 기술적인 장비를 갖추는 데 자산의 반을 지출하고, 이같은 장비의 굴레에서 벗어나기 위해 나머지 반을 쓴다' 고 지적한 바 있다.

물론 첨단기능의 존재가 불필요한 것은 아니다. 문제는 소비자가 그 기능을 어떻게 받아들일까의 문제다. 이런 면에서 애플의 아이팟에 밀리다 대반격에 나선 레인콤의 새로운 MP3 플레이어 '아이리버 E-10' 은 좋은 모범이 되고 있다. '누르는 순간에 반응한다' 라는 캐치프레이즈를 내건 이 상품은 단순한 버튼만을 제공한다. 상품 전면에는 상하좌우의 4개 버튼만 살렸다. 대개는 하나의 버튼에 하나의 기능을 제공하지만 아이리버 E-10의 버튼은 따로 정해진 임무 없이 상황에 따라 각각 다른 기능을 하도록 설계되었다. 예를 들면 오른쪽 버튼의 기능은 처음 시작할 때는 '재생' 이지만 음악을 듣는 중에는 '일시정지' 다. 나머지 3개도 2가지 이상의 기능을 가지고 있다. 언뜻 더 복잡할 것 같지만 몇 분만 버튼을 가지고 만지작거리다 보면 쉽게 숙지된다. 사용설명서를 따로 읽을 필요가 없는 것이다.

마티아스 호르크스는 스마트테크의 기준으로 '적정수준화' , '단순성' , '조용한 기술' , '견고성' , '휴먼디자인' 을 제시한다. 너무 많은 요구가 아닌가 싶지만 자세히 들여다보면 결국 지나치게 복잡한 기능이나 오버한 첨단기능보다는 소비자가 사용하기에 편리하고, 소비자의 문제를 해결해 주는 기술을 말하는 것이다.

예컨대 '조용한 기술' 은 날로 소음이 커져만 가는 현대사회의 소비자를 배려한 기술이다. 지하철 안에서 울려대는 시끄러운 휴대폰 벨소리, 숙면이 필요할 때 들리는 냉장고 엔진 소리, 텔레비전 화면에 등장하는 모든 사람들을 순식간에 금붕어로 만들어버리는 진공청소기 등은 왜 조용한 기술이 필요한가를 알 수 있게 하는 사례들이다.

실제로 삼성전자는 감성소음 기술을 적용하여 전화통화나 TV 시청에 지장이 없는 '초정숙' 진공청소기를 출시했고, 주요 자동차 업체들은 NVH(Noise Vibration Harshness)연구소를 별도로 운영하며 소음퇴치 전쟁을 치르고 있다.

또한 소비자의 복잡성을 이해하고, 아예 단순함을 기업 슬로건으로 내세우는 회사들도 생겨나고 있다. 필립스 전자는 '감각과 단순함(Sense & Simplicity)'이라는 새로운 슬로건을 가전제품에서 의료기기까지 대부분의 자사제품들에 적용, 사업비전을 '단순한 제품'에 맞추고 있다. 그 대표격인 엠비라이트(Ambilight) TV는 눈의 피로를 덜기 위한 기술에 단순함을 적용했다. 만일 TV 화면에 푸른 해변이나 하늘이 나오면 4면 투사식 간접조명 기능이 작동하여 TV 주변의 벽면에 파란색 조명을 비춘다. 시청 환경을 바꾸기 위해 소비자가 일일이 버튼을 누를 필요가 없는 것이다. TV가 알아서 해주는 '단순함'이다.

기업들은 이제 신상품을 개발하기 전에 소비자가 느낄 기술 피로도를 먼저 측정해야 할 것이다. 리모컨조차 너무 많아 피로해진 소비자는 더 단순하고 쉬운 삶을 기대하고 있다. 그 기대를 충족시켜 주어라.

2»» 시간절약형 상품

자투리란 원래 옷을 만들 때 쓰는 말이다. 자로 재어 팔거나 재단하다가 남은 천의 조각을 자투리라고 한다. 그러다가 어떤 기준에 미치지 못할 정도로 작거나 적은 조각을 의미하게 되었는데, 요즘엔 시간에 대한 비유로 가장 많이 쓰인다. 다이내믹 코리아의 화려함 뒤에는 언제나 시간 부족에 시달리며 '빨리빨리'를 외치는 한국인들이 있다. 그들에게는 늘 자투리 시간 말고는 제대로 된 시간이 없다.

스마트 욕망은 시간에 대해 어떤 기대를 가질까? 바로 시간절약이다. 라이프스타일 자체가 철저한 시간관리를 요구하는 방식으로 바뀌자, 어떻게든 시간을 절약하여 나만의 시간을 더 확보하는 것이 지상과제가 되고 있다. 너무 바빠지고 복잡해진 라이프스타일 속에서 호모 데시데로들은 자신의 시간을 잘 절약하기 위한 '영리한 촉수'를 일상의 모든 곳에 들이댄다. 따라서 소비자의 시간을 절약해 주는 것은 대단히 유망한 산업이 될 수 있다. 일반상품에 시간절약 기능을 추가하는 것도 좋은 방법이다.

일본에서는 이렇게 바쁘게 사는 현대인의 일상을 풍자한 상품이 개발되었다. 시계는 시계인데 하루가 25시간이다. 이 시계는 다른 시계보다 빨리 가서 정상 시계의 1분이 이 시계에서는 56.7초다. 1시간에 2분 24초가 빨리 간다. 시간을 정확히 알려주지 않기 때문에 늘 차고 다니기는 어렵다. 대신 아침 9시쯤 시간을 맞춰놓고 오후 5시까지 일하면 8시간 동안 다른 시계에 비해 20분쯤 빨라져 있다. 20분을 자투리 시간으로 얻었으니 그 시간을 잘 활용해 보라는, 독려인지 비아냥인지 모를 시계인 것이다.

이경희 한국창업전략연구소장은 시간절약형 산업을 다음과 같이 분류해 놓았다.

▣ 스피드형

서비스를 받을 수 있는 속도를 빨리하여 소비자의 시간을 절약해 주는 산업

→ 패스트푸드, 3초 삼겹살, 20가지 운동기구를 45초씩 사용해 모든 근육을 사용하면서도 30분 내에 운동이 끝나는 프로그램을 운영하는 피트니스센터

▣ 생활편의형

고객의 불편함을 찾아 이를 대신함으로써 시간을 절약해 주는 산업

→ 반찬전문점, 도시락배달전문점, 테이크아웃 요리전문점, 아침과일배달업, 베이비/실버시터업, 직장인들을 위한 사무편의점, 청소대행업

▣ 무인복합매장 및 자판기형

다양한 테크놀로지를 활용해 소비자가 언제든 자기 편한 시간에 사용할 수 있도록 배려하는 산업

→ 코인세탁기와 건조기, 코인PC, 음료자판기 등 각종 자판기를 모아 놓고 24시간 운영이 가능하도록 만들어 시간제약을 아예 없앤 무인복합매장, DVD 대여기, 디카/폰카 즉석인화기

▣ 원스톱형

한 곳에서 필요한 물건을 모두 구매할 수 있도록 하여 이동에 따른 소비자의 시간소모를 줄여주는 산업

→ 편의점, 복합신선식품매장, 복합쇼핑몰, 종합뷰티서비스(운동, 다이어트, 피부관리 등)

일본의 경우, 전철역 지하상가에 바쁜 고객들을 위한 10분 미용살롱이 있고, 주유소에는 급유·세차·오일교환 등을 하는 동안 이발을 할 수 있는 병설 이발소가 있다. 15분을 초과하면 손님에게 벌금을 준단다.

이 정도로 충분한가? 아니다. 호모 데시데로들은 아예 자신이 해야 할 일을 통째로 남에게 맡김으로써 시간부족 문제를 해결하려 한다. 이른바 '대행산업'이다.

만일 사랑하는 이에게 예쁜 목도리를 떠주고 싶은데 도저히 시간이 나지 않는다면(물론 할 줄 모른다면 배우는 시간까지 포함해서) 어떻게 해야 할까? 어머니를 모시고 병원에 가야 하는데 도무지 시간이 안 난다면?

이렇게 내가 꼭 해야 할 일이지만 바빠서 할 수 없는 경우를 위해 시간대행 서비스들이 등장하고 있다. 시간과 손이 많이 가는 십자수·퀼트·손뜨개 같은 수공예품은 물론이고 이름이 새겨진 쿠키, 초상화, 군대 간 애인에게 보낼 연애편지 등 '정성'으로 준비해야 할 선물을 대신 만들어주는 대행서비스가 대표적인 예다. 또 부모나 자식이 해야 할 일을 대행해 주는 경우도 있다. 학교 갔다 돌아오는 시간에 맞춰 아이를 학원에 보내야 하는데 도무지 시간이 안 나는 경우, 아이를 맞이하고 데려다주는 시간을 벌어줄 사람이 필요하다.

시간은 이제 상품이다. 엄밀히 말해 시간을 구매한다고 해서 소비자의 시간이 여유로워지지는 않는다. 하지만 효과만 있다면 소비자는 기꺼이 시간을 구매하려 한다. 모든 상품에 시간이라는 변수를 대입해 보자. 그리고 소비자에게 시간을 선물하라.

3 ⟫⟫ 유니버설 디자인(Universal Design)

문턱은 경계이자 불편함의 상징이다. 시장에 새로 진입하는 기업에게도, 계단을 올라가야 하는 휠체어 탄 장애우에게도 문턱은 고단한 대상이다. 만일 이 문턱들이 사라진다면 어떨까? 굳이 새로운 기술이 아니어도, 이 문턱 하나만 제거하더라도 우리 삶은 훨씬 단순해지고 살기 좋아질 것이다. 영리함은 이런 것이 아닌가?

이 새로운 시도가 디자인 영역에서부터 시작되고 있다. 예를 들어 포드자동차의 디자이너들은 낙하산복을 입고 짙은 색 선글라스를 착용한 채 일하는 것으로 유명하다. 거동이 불편하고 시력이 떨어진 노인들의 상태를 직접 체험함으로써, 고령 운전자들이 편하게 사용할 수 있는 자동차를 만들기 위해서다. 문턱을 없애는 디자인인 것이다.

이처럼 나이, 장애, 라이프스타일, 상황 등을 고려하여 모든 사용자의 불편함을 최대한 덜어주는 디자인을 '유니버설 디자인(Universal Design, 줄여서 UD)'이라고 한다. 다른 말로는 스마트 디자인이라고 부를 수도 있을 것이다.

유니버설 디자인은 디자인의 한 영역이 아니다. 디자인의 개념, 디자인의 사회적 역할 자체를 근본적으로 바꾸는 것이다. 세계적인 유니버설 디자인의 전도사인 일본 트라이포드디자인의 CEO 나카가와는 '디자인의 사회적 역할을 깨닫는 것이 UD의 원점'이라고 말한다. 사용자에게 불편함이 생기지 않도록 예방하는 것이 디자인의 사회적 역할이다. 이렇게 본다면 시각적 요소가 들어간 모든 상품, 즉 이쑤시개에서부터 도시 설계에 이르기까지가 모두 디자인이며, 동시에 UD산업이 되는 것이다.

따라서 UD는 수치화할 수 없을 만큼 어마어마한 시장으로 성장할 것으로 예측되고 있다.

GM의 후지중공업 지분을 인수하기로 해 2007년에는 세계 1위 등극이 확실시되고 있는 도요타자동차는 일찌감치 UD 전략을 준비해 왔다. 이 회사가 2005년 초에 내놓은 자동차 ‘팟소’가 바로 UD 전략의 산물이다. 예를 들어 ‘컬럼 미터(Column Meter)’는 핸들을 상하로 조절하면 속도계와 액정 디스플레이가 언제든 잘 보이는 위치로 이동한다. 또 ‘롱쿠션 모드’는 뒷좌석의 시트 쿠션을 앞쪽으로 밀어서 평평하게 만들어 짐이 발 아래로 떨어지지 않도록 고안한 것이다.

마쓰시타전기산업도 세탁기에 UD 전략을 적용했다. 전통적인 세로형 세탁기의 경우 키가 작은 사람이나 어린아이는 빨래를 꺼낼 때 세탁조의 바닥까지 손이 닿지 않는다. 한편 요즘 주류를 이루고 있는 가로형 드럼세탁기는 문을 열 때 몸을 구부려야 하는데다가, 앞으로 열어야 하기 때문에 공간이 좁으면 불편하기 이를 데 없다. 그래서 마쓰시타는 드럼을 30도가량 앞으로 기울인 세탁기를 내놓았다.

이처럼 UD는 상품의 가치를 첨단 테크놀로지를 쓰지 않고도 높일 수 있다는 점에서, 소비자의 가려운 곳을 알아서 긁어준다는 점에서 스마트 소비자의 니즈를 읽어주는 디자인이다.

현재 UD 전략에서 가장 앞서 있는 나라는 일본이다. 하지만 미국과 유럽도 서둘러 UD 전략을 채택하는 곳이 많아지고 있다. 미국의 경우 애초에 식당, 호텔, 미술관, 스포츠시설 등 공공시설과 서비스를 누구나 차별 없이 사용할 수 있도록 의무화한 ADA(Americans with Disabilities Act)법으로 유니버설 디자인의 시대를 열었다. 하지만 주로 공공영역에 머물러 있다가 일본의 선공에 한 발 늦게 따라가고 있다. 유럽 역시 사정은 마찬가지여서 '디자인 포 올(Design for All)'을 향한 진군을 시작했다. 세계 1, 2위 휴대폰 업체인 노키아와 모토롤라는 조절 가능한 음량과 시각·촉각 알림, 루프셋, 보청기 이용자도 가능한 청각장애인용 휴대폰을 비롯해 시각·언어·지체장애우들을 위한 다양한 휴대폰을 내놓고 있다.

우리나라는 일부 대기업과 정부, 지자체에서 UD를 도입하기 시작하는 단계다. 삼성전자는 어린이나 노인들도 자유롭게 각도를 조절하여 손쉽게 눈높이를 맞출 수 있는 3중 접이식 컴퓨터 모니터, 숫자키 중 2·3·8·0을 다른 키보다 크게 적용해 입력 오류의 확률을 줄인 블루블랙폰 등을 선보였다. 한편 산업자원부는 2005년 4월부터 고령자와 장애우가 사용하는 제품, 주거공간 등에 필요한 표준화 작업을 시작했으며, 2006년에는 일반 전자제품이나 의료기기 등에 대해서도 고령자와 장애우를 위한 UD 표준화를 추진하고 있다. 또 제4차 국토종합계획 수정안(2005년 11월)에 따르면 향후 도시설계에서 노인과 장애인을 주 대상으로 물리적(높이·길이·바닥의 단차 등), 사회적(정보·심리 등) 장벽이 없는 도시를 구현하는 '무장벽(Barrier Free) 도시' 개념을 적용할 계획이다.

유니버설 디자인의 성장가능성은 무한하다. 안락한 카페에 와 있는 듯한 느낌을 주는 오피스 공간, 선 채로 혹은 앉아서 일할 때에 따라 높이를 조절할 수 있는 책상, 손힘이 약한 어린이나 노약자 등을 위한 버튼만 누르면 문이 열리는 냉장고, 보행노로와 차도의 중간에 별도로 만든 자전거전용도로……. 이 모든 것이 유니버설 디자인이다. UD 선진국 일본의 경우 이미 30%의 소비자가 UD 디자인을 채택한 상품을 사용하고 있다.

이로 미루어 볼 때 이제 막 기지개를 켜기 시작한 우리 UD 산업의 성장가능성은 무한하다. 일차적으로 고령화라는 메가트렌드로부터 태동된 유니버설 디자인은 엄청난 글로벌 마켓을 일궈내고 있으며, 하루빨리 UD 산업의 선두그룹으로 나서지 않는다면 세계무대에서의 경쟁력 자체가 뒤처질 가능성까지 점쳐지고 있다.

4_» 가사노동의 아웃소싱

가사노동은 잘해야 본전인 비화폐 경제행위다. 하지만 가사노동 없이는 가정이 유지될 수 없다. 이 성가신 가사노동을 가정의 구성원이 아닌 제3자에게 의뢰하면 어떨까? 이 영리한 발상에서 시작된 것이 가사노동의 아웃소싱 시장이다. 작고 하찮아 보이는 일 같지만 시장가능성은 굉장히 크다.

예컨대 청소대행업 시장은 얼마나 될까? 약 1조 원 규모다. 아직은 빌딩이나 아파트, 오피스텔처럼 대형건물에 집중되어 있다. 하지만 그 정도만으로도 열풍처럼 부는 다이어트 시장 규모에 맞먹는다. 일반가정이 청소 아웃소싱의 대열에 더 많이 합류하게 된다면 청소대행업 시장은 한층 커질 것이다.

호주의 사례는 이 시장의 미래를 점치는 데 도움을 준다. 호주는 시드니에만 가사노동 직종이 1만여 개에 달한다고 한다. 블리스 라이프스타일 매니지먼트(Bliss Lifestyle Management)라는 회사는 그야말로 '별일'을 다 해준다. 청소, 요리, 홈파티 등은 물론이고 일종의 개인비서 역할도 고객의 요청에 따라 대행한다. 예컨대 밀린 공공요금 챙기기, 유효기간 끝난 여권 갱신하기, 자녀 등교시키기, 엔진오일 교환을 위해 차를 정비업체에 맡겼다가 찾아오기 같은 일 말이다. 주부들이 하는 가사노동의 종류가 얼마나 많은지 알 수 있는 대목이다.

호주 전국에 250개 프랜차이즈 네트워크를 거느리고 있는 노동서비스 업체 하이어 허비(Hire A Hubby)는 전화로 주문을 받아 잡다한 가정 대소사를 해결해 주고 있다. 이 회사 역시 '별일'을 다 해주는데, 금이 간 타일 바꿔주기, 물 새는 수도꼭지 수리하기, 전구 갈기 등 사람의 손길이 필요한 사소한 일들을 전담해 준다. 그런데 이런 일들을 의뢰하기 위해 일주일에 걸려오는 전화만 수만 건이라고 한다.

출장요리도 잔치나 이벤트 때만 부르는 우리와 달리 진화했다. 맛있는 요리를 먹고 싶지만 시간이 없는 맞벌이 부부들에게 퇴근시간에 맞춰 전문요리를 만들어서 서빙하는 업체도 있다. 우리나라의 경우에도 점점 더 많은 맞벌이 부부들이 저녁을 외식으로 해결하고 있는데, 이런 소비자들을 겨냥할 수 있는 서비스다.

이런 서비스가 호주만의 전매특허는 아니다. 프랑스 기업 르 콩시에르주리의 직원들은 고객들을 대신해 검침원·전기기술자·배관공 기다려주기, 애완동물 병원 데려가기, 파티 준비하기, 주인 대신 집 봐주기 등이 주요업무다.

미국에서는 '홈 인스펙션(Home Inspection)' 사업이 새로 등장했다. 새로 이사 갈 집의 상태를 꼼꼼하게 섬섬해야 하는 것은 낭연지사. 하지만 집안 구석구석까지 세밀하게 살피는 것은 많은 시간을 요하는 일인데다, 전문가만이 알 수 있는 하자나 누수 등의 문제를 찾아내기란 쉬운 일이 아니다. 이것을 대신하는 것이 인스펙터의 역할이며, 최종계약 전에

1장 오! 친절한 테크놀로지 : 스마트(Smart)

인스펙터를 파견하여 새 집을 총체적으로 점검해 주는 서비스가 바로 홈 인스펙션이다. 매매계약 시 인스펙션을 이용하는 것은 미국의 새로운 풍속도가 되고 있다.

가사노동 아웃소싱의 성장가능성을 점치는 가장 큰 이유는 여성이 처한 현실 때문이다. 세계에서 가장 열심히 일하는 여성들이 한국에 산다. 한국 여성의 가사노동 시간은 하루 평균 4시간 9분으로 미국보다는 7분, 독일보다는 31분이 많은데, 그러면서도 생계를 위해 일하는 시간도 3시간 37분에 달하여 미국보다 38분, 독일보다 1시간 33분이나 많다. 2005년 기준으로 우리나라 전체 취업자 중 여성이 42.1%를 차지하고, 일하는 여성은 1,000만 명에 육박한다. 맞벌이 부부는 나날이 늘고 있다. 여기에 더하여 가사노동에 익숙하지 않은 싱글족들도 300만에 가깝다. 이들이 가사노동의 아웃소싱을 성장시키는 주역이 될 것이다.

그렇다면 가사노동의 아웃소싱 산업은 어느 정도의 시장규모를 갖게 될까? 바로 대입하기는 어렵지만 한 연구결과에 따르면 전업주부 무급 가사노동의 가치가 GDP 대비 28.2%인 219조 원이라고 한다(김종숙 여성개발원 연구위원). 실질시장은 아니지만 잠재적 배후시장의 규모로 보아도 좋을 것이다.

가사노동 아웃소싱의 성장 방향은 어떻게 될까? 선진국의 경우를 보면 위에서 열거한 사례들 외에도 어지러운 작업실이나 자료들을 정리하여 서류함에 차곡차곡 정리해 주는 정리정돈 대행회사, 아이들 등하교를 도와주는 회사, 손님초대 계획을 세우거나 아이들 치과 스케줄을 잡아주거나 개를 돌봐주는 가정상담소 등 다양한 아웃소싱 업체들이 활동하고 있다.

하지만 자질구레한 일까지 맡기는 것에 대한 가치관의 장벽을 생각하면 또 다른 진화가 예측된다. 가사노동은 청소나 세탁 등을 제외하면 매우 자잘한 일들의 총합이다. 따라서 일괄대행이 가능한 서비스로 진화할 가능성이 크다. 그렇게 되면 통합적인 주택관리 서비스(분기별로 창문, 오븐, 주방의 환기 팬 등 대청소와 세균, 곰팡이, 해충 박멸을 해주는 식의)나 정기적으로 가정을 방문하여 여러 가지 일을 한꺼번에 처리해 주는 통합 방문서비스의 성장도 예측할 수 있을 것이다.

사회적으로는 기업들이 여성 우수인력의 확보를 위해 가사노동의 아웃소싱 서비스를 지원할 가능성이 있다. 우수한 여성인력을 결혼 및 출산과 동시에 잃는다는 것은 인재양성에 드는 비용이나 기간을 고려하면 크나큰 손실이다. 물론 아직까지는 육아지원 정도의 수준이다. 예를 들어 공장직원 대부분이 여성인 한 중소기업은 1년에 약 1억 5,000만 원을 보육비로 지원한다. 공장 바로 앞에 대규모 어린이집을 마련하여 엄마들이 일하는 동안 아이를 보살핀다. 비용은 다른 보육시설들보다 30% 이상 저렴하지만 엄마의 퇴근이 아무리 늦어져도 선생님들이 계속 돌봐준다. 아이가 아프면 바로 연락을 해서 엄마들이 조퇴할 수 있도록 하고, 먹을거리와 학용품 비용만 엄마들이 내고 나머지는 회사에서 다 지원한다. 결과적으로 이 회사는 안전사고도 줄고, 이직률도 매우 낮아졌다고 한다.

독일의 한 기업은 회사가 직원을 어느 정도까지 돌봐줘야 하는가라는 의문이 들 정도다. 이 기업은 아침에 출근한 때 직원들이 미리 쇼핑목록을 적어주면 회사가 고용한 대행업체가 대신 쇼핑을 해서 저녁에 건네주는 한편, 세탁물 찾아오기, 벽난로 장작 공급, 필름 현상 의뢰, 비디오

테이프 반납하기 등의 자잘한 일들까지도 대행해 주도록 하고 있다.

성인들이 모두 일하는 동안에도 가사노동은 진행되어야 한다. 그런데 점점 더 많은 성인들이, 특히 여성들이 일하러 나간다. 또 가사노동은 돈 주고 맡겨서는 안 된다는 고정관념도 조금씩 사라지고 있다. 따라서 이 무한한 잠재시장은 앞으로 점점 더 현실화되어 커다란 산업으로 성장할 가능성이 높다.

5》》 올인원(All-In-One) 상품과 서비스

올인원이란 여러 가지 기능을 하나의 제품에 모으는 것을 말한다. 넓은 의미에서의 올인원은 디지털 컨버전스까지 포함되지만 여기서는 분리시키고자 한다. 디지털 컨버전스가 통신, 방송 등에서 개발되고 있는 첨단 기능을 중심으로 융합을 꾀하는 것이라면 올인원은 우리가 이미 일상적으로 사용하고 있는 기술과 기능을 일반적인 상품이나 서비스에서 영리하게 구현하는 것을 말한다.

올인원 상품과 서비스에 대한 니즈는 소비자의 평범하지만 귀찮은 골칫거리들에서 나온다. 영리해진 소비자들은 이제 규격이 정해진 주방, 거실과 주방이 분리되어 있는 집 구조가 주는 불편함에서부터 여러 차례의 방문이나 복잡한 절차가 필요한 일 등을 한 번에 해결할 방법을 찾고 있다.

대표적인 경우는 공간적 고민을 해결해 주는 것이다. 각각의 필요를 충족시키는 여러 개의 상품들 때문에 복잡해진 공간을 '단순화' 하여 배치의 문제나 시각상의 불편을 해소하는 '해결사' 상품들이다.

이런 올인원 상품의 원조는 아마 지우개 달린 연필일 것이다. 또 멋쟁이 여성들의 몸매보정용 속옷인 올인원은 브래지어(가슴을 조이고), 웨이스트니퍼(허리를 죄어주는), 거들(허리와 아랫배와 히프를 죄어주는)을 합친 상품이다. 이렇게 기능을 합치되 공간에 대한 고민까지 해결해 주면 현대적 올인원 상품으로 거듭난다.

LG전자의 '디오스 광파오븐'은 전자레인지와 그릴 기능을 겸비해 주방공간의 효율성을 높인다. 테팔 '쿡앤토스트 미니 오븐'은 오븐에다 간편한 그릴 기능, 그리고 식빵 4조각을 한꺼번에 구울 수 있는 토스터를 합쳤고, 제품 윗면에 코팅된 쿠킹 플레이트가 있는데 이것을 사용하면 오븐을 사용하는 동안에도 달걀 프라이 같은 요리를 할 수 있다. 삼성전자의 '토스트 플러스'는 전자레인지에 토스터 기능을 더해 우유를 데우면서 동시에 빵을 구울 수 있도록 했고, 대우일렉트로닉스의 '라디오 플러스'는 전자레인지에 라디오를 결합했다. 이러한 상품들은 주방공간에 줄줄이 여러 가지 전자제품을 늘어놓아야 하는 주부들의 고민을 해결해 주는 올인원 상품들이다.

그러나 기능을 합치고 공간의 고민을 일정하게 해결해 준다고 해서 모두 소비자의 인기를 얻는 것은 아니다. 예를 들어 모니터와 본체의 일체형으로 나온 TG삼보의 '루온올인원'은 공간을 줄여주는 장점이 있지만 소음이 심하고 열이 많다든가, 본체를 얇게 만들기 위해 노트북 부품이 섞이는 바람에 고사양이 필요한 세임을 하기에는 불편하다는 소비자들의 불만을 낳고 있다. 한쪽을 위해 다른 한쪽, 그것도 그 제품의 주 사용 목적을 희생해야 한다면 이는 스마트 욕구를 오히려 무시하는 일이 된다.

일본 후쿠오카에 있는 캐널시티(Canal City)는 올인원 효과가 도시 속의 도시로 확대된 케이스다. 6개의 대형건물이 하나의 쇼핑몰처럼 배치되어 있으며, 고급스런 인테리어들이 건물과 건물 사이를 메우고 그 사이에는 인공운하가 흐른다. 패션상품이 주류지만 라면스타디움이나 조이플러스 등 개성 넘치는 공간들이 가득하다. 운하를 배경으로 분수쇼와 공연을 하기도 한다. 일본 최초로 시도된 올인원 공간으로 '도시 속 또 하나의 도시'라는 디자인을 실천해, 일본은 물론이고 외국 관광객들도 후쿠오카에 들를 때는 '의무적으로' 봐야 할 것 같은 관광지로 자리를 굳혔다.

서비스에서의 올인원은 소비자의 이동거리나 복잡한 절차를 한꺼번에 해결해 줄 때 인기를 끌 수 있다.

하나의 상품에 부가상품을 서비스하는 경우-뷰티 전문쇼핑몰 스킨알엑스의 '올인원 마케팅'의 경우 슬리밍 제품을 구매하면 전용 랩과 압박붕대, 줄자를 함께 배송해준다-나 소액이기에 일일이 구매하기가 번거로운 세탁망, 칫솔, 좀약 등을 한꺼번에 구매할 수 있도록 배려한 옥션의 천냥하우스 등이 좋은 예다. 예약, 여행스케줄, 현지에서 주의할 점에 대한 상담 등을 한곳에서 해결해 주는 온라인 여행사, 차를 구입한 고객이 다음 차를 구매할 때까지 정비는 물론 중고차 매매와 폐차까지 자동차와 관련된 모든 서비스를 제공하는 대우자동차판매, 일일이 법원등기소 등을 직접 찾아가야 하는 불편을 해결해 준 대법원의 인터넷 등기소 등도 올인원 서비스의 사례라고 할 수 있다.

6 ››› 일대일 코칭

일대일 코칭은 미국에서도 비교적 최근에 시작되었다. 시애틀에서 활동하던 재무설계사 토머스 레너드라는 사람이 1980년대 후반에 '라이프 코칭(Life Coaching)' 이라는 개념을 만들었다. 그는 고객에게 재테크 상담을 해주던 중 인생 전반에 걸친 조언으로 영역을 넓혔다. 그후 일대일 코칭은 미국 비즈니스 사회에 넓게 퍼져나가기 시작했다.

일대일 코칭은 맞춤형 조언을 해주는 사업이라고 할 수 있다. 개인마다 안고 있는 문제는 제각각이다. 자기계발서로 대표되는 대중형 메시지만으로는 복잡해진 삶을 충분히 해결할 수 없기 때문에, 사람들은 자신에게 딱 맞춰진 컨설팅을 원하게 되었다.

예를 들어 기존의 전문가 집단인 컨설턴트들, 특히 경력관리 컨설턴트들은 누구보다 경력설계에 일가견을 갖고 있다. 그러나 한층 풍부한 인생경험을 가진 사람이 해줄 수 있는 코칭의 영역도 있다. 피닉스리더십센터 원장인 김영복 씨는 전북지역의 유명한 라이프 코치라고 한다. 그는 딱히 전문영역이 없는 대신 모든 분야를 다 코칭한다. 예를 들면 11년 동안 10억을 투자해 7억을 날린 주식투자 실패자를 코칭할 때에는 그가 주식투자에 재능이 없다는 것을 인정하게 함으로써 인생을 구원한다. 30번이나 다이어트에 도전했지만 실패한 20대 여성도 그의 코칭 고객이다. 또 다른 사례로 전직 증권회사 임원인 남관희 씨는 퇴직 후 코칭기법을 공부한 다음 좋은 학부모가 되는 방법을 지도해 주는 학부모 코치가 되었다. 특별히 개인코칭을 의뢰한 20여 명의 고객들과는 일주일에 한 번씩 만나 자녀를 이해하는 법을 코칭한다(「중앙일보」 2005년 8월 11, 12일자 기사 인용).

　비즈니스 라이프에서도 여러 번 고비를 맞는 것은 너무나 당연하다. 그런데 만일 풍전등화의 위기에 처한 기업에서 일하는 사람들이라면 어떨까? 그들이야말로 코칭이 절실할 것이다. 이와 관련된 르노닛산의 CEO 카를로스 곤의 사례는 유명하다. 1999년에 적자 13조 원의 닛산을 떠맡게 된 이 이방인은 자신이 CEO가 아니라 코치라며 중견간부 600여 명을 코칭교육에 참가시켰다. 그리고 자신이 직접 3개월 동안 일대일 코칭을 실시하고, 직원들이 잠재력을 발휘할 수 있도록 지원했다. 그로부터 불과 1년 후, 닛산은 3조 원의 흑자기업으로 탈바꿈했다.

　기업을 이끄는 책임자인 CEO들도 고객 대열에 합류한다. 홍콩이나 중국 광둥성의 중견기업 CEO들은 자질과 역량을 강화하기 위해 미국 공인회계사나 경영학 석사 소지자 또는 대기업 경력자로 구성된 코치들로부터 ‘CEO 전담 비즈니스 코치’를 받는다.

　누구나 모든 일을 잘할 수 없고, 혹 지금까지 잘해왔더라도 현재 직면한 문제는 익숙하지 않을 수 있다. 사회가 복잡해지고 새로운 테크놀로지가 쉴 새 없이 쏟아지는 현실에서는 언제 어떻게 새로운 장애와 부딪칠지 모른다. 과거에는 이 모든 문제를 혼자서 해결하는 것이 일반적이었다. 아직도 이런 고민을 돈을 주고 누군가의 코칭으로 해결한다는 데 거부감을 갖고 있는 경우가 더 많다. 한국에서 일대일 코칭 비즈니스가 성장하는 데 가장 큰 걸림돌이 되는 것은 바로 이 지점이다.

　하지만 자신의 삶을 보다 효율적으로 관리하려는 스마트 욕망을 가진 호모 데시데로들이 서서히 늘고 있다. 어느 분야에나 이미 그 길을 가본 전문가들이 있고, 그들의 지혜를 활용하는 것은 당연하다는 시각이 조금씩 커질 것이다. 따라서 이제 도입된 지 3, 4년에 불과한 일대일 코칭 비즈니스는 전문적인 코칭 프로그램과 유능한 코치 양성이라는 하드웨어를 확충해 가면서 가까운 시일 내에 컨설팅의 새로운 영역으로 성장하게 될 것으로 보인다.

7》 워킹 쇼핑(Walking Shopping)

쇼핑은 빼놓을 수 없는 삶의 영역이다. 하지만 우리가 쇼핑에 투자하는 시간과 거리를 생각해 보라. 쇼핑 자체가 즐거움이기도 하지만 시간과 거리의 소모가 많아질수록 짜증이 나며, 특히 신선식품을 사기 위해 매일 차를 운전해서 가야 한다면 무척이나 성가신 일이 될 것이다. 이 귀찮음으로부터 해방되는 방법은 없을까?

특히 주목해야 할 것은 새로운 소비자 그룹들이다. 싱글들은 쇼핑의 단위가 작을 수밖에 없다. 고작 생선 반 토막을 사겠다고 할인점까지 차를 몰고 나가는 것은 귀찮은 일이다. 그런데 싱글족은 날로 늘어나고 있다. 고령화의 영향으로 이동이 자유롭지 않은 시니어 세대(50세 이상 중고령자를 언급하는 용어)가 늘어나는 점도 주목해야 한다. 이동성에 제약을 받는 사람일수록 가까운 거리에 있는 쓸 만한 유통매장을 원하게 마련이다. 게다가 4대 공적연금의 65세 이상 노인 수급자가 2006년에 이미 70만 명을 돌파해 3년 사이 92%나 늘었다. 2008년에는 100만 명에 이를 것이다. 이들이 일정한 경제적 여유를 바탕으로 새로운 수비주역이 될 것을 감안해야 한다. 또 맞벌이 부부들도 시간부족 때문에 가까운 곳에서 간단한 쇼핑욕구를 충족시키려 할 것이다.

이렇게 보면 새로운 소비자들은 걸어갈 수 있는 거리에서 잘게 쪼개진 단위의 쇼핑을 즐길 수 있는 해결사적 유통방식을 원하게 된다. 따라서 걸어다니는 거리에서 쇼핑을 할 수 있는 '워킹 쇼핑'의 성장이 예상된다.

기존의 유통업계 추이는 이미 2003년에 백화점 매출을 추월한 할인점이 절대강자로 군림하는 가운데(전체 소매업의 35%), 주춤했던 백화점이 약 25%의 시장점유율로 '작은 사치' 트렌드 등에 힘입어 고가상품전략으로 회생의 길에 나서고 있는 중이다. 또한 인터넷 쇼핑몰이 10조 원을 돌파하며 3위권을 유지하고 있고, 편의점은 점포수 1만 개를 넘어섰지만 아직 인터넷 쇼핑몰의 절반 정도인 5조 2,000억가량의 시장규모를 갖고 있다.

워킹 쇼핑은 소매업계의 이러한 구도를 바꾸는 힘으로 작용할 것이다. 이동하는 거리에 따라 소비욕구가 달라지고, 이 욕구가 시장을 바꾸는 것이다.

우선 거리는 가깝지만 규모가 작은 편의점들은 일반적인 슈퍼마켓의 기능을 흡수하며 성장하게 될 것이다. 편의점에서 야채, 생선, 과일 등 신선식품과 가공식품, 잡화 등을 고루 파는 것이다. 일본의 편의점들은 다듬어놓은 야채처럼 식품을 먹기 좋게 손질하는 것은 물론이고 생선 반 토막, 호박 1/3쪽 등 필요한 양만큼 살 수 있게 소량 판매하고 있다. 가격도 100엔 정도가 기본이다. 특히 이동이 불편한 시니어 소비자들의 입맛을 잘 맞추는 일본 편의점 업계는 2007년경 백화점 매출을 추월할 것으로 예측되고 있다.

걸어서 다닐 수 있지만 편의점보다는 조금 먼 거리에는 대형슈퍼마켓인 SSM(Super Super Market)이 틈새시장을 비집고 들어오는 중이다. 할인점은 초창기에 인구 30만을 기본으로 들어섰다가 최근에는 인구 15만 이하로 좁힐 만큼 부지난에 시달리고 있다. 반면 SSM은 100평에서 커봐야 800평 정도로 부지 걱정이 적다. 이들은 대형할인점에 비해 상품 구색은 적지만 소비자와 훨씬 가까운 곳에 있으며, 신선식품을 위주로 유제품 등 가공식품, 즉석조리식품 및 반조리식품 등 식품의 다양성 면에서는 편의점에 훨씬 앞설 수 있다. 따라서 소비자 입장에서는 굳이 차를 타지 않아도 되는 거리에 있어 접근성이 높다는 점, 동네 슈퍼나 편의점보다는 상품이 훨씬 다양하고 특히 질 좋은 신선식품을 그때그때 구입할 수 있다는 점, 할인점을 이용할 때보다는 충동구매 위험이 적다는 이점이 어필할 것이다.

지금까지 유통업은 규모의 경제나 화려한 매장 인테리어, 다양한 상품 구색 등을 매출 신장의 중요한 포인트로 삼아왔다. 하지만 싱글족, 시니어 소비자, 맞벌이 부부 등 새로운 핵심 소비층의 등장은 이러한 매출 포인트에 이동거리라는 새로운 포인트를 추가시키고 있다. 온라인 쇼핑몰의 확산으로 집을 벗어나지 않는 쇼핑방식에 익숙해진 소비자들은 점점 더 원거리 쇼핑을 꺼리게 될 것이다. 따라서 시간과 거리의 소모를 줄이려는 스마트 소비자들의 증가와 쇼핑 스타일의 변화로 인해 앞으로 워킹 쇼핑은 더욱 크게 성장할 것으로 보인다.

8》》 리액션(Reaction)

2005년 6월에 독일의 대표기업 지멘스가 휴대폰 사업을 포기하고 대만

기업에 웃돈까지 주면서 사업을 매각했을 때, 독일 언론은 왜 이런 일이 생겼는가를 추적했다. 그 이유는 발전설비·철도차량·의료기기 등 전기 전자 대형 설비 전문업체였던 지멘스가 휴대폰 시장에서 소비자 반응의 속도를 따라잡지 못했기 때문이었다.

반면 2000년 직원 9명으로 출발한 G마켓은 온라인 쇼핑몰을 운영한 지 6년 만에 거래액 2조 5,000억 원을 바라보는 기업으로 성장했는데, 이 회사의 주요 성장배경은 '속도' 였다. 소비자의 반응을 고려한 기획의 속도다. 한 직원이 광복절을 기념하기 위해 '우토로(일제 시대 강제 징용된 조선인들이 일본 국적 취득을 거부하며 살고 있는 곳) 살리기 기금 모금 캠페인' 을 벌이자는 아이디어를 내놓았을 때, 그 실행 결정이 이루어지기까지 걸린 시간은 불과 10분이었다.

그렇다면 휴대폰 모델 하나를 기획하기 시작해서 개발을 끝내는 데까지는 얼마나 걸릴까? 외국 업체들은 18개월 정도이고, 국내기업들은 보통 10개월 안팎이라고 한다. 그런데 '인터큐브' 라는 우리나라의 중소기업은 이 모든 작업을 단 6개월 만에 끝낸다. 혹시 순 엉터리에 날림 아니냐고? 천만에! 이 회사가 개발한 세계 최소형 '카이코코' 휴대폰은 LG 텔레콤에서 출시 6개월 만에 65만 대나 팔려 '최단기간 최다판매' 를 기록했을 만큼 실력을 인정받고 있다.

인터큐브가 휴대폰계의 초고속 업체라면, 패션계에는 스페인이 자랑하는 세계적인 브랜드 '자라(ZARA)' 가 있다. 명품 등 디자이너 브랜드들은 신제품을 개발해서 시장에 내놓는 기간이 보통 1년 정도 걸린다. 그리고 이렇게 만들어진 옷들은 계절이 바뀌기 전까지는 매장에 계속 걸려 있다. 그런데 자라는 2주마다 신제품을 매장에 내놓는다. 개발에서 출시까지 걸리는 기간이 보통 한 달, 길어야 두 달을 넘기지 않는다. 자라는 이렇듯 동대문 패션에서나 가능할 법한 '패스트 패션' 전략으로 패션 브랜드 중 최고의 증가율인 14%의 신장세를 기록하며, 2006년 세계 100대 톱 브랜드 중 74위에 당당히 이름을 올렸다.

이렇게 인터큐브나 자라가 동종업계보다 엄청나게 빠른 속도로 제품을 개발할 뿐만 아니라 큰 성공을 거둘 수 있었던 비결은 무엇일까? 가장 중요한 요인은 소비자들의 니즈를 재빨리 파악하고, 이를 신속히 제품의 연구개발에 반영한다는 점이다.

인터큐브의 경우, 대부분의 휴대폰 개발업체들이 시제품을 개발한 후 이동통신업체와 협의하는 관행을 깨고, 처음부터 이동통신사와 함께 개발 작업을 한다. 휴대폰 사용자들의 취향과 니즈를 가장 잘 아는 이동통신사가 제품 기획단계부터 참여하다 보니, 신제품이 성공할 가능성도 그만큼 높아질 수밖에 없다.

자라는 고객과의 1차 접점인 매장을 통해 소비자들의 반응을 즉각적으로 캐치하고, 이들로부터 모은 정보를 디자인팀에 곧바로 전달한다. 그러면 디자이너들은 실시간으로 파악되는 소비자들의 욕구와 기호를 반영하여 기존 컬렉션을 계속해서 업데이트하거나 새로운 컬렉션을 만들 때 참고하는 것이다.

소비자의 욕구 및 태도 변화를 계속 주시하며 이를 반영한 제품이나 서비스를 재빨리 제공하는 것. 즉, 생산자와 소비자 사이에 리얼타임(Realtime)으로 커뮤니케이션이 이루어지는 이 새로운 현상을 '리액션(Reaction)'이라고 부를 수 있을 것이다. 지금까지 '속도'는 소비자에게 빨리 전달한다는 의미의 '패스트(Fast)'가 중심이었다. 하지만 앞으로의

‘속도’는 소비자로부터 기업, 기업으로부터 다시 소비자로 이어지는 사이클상의 ‘리액션’이 좌우하게 될 것이다.

이렇게 소비자와 리액션을 주고받기 위해서는 우선 조직의 시스템 자체가 리액션이 가능한 구조가 되어야 하는데, 바로 이것이 성공의 두 번째 요인이다.

인터큐브의 경우, 생산과 판매는 모두 외부업체에 맡기고 오직 연구개발(R&D) 한 분야에만 집중한다. 그리고 팀장들에게 거의 모든 권한을 위임하고, 팀 간에 협의가 필요한 사안은 매일 아침 열리는 임원회의에서 즉시 결정한다. 즉, 인터큐브는 전략적인 선택과 집중, 그리고 의사결정 구조의 단순화를 통해 리액션이 가능한 구조를 갖춘 것이다.

한편 자라는 다품종 소량생산이라는 브랜드 전략을 효율적으로 운용하기 위해 JIT(Just In Time, 재고비용을 최소화하기 위해 입하된 재료를 곧바로 제품 생산에 투입하는 상품관리) 방식을 채택했다. 또한 디자인-생산-판매-유통까지의 전 과정을 수직적으로 통합해 생산성을 극대화하고 있다. 자라가 최고의 리액션 브랜드로 자리잡을 수 있었던 것은 이처럼 군살을 최대한 줄이고, 언제라도 바통을 넘겨받아 이어달리기를 할 수 있는 직선구조를 만들었기 때문인 것이다.

그렇다면 리액션은 우리 시대 기업의 새로운 생존 코드인가? 만일 그렇다면 무엇이 그렇게 만들었는가?

바로 소비자다. 영리한 소비자들은 언제든 새로운 선택이 가능한 디지털 환경에 적응하며 브랜드나 기업에 대한 충성도가 줄어들었다. 대신 자신들의 다양한 기호를 수용하는 상품에는 재빠르게 반응한다. 따라서 기업들은 변화하는 소비자들의 욕구와 기호를 그때그때 반영해 주는 생동감 있는 인터랙티브(Interactive)를 갖춰야만 경쟁력을 유지할 수 있다. 그러므로 '소비자 니즈-제품구매-반응체크-제품개발-생산-판매-다시 소비자 니즈'로 이어지는 리액션의 나선형 사이클을 얼마나 신속하게 운영하는가는 앞으로 기업의 중요한 과제가 될 것이다.

1장 오! 친절한 테크놀로지 : 스마트(Smart)

스마트시장을 상징하는 숫자들

26kg

■ 하이얼코리아의 미니세탁기 최소 용량 싱글족을 겨냥한 소형가전으로 유명한 하이얼코리아의 미니세탁기(2.6/3.0/3.3kg)는 한 달 평균 1,000여 대씩 팔려나간다. 한창 이사철이던 2006년 3월에는 2,500대 가까이 팔리기도 했다. 콤팩트한 사이즈로 공간 활용도가 높다는 게 장점이다. 소용량 전기밥솥의 판매 증가세도 눈에 띈다. 크기는 작지만 다양한 기능을 갖춘 프리미엄급 소용량 전기밥솥의 선호도가 올라가고 있는 것. 2004~2006년까지의 전기밥솥 용량별 판매추이에 따르면 약 7% 이상 증가한 것으로 나타났다.

300개

■ 농협이 2010년까지 확충할 계획인 대형 슈퍼마켓(SSM) 수 2010년까지 농협은 현재의 130개에서 300개, 업계 1위인 GS리테일은 현재 86개에서 160개, 킴스클럽마트는 현재 32개에서 180개로 늘리겠다는 계획이다. 앞으로는 가벼운 장바구니 하나 들고 슬슬 걸어서 신선한 먹을거리를 사러 가는 풍경을 더 많이 볼 수 있게 될 것이다.

3억 5,000만 달러

■ 미국 다우코닝 사가 영리한 혁신으로 일궈낸 순이익(2005) 세계적인 실리콘 업체 다우코닝사의 여성 CEO인 스테파니 번스는 '영리한 혁신(Smart Innovation)'의 중요성을 설파한다. 기존 제품과 완전히 다른 제품을 창조하는 것이 아니라 기능은 같더라도 이를 이용하는 고객이 새로운 느낌을 갖도록 하라는 것. 그 결과 이 회사는 2000년 초 5,900만 달러였던 순이익 규모가 2005년 3억 5,000만 달러로 7배 가까이 급증했다.

82.9%

■ 이마트의 반조리 제품 매출 증가율(2005)

주부들과 싱글족의 시간을 절약해 준 쏠쏠한 대가다.

7,000대

■ 도요타의 시니어용 인기 승용차 '라움'의 월 판매 대수 유니버설 디자인을 채택해 일반 차와 달리 앞문과 뒷문 사이의 기둥을 제거하고, 뒷문은 뒤쪽으로 슬라이드 방식으로 열리게 되어 노인이나 장애우들의 승하차를 용이하게 만들었다. 이 자동차의 인기에 힘입어 도요타는 모든 차종에 유니버설 디자인을 도입하겠다고 발표했다.

1만 7,000여 명

■ 렌털 가전 관리요원 수(2005)

1998년 웅진코웨이가 처음 도입한 제도로 웅진코웨이는 '코디', 청호나이스는 '청호플래너'라는 이름으로 활동하고 있다. 꼭 필요하지 않은 것은 소유에서 임대로 전환함으로써 삶의 경량화를 추구하는 현대인의 라이프스타일, 그리고 '유지·관리·보수'라는 복잡함과 성가심으로부터 벗어나고자 하는 욕구를 잘 반영한 스마트 시장의 대표적인 직업군이다.

45%

■ 절도 피해 가정 중 원인이 문단속 미비인 비율 대검찰청 조사에 따르면 절도의 45%, 강도의 51%가 문단속을 안 한 집을 대상으로 일어났다고 한다. 잠금장치를 부수거나 열고 들어오는 경우는 15%에 불과했다. 그런데 디지털 도어록 설치가 늘어난 아파트의 경우 문을 통해 침입하는 비율이 줄어들고 있다(관계업체 주장으로는 1/2 감소). 자동으로 문이 닫히는 디지털 도어록은 인간의 망각을 고려한 스마트 상품인 셈이다.

2장

시간의 멋진 역주행

: 청춘

靑春

“우리 모두의 심성에는 어린 카우보이, 어린 개척자가 뛰놀고 있다.”

– 루이 라무르, 소설가

1. 고령화 시대의 청춘화 사회

복잡성의 심화가 다이내믹 코리아의 첫번째 사회적 요인이라면 그 두 번째는 전 세계적 현상인 고령화다. 그런데 사람들은 마치 다 알고 있는 듯이 말한다. 고령화 사회라는 말도 그렇고, 고령친화산업(실버산업의 정부 공식호칭이다)도 너무 일찍 익숙해들 한다. 지구촌을 뒤덮은 이 거대한 메가트렌드를 보여주는 수많은 지표들은 이미 미디어를 타고 떠돈 지 오래다. 그중에서도 한국은 세계에서 가장 빠른 고령화 속도로 인해 비상등을 켜고, 사이렌을 울리며 미래로 달리는 중이다.

하지만 변화의 지향점은 수치가 표현하는 것 이상이어야 한다. 평균수명 70세에서 평균수명 90세가 되어갈 때, 그 나이와 수치들은 다만 현상을 설명한 것뿐이다. 고령친화산업 규모가 몇 년경에 몇 조가 된다는 전망 역시 맞건 틀리건 현상에 대한 예측이다. 변화의 지향점은 그 현상 이면에 있다.

고령화라는 전 세계적인 메가트렌드는 인간수명의 연장과 베이비붐 세대의 노화를 성장배경으로 한다. 실험용 쥐들은 영양을 조절한 식이요법만으로도 50% 이상의 수명이 연장되었지만, 인간도 그럴 수 있는지는 아직 미지수다. 아직 확실치는 않지만 과학자에 따라 100세까지는 너끈할 것으로 보기도 한다. 인구통계학적 요소를 보자면 한국에서는 지금 1956년에서 1975년까지 20년간 태어난 사람들의 연령별 인구가 최대치를 기록하고 있다. 이들은 사실상 앞으로 몇십 년간 우리나라의 최대 인구층을 이루게 된다. 그리고 이들이 고령에 접어들기 시작하는 2015년

경부터는 그야말로 초고령사회가 시작되리라는 전망이다. 그런데 이런 사회구조나 시스템 변화의 이면에 사람들의 욕망 변화가 일어나고 있다.

예컨대 60세 이상 노인 500명을 대상으로 한 설문조사 결과, 무려 61%가 '지금껏 해보지 않은 새로운 일을 시작하고 싶다'고 응답했다. 그리고 어느덧 신문에서는 바람난(?) 부인들을 걱정하는 늙은 남편의 이야기들이 등장하고 있다. 이 새로운 움직임은 널리 퍼지고 있다. 70세가 넘은 나이에 갓 쓰고 도포 입고 인라인 스케이트를 즐기는 사진으로 단번에 인터넷 스타덤에 오른 할아버지가 있는가 하면, 80세까지 정력적으로 일하는 현역 의사도 있다. 대한상공회의소는 2005년 통크족(TONK, Two Only No Kids)을 새롭게 부상하는 소비집단의 하나로 꼽았다. 이들은 자기중심적(자식에게 재산을 물려주기보다 자기 자신을 위해 쓰겠다는 인식의 전환을 의미)이며 또한 감각적(자기정체성을 체념이나 점잖음 등이 아닌 적극적으로 자신을 표현하는 데서 찾는다는 의미)인 소비계층으로 젊은이들 못지않은 소비패턴을 보인다고 한다.

더 흥미롭고 주목할 만한 사실은 노인 축에도 못 끼는 50대나 40대, 심지어 30대들의 변화이다. 예컨대 자녀를 출산한 30~40대 여성들은 '애 엄마'처럼 보이기를 원하지 않을 뿐만 아니라 일찍부터 골다공증에 대처하려고 노력한다. 골다공증은 곧 활력의 상실로 받아들여지고, 따라서 '골다공증 환자=노인'으로 인식된다. 그래서 관련업계에서는 젊은 여성들을 대상으로 골다공증 예방 효과가 있다는 떠먹는 요구르트나 보라색 옥수수를 개발한다. 걷기는 골다공증을 예방한다는 이유로 젊은 여인들에게도 새삼스레 각광을 받는다. 남자들도 마찬가지여서 남성화장품 시장이 30~40대를 겨냥해 폭발적으로 성장중이며, 성형외과를 찾는 중년남성도 드물지 않다.

그렇다. 노인만이 아니다. 노인이 되려면 아직 한참이나 남은 이들까지도 젊어지려고 애쓰고 있다. 활력을 유지하려는 노력이 장난이 아니다. 그렇다면 세대 차이를 건너뛰어 이들이 갖고 있는 공통된 열망은 무엇일까?

나는 이것을 '청춘'이라는 단어로 표현하고자 한다. 여기서 청춘은 단순한 젊음이 아니라 '길고 오랜 젊음'을 향한 시간의 멋진 역주행을 대변하는 단어다. 30대도 70세, 80세까지 활력을 유지하고 싶어한다. 70대 노인도 30대처럼 살고 싶어한다. 예전보다 5년이나 10년 더 오래 살게 되었을 뿐이지만, 예전보다 훨씬 오래오래 젊게 살고 싶어한다. 일생 동안 가능한 오래도록, 시간의 멋진 역주행을 펼치고 싶은 것이다.

따라서 청춘에 대한 욕망, 시간의 멋진 역주행에 대한 욕망이야말로 고령화 시대를 관통하는 변화의 지향점이 되고 있다. 이 욕망은 노인정책의 확충 정도로는 대처할 수 없는 새로운 욕망의 길을 만들 것이다. 그것은 고령화 사회가 아니라 '청춘화 사회'이며, 고령친화시장이 아니라 '청춘시장'이다.

2. 청춘! 오랜 젊음에의 욕망

서드 에이지(Third Age)

오래 살고자 하는 욕망은 호모 데시데로의 가장 기본적인 본능이다. 그래서 그 어떤 욕망보다도 강하다. 매슬로 역시 생존의 본능을 모든 욕망의 기초에 놓고 있다. 하지만 그것만으로 이 새로운 욕망을 다 설명할 수는 없다. 청춘의 욕망은 더욱 다양한 인간적 욕구에 기반한다. 그것은 소속감과 애정의 욕구, 그리고 자기정체성의 욕구다. 먼저 그 배경을 알아보자.

숫자상으로 볼 때 한국인의 수명은 놀라운 속도로 늘었다. 지난 1960년, 한국인의 평균수명은 52.4세에 불과했다. 세계보건기구(WHO)가 2004년 통계자료를 기준으로 2006년 보고서에서 추산한 바에 따르면, 한국인의 평균수명은 77세다. 46년의 세월이 흐르는 동안 한국인들은 평균 25년 이상을 더 살게 된 셈이다. 세계 최장수국인 일본은 남성이 79세, 여성이 86세로 남녀 합계 82세였다. 참고로 세계 최단명국인 짐바브웨는 남녀 평균수명이 고작 36세다.

평균수명의 연장은 삶에 대한 인식의 변화를 가져온다. 특히 주목해야 할 점은 수명의 연장이 자기 나이에 대한 인식의 변화를 초래한다는 것이다. 직장인 정년이 60세 안팎이었을 때, 정년 이후의 삶은 불과 10여 년 남짓이었다. 그런데 지금은 남자의 경우에도 최소 17년을 기대할 수 있다. 따라서 은퇴 이후 10여 년을 그야말로 '노후생활'로 여긴다고 해도 60대 후반에서 70대 초반까지는 '노인'이 아니다.

더구나 요즘은 정년이 무색해졌다. 평생직장 개념은 사라진 지 오래다. 생애에 걸쳐 여러 번 직장을 옮기는 것은 당연한 일이 되고 있다. 60세가 넘어서도 새로운 직장을 찾아야 할지 모른다. 말 그대로 진짜 은퇴를 하기 전까지는 누구도 노인이 되어서는 안 된다.

서구에서는 고령화사회를 바탕으로 인생을 4단계로 나눈다. 퍼스트

에이지(First Age)는 20대 중반까지로 사회생활에 필요한 교육을 받고 소양을 닦는 기간이다. 세컨드 에이지(Second Age)는 첫 직장을 갖고 결혼도 하고 아이도 낳는 사회생활 적응기로, 20대 중반에서 대략 30대 후반까지다. 그 다음은 서드 에이지(Third Age)인데, 사회에서 어느 정도 안정된 기반을 닦은 후인 40대부터 은퇴하기까지의 기간이다. 포스 에이지(Forth Age)는 그야말로 은퇴 후 생활로 죽기 전까지 10여 년간이다(윌리엄 새들러, 『서드 에이지-마흔 이후 30년』 참고).

그중에서도 고령화의 영향을 가장 크게 받는 시기가 바로 서드 에이지다. 평균수명이 연장되면서 이 시기가 너무나 길어졌다. 70세까지만 잡아도 30년이다. 어떻게든 빨리 돈을 벌고 은퇴하여 넉넉한 노후를 준비하는 시기 정도로 인식되던 때가 엊그제 같다. 그런데 서드 에이지가 무려 30여 년이 되었다. 인생을 4단계로 나눴을 때 가장 긴 단계다. 30년은 결코 그냥저냥 보낼 수 있는 시간이 아니다.

우리는 여기서 두 가지 사회적, 생태적 요소에 주목해야 한다. 첫째로 자본주의는 돈을 벌거나 돈을 쓰는 사람만이 인간 대접을 받을 수 있는 사회라는 점이다. 왕성한 활력을 가지고 있는 사람만이 사회의 주류가 된다. 둘째로 고령화라는 뚜렷한 변화에도 불구하고 인간은 20세 전후로 노화가 시작되는 생물학적 한계를 극복한 것은 아니라는 점이다. 더 오래 살게는 되었지만 신체는 무려 50여 년에 걸쳐 꾸준히 늙어간다. 그대로 놔두면 말이다.

서드 에이지들에게 고령화와 이 두 가지 요소의 결합은 욕망을 변화시키는 계기가 되었다. 즉, 나이가 들어도 사회의 주류에서 밀려나지 않으려면 활력을 유지해야 하며, 그러기 위해서는 신체의 노화는 물론이고 정신의 노화를 억제하기 위해 인위적인 노력을 해야만 한다는 것이다.

언제까지나 사회의 주류로 남고 싶어하는 것은 어떤 욕구에 해당하는가? 바로 소속감의 욕구다. 노인들이 경로당에서 '내가 소싯적에는 말이야……' 로 시작되는 장광설을 늘어놓는 것은 주류로부터 밀려난 소속감의 박탈을 토로하는 것이다.

단순히 주류에 머무르는 것만이 아니라 정신적, 신체적으로 활력을 유지해 사회적 인정을 받으려는 것은 자존감의 욕구에 해당한다. 사회적 인정을 통해 내가 보는 나와 남이 보는 나를 일치시키려 하는 것이다.

고정관념에의 도전

그런데 세상은 온통 장애물 투성이다. 마음을 따라주지 않는 신체적 한계는 물론이고, 나이듦에 비례해서 커지는 거추장스러운 외부의 시선, 감각을 잃어가는 라이프스타일, 일을 하고 싶어도 할 수 없는 사회적 조건 등은 청춘의 욕망을 들끓게 만든다. 그래서 이런 장애물들을 걷어치우려는 행동들이 시작된다.

이들에게 청춘의 욕망을 표현하는 것은 하나의 도전이다. 사회적 시선, 몸의 한계, 익숙하지 않은 새로운 문화의 체험, 디지털 기술사회에의 적응, 새로운 일 등 도전 아닌 것이 없다. 그들은 부모세대로부터 어떻게 자기 나이(40대든 70대든)를 활력 있게 보내는가에 관한 모범사례를 본 적이 없기 때문에 모든 것을 새롭게 개척해야 한다. 그래서 청춘의 욕망이 시장에서 표현되는 강력한 소비자 니즈는 바로 '도전'이다. 그들은 새로운 정체성에 도전하고, 새로운 소속감에 도전하고, 새로운 외모와 체력에 도전한다.

빈둥지증후군에 시달리던 60대 여성들은 자신의 삶을 돌이켜본다. 나는 누구이며 무엇을 하고 싶은지 돌아보고, 나만의 삶에 도전한다. 구청 교육센터에서 운영하는 컴퓨터 기초반에 등록하고, 다른 남자들과 이메일을 주고받기 시작한다. 백화점 문화센터에서 사귄 동년배 친구들과 영화도 보고 여행도 다니며 집에서 탈출한다. 주어진 역할에서 벗어나 새로운 역할에 도전하는 것이다.

쏘박쏘박 나오는 연금 넉분에 생계에 지장이 없는 남자들도 새로운 직장을 찾는다. 혹은 세계여행할 돈을 모으기 위해서, 혹은 사회봉사를 할 경제적 여유를 더 갖기 위해서다. 체력이 바탕이 되어야 하므로 러닝머신을 사들이는가 하면, 세계지도를 펴놓고 가고 싶은 나라의 역사와 문화를 공부한다. 삶은 아직도 긴데 도전을 멈출 이유가 없다.

이른바 미시 캐주얼은 40~50대 여성들을 위한 패션이다. 젊음을 가꾸기 위한 소비에 인색하지 않은 이들 여성은 캐주얼이 10대, 20대의 전유물이라는 고정관념에 도전한다. 이들은 나이를 의식하기보다는 취향에 더 민감하다. 이들 입장에서 보면 기존의 패션상품들은 아직도 고정관념에 싸여 있다. 점잖은 중년용의 스타일, 컬러, 디자인은 따분하기 짝이 없다. 젊은 애들이 입는 옷은 디자인이 맘에 드는데 사이즈가 없는 것이 불만이다. 더 나아가 미시 캐주얼이니 하며 아가씨들과 경계를 짓는 '미시'라는 명칭조차 마음에 들지 않는다.

일자리에 도전하지만 중장년을 위한 일자리는 많지 않다. 취업을 위한 재교육은 새파랗게 젊은 친구들과 경쟁을 해야 하는 도전이다. 체력을 지나치게 소모하지 않는 레저활동도 그다지 많지 않다. 젊게 보이고

자 하는 노력들도 사회적 시선과의 싸움이 된다.

청춘의 욕망은 이들을 도전하게 만들고 있지만, 사회는 여전히 이런 도전에 느리게 반응하고 있다. 바로 이 지점에서 욕망이 길을 낸다. 지금은 틈새시장이지만 앞으로는 주요시장으로 발돋움할 것이다. 힘이 센 욕망은 큰 시장을 만든다.

청춘시장의 주역, 베이비부머

청춘시장을 분석함에 있어서 주목해야 할 것은 이 시장의 주력 소비자층이 한국판 베이비붐 세대라는 점이다. 미국과 일본에서도 베이비붐 세대는 시장의 환경을 바꿔놓는 역할을 했는데, 한국도 예외는 아니다. 특히 한국의 베이비부머들은 미국이나 일본에 비해 훨씬 젊다.

우리나라의 베이비부머는 1956년생부터 1975년생까지라고 볼 수 있다. 현재 30대 초반에서 50대 초반까지의 세대다. 이 기간 중에 해마다 90만 명이 넘는 신생아가 태어났는데, 2005년 신생아 수가 고작 43만여 명인 것과 비교하면 그 규모의 차이가 확연히 드러난다. 한편 미국의 베이비부머들은 여성 1명당 3.8명을 낳은 1946~1964년에 태어난 이들로 총 7,820만 명이나 된다. 나이로는 한국보다 10년가량 더 늙었다. 일본의 경우에는 1930년대의 1차 베이비붐 세대, 그리고 1947~1949년에 태어난 약 700만 명의 단카이세대를 베이비부머로 본다.

미국과 일본의 베이비부머들이 이미 고령화에 한 발을 들여놓았다면 한국의 베이비부머는 더 젊은 세대로서 청춘시장의 주역이다. 저출산 추세가 계속되고 있다는 점을 감안하면 10년 후 이들이 40세에서 60

세가 될 때에도 이들보다 숫자가 많은 소비층은 없을 것이다. 이들은 20년 후면 50세에서 70세가 될 것이다. 따라서 최소한 20년 후까지 이들이 시장을 끌고 갈 주역이라는 점은 불문가지다.

그들은 시장의 판도를 바꿔놓을 것이다. 미국 베이비부머들의 연간 소비액은 2조 1,000억 달러(약 2,016조 원)에 달한다. 일본의 뉴실버 세대(1937년~1949년생)들의 연간 소비액은 40조 엔(약 320조 원)이다. 한국에서도 40대가 50대를 제치고 가장 소득이 많은 계층으로 부상하고 있다.

청춘의 욕망은 활력의 충전을 통해 소속감과 애정, 그리고 자존감의 결핍을 해소하고자 하는 것이다. 따라서 호모 데시데로들은 기존의 낡은 관습과 사회구조에 거세게 저항할 것이며, 이에 따라 대표적인 신체 노화의 시기인 갱년기부터 도전받을 것이다. 또 20대의 전유물이었던 연애와 결혼, 젊은 층만을 위한 문화와 예술, 시니어들을 제외시켰던 레저 활동, 정년이라는 말로 상징되는 은퇴 등이 거센 도전에 직면할 것이다. 그리고 이 도전들 속에서 다이내믹 코리아의 새로운 시장들이 성장할 것이다.

3. 성장시장 & 트렌드

1》》 턴 오브 라이프(Turn of Life) 마켓

청춘의 욕망과 가장 직접적으로 맞대면하는 인생의 한 시기가 있다. 활력과 젊음을 유지하려는 사람들에게 반드시 넘어야 할 거대한 산. 바로 갱년기다.

갱년기를 영어로 '클라이맥터릭(Climacteric)', 혹은 관용적 표현으로 '턴 오브 라이프(The Turn of Life)'라고 표현한다. 멋진 표현이다. 갱년기라는 단어에 드리워진 우울한 그림자를 걷어내고, 대신에 인생의 새로운 전환기로 긍정하는 자세가 느껴진다. 그런데 이 '턴 오브 라이프'가 비즈니스 분야에서도 새로운 성장의 땅을 약속하고 있다.

지금까지 갱년기는 여성, 혹은 남성으로서의 성숙기에서 노년기로 넘어가는 징검다리 기간으로 여겨져왔다. 갱년기를 거치면서는 사회의 주류에서도, 인생의 도전에서도 뒷전으로 물러날 준비를 해야 했던 것이다. 하지만 고령화사회에서 40~50대는 이미 언급한 바 있는 서드 에이지에 해당한다. 뒷전으로 물러나기는커녕 새로운 인생을 추구하고 도전해야 할 시기다. 이에 따라 갱년기 장애는 적극적인 치료의 대상으로 떠오르게 되었다.

턴 오브 라이프 시장의 특징은 신체적 노화에 대처하는 기술적 진화다. 일찌감치 각광받은 것은 소위 행복을 만드는 의약품, 즉 '해피메이커(Happy-maker)' 시장이다. 해피메이커는 비단 갱년기에 국한되는 것은 아니지만 갱년기에 특히 많이 발생하고 고민하는 질병들과 관계가 깊다. 2540년쯤의 미래를 다루는 올더스 헉슬리의 소설 『멋진 신세계』에는 '소마'라는 해피메이커가 등장한다. 이 약을 먹으면 우울증이나 불안증세에서 벗어나 무조건 행복해지는 것이다.

'마음의 감기'라고 불리는 우울증은 갱년기의 심리적 장애로 자주 나타나는 현상이다. 1988년에 개발되어 전 세계 수천만 명에게 처방된 항우울제 '프로작'은 2002년 한 해에만 129억 달러의 매출을 일으켰다.

2005년에 우울증 치료제의 세계시장은 198억 달러였는데, 2009년에는 31% 성장한 260억 달러에 이를 것으로 예측되고 있다. 갱년기 증상 가운데 하나인 발기부전은 '비아그라'라는 신약이 해피메이커 역할을 해냈고, 비만치료제 아콤플리아는 체중감량은 물론이고 인슐린 분비를 조절해 당뇨병 예방에 효과가 있으며 흡연욕구까지 감소시킨다고 하여 해피메이커 시장의 새로운 기대주로 떠오르고 있다.

해피메이커 시장은 비단 수천, 수억 달러를 들여 개발한 신약들만의 경연장은 아니다. 예컨대 체내에서 생성되어 관절의 건강에 좋다는 글루코사민은 외부에서 약재로 투입되었을 때도 같은 효과가 나는지 입증되기도 전에 건강보조약품으로 열풍을 일으켰다. 또 폐경 이후 흔히 겪는 증상인 골다공증 환자가 우리나라에서만 160여만 명에 이르면서, 골다공증 치료제 시장뿐만 아니라 앞서 말한 떠먹는 요구르트라든가 홍화씨 같은 천연식품이 인기를 끈다. 앞으로도 갱년기에 겪게 되는 탈모, 비만, 성기능 장애, 골다공증, 기억력 감퇴 등의 다양한 증상과 관련한 건강보조식품 시장도 꾸준히 성장할 것이다. 또한 여성갱년기, 남성갱년기를 각각 전문적으로 치료하는 클리닉들도 앞으로 점점 더 인기를 끌 것으로 예측된다.

턴 오브 라이프 시장은 비약적 성장이 예상되는 전체 헬스케어 시장의 한 축이자, 가장 빠르게 커나갈 시장이라고 할 수 있다. 이미 충분히 성장한 것처럼 착각할 수도 있지만, 우리 사회가 고령화의 초입 단계라는 점을 염두에 둔다면 막 시작하는 단계라고 보는 것이 현명하다.

턴 오브 라이프 시장의 또 다른 줄기는 가족, 특히 부부 간의 갈등을 해소하는 쪽에서 성장할 것이다. 20년 이상 결혼생활을 한 부부의 이혼

율이 1980년 한 해 전체 이혼 건수의 4.8%에서 2004년 18.3%로 증가한
데서 보듯이, 부부 간의 갈등은 갈수록 커지고 있다. 이러한 경향은 바로
다음에 살펴볼 '평생연애'와도 밀접한 관련이 있다. 이에 따라 부부 상
담, 심리치료, 갈등 예방 교육 등 부부 고객을 타깃으로 하는 '커플 비즈
니스' 역시 성장할 것으로 예상된다.

2 ≫ 평생 연애

사랑은 청춘의 특권이다. 그래서 청춘이 길어지면 사랑도 길어진다. 단,
한 명의 상대와 길어지는 것이 아니라 여러 명의 상대를 갖게 된다. 미국
에서는 이를 '연속적 단혼'이라고 부르기도 한다. 연속적 단혼은 대략 10
년을 주기로 파트너를 갈아치우는 것을 말한다.

청춘을 향한 욕망은 결혼과 연애에 대한 인식을 바꿔놓고 있다. 조
선시대에는 이팔청춘이라고 해서 16세가 청춘의 상징이었다. 하지만 이
미 20대에서 30대로 시장주도권이 넘어가는 중이고, 그 시장은 70대까
지 확대되고 있다. 바로 '평생연애시장'이다.

이 시장은 단지 이혼과 재혼에 따른 결혼 관련 사업에만 국한되는
것이 아니다. 평생연애가 실현되면서 연애에 따른 각종 비용도 증가한
다. 영국인의 경우 한 사람이 평생 동안 연애에 쓰는 비용이 평균 6,900
만 원가량이며, 영국 전체로 따지면 1년에 약 27조 6,000억 원을 연애에
쓰고 있는 것으로 나타났다. 미국에서는 이혼율이 증가하면서 몸매 가꾸
기를 위한 피트니스 클럽 수도 증가했다는 연구결과가 발표되기도 했다.
이혼을 피하기 위해 동거를 선택하는 커플도 나날이 늘어가고 있는데,

국내의 한 문서서식 포털사이트의 조사에 따르면 동거계약서 서식의 다운로드 횟수가 가파르게 증가하고 있다고 한다.

앞서 보았듯이 현재 30대에서 50대는 우리 사회에서 가장 많은 인구를 갖고 있는 연령층이다. 늘어나는 이혼율은 물론이거니와 독신인구의 증가만 감안하더라도 이들이 연애시장으로 뛰쳐나올 가능성은 충분하다. 성적 욕망을 포함하여 외로움, 배려에 대한 기대, 친근한 일대일 관계 등은 이들에게 연애에 대한 동기를 부여한다. 하지만 아직은 중년 이상의 연애에 대한 우리 사회의 편견이 장애물로 작용하고 있다.

평생연애시장은 다양하다. 연애, 미팅 중개나 결혼중개업, 재혼 전문 예식장을 비롯한 결혼서비스 시장, 몸매 가꾸기 관련 산업, 피부미용, 화장, 성형, 심리 및 연애컨설팅, 이혼에 따른 법적 대응, 데이트장소 제공 관련 사업 등이 모두 평생연애의 증가와 관련해 성장이 예상된다.

평생연애 시대로의 변화에 따른 이들 시장의 확장은 필연적이다. 예컨대 외모시장은 이미 화장품 5조 3,000억 원, 성형시장이 3~4조 원, 다이어트시장이 1조 원(조사기관에 따라 최대 3조 원까지 보기도 한다)대에 이르고 있지만, 서드 에이지의 인구 규모나 평생연애라는 추세로 보면 성장의 여지는 충분하다. 한국에서는 아직 생소한 편에 속하는 파티문화 등을 비롯해 경제적 여유를 바탕으로 한 오락, 문화산업, 여가에 몰려들 서드 에이지들의 청춘사업으로까지 생각을 넓혀본다면, 평생연애 시대가 불러올 시장의 크기는 더더욱 확장될 것임에 틀림없다.

청춘에 대한 욕망은 안정적이고 규격화된 삶보다는 다소 불안정할지라도 자유롭고 현재에 충실한 삶을 지향하도록 만들고 있다. 이에 따라 한국인들 역시 지속적으로 매력적인 단독자로서 존재하고 싶어한다.

결혼이 아니라 연애의 대상으로서 자리매김하게 되면 자신을 늘 유쾌하고 신선하며 지적으로나 육체적으로 매력을 갖추고자 노력하게 된다. 그들은 이혼을 두려워하지 않으며, 동거는 더더욱 그렇다. 새로운 사람과 만나고 헤어지는 일이 인생에 걸쳐서 여러 번 되풀이된다. 사랑은 그야말로 자본주의의 종교가 된다.

이혼율이 높아진다고 아우성이지만 평생연애라는 측면에서 보면 한국은 이제 막 걸음마를 뗀 단계일 뿐이다. 결혼은 여전히 해야 할 그 무엇으로 남겠지만, 청춘에 대한 욕망을 놓치지 않는 한 연애 역시 반드시 해야 할 그 무엇이 될 것이다.

3,》 7080 뉴올드 문화(New Old Culture)

청춘의 욕망은 '어린 것' 들의 문화를 따라하는 것에서 만족하지 않는다. 젊음을 유지하는 것과 '어린 것들 따라하기' 는 다르기 때문이다. 한때 우리 사회에서 키덜트(Kidult, Kids+Adult)족이라고 해서 어린 시절에 대한 향수를 버리지 못하는 성인들을 일컫는 말이 회자되기도 했다. 하지만 이것과도 다르다. 어린 시절에 대한 향수가 아니라 자신의 성장기를 함께 한 문화를 통해 젊음의 향기를 지속적으로 재연하고자 하는 욕구가 분출하고 있는 것이다.

이 시장은 복고와는 다르다. 복고는 유행처럼 주기적으로 왔다 가는 현상이지만, 1970~1980년대에 젊은 시절을 보낸 이들의 7080문화는 하나의 생활양식으로 성숙해 가고 있다. 추억을 달래주는 수준을 벗어나 사회적 가치, 문화, 라이프스타일을 담는 독자적인 삶의 양식인 것이다.

그 결과 대중문화, 패션, 음식, 레저 등 일상의 다양한 영역에서 시간이 흘러도 지속 가능한 특정 세대의 고유한 삶의 양식화가 이루어지고 있는 중이다.

7080세대들은 그들이 막 30대, 40대에 진입할 즈음인 1990년대부터 디지털 문화를 접하기 시작했다. 그들은 이 격변기에 바로 윗세대에 비해 새로운 문화를 빠르게 수용했다. 받아들일 뿐만 아니라 직접 벤처기업을 운영하고, 비즈니스 영역을 발전시킨 주역들이다. 하지만 이 새로운 디지털 문화는 어린 시절의 성장경험과는 괴리를 일으켰다. 이어령 씨가 말하는 '디지로그'는 이 세대들의 감성적 괴리로부터 출발한다고 해도 과언이 아니다. 그래서 이들은 낡은 것을 새로운 도구와 매체에 담기 시작했다. 젊은 시절의 감성을 공연이나 이벤트 등에서 확인하려는 수요도 늘어만 갔다. 그것이 바로 낡은 것과 새로운 것의 조화, 디지털과 아날로그의 융합인 '뉴올드 문화'로 나타나고 있다.

이러한 변화는 고령화가 진행되는 세계 각국에서 공통적으로 볼 수 있는 현상이다. 미국의 경우에도 흘러간 팝 스타들의 공연이 고가임에도 불구하고 10대, 20대를 위한 스타들의 공연 못지않게 인기다. 예컨대 60세를 바라보는 가수 빌리 조엘이 2006년 봄, 뉴욕의 매디슨 스퀘어 가든에서 가진 공연은 이 공연장의 역사를 바꾸어놓았다. 수용인원이 2만 명이나 되는데도 2월 2일부터 4월 24일까지 12차례의 공연이 전석 매진되었고, 이는 150년 전통을 자랑하는 이 공연장의 기록을 새로 쓴 것이었다. 물론 그 배경에는 미국의 베이비부머들이 있었다.

한국판 베이비부머들도 이미 반란을 시작하고 있다. 한 인터넷 CD몰에 따르면 20대가 여전히 최고의 CD 구매층이지만 30대와 40대의 수요가 꾸준히 늘고 있고, 이미 10대들의 점유율을 훨씬 넘어서고 있다. 콘서트 티켓 판매에서도 10대들은 5년 전에 비해 점유율이 대폭 축소된 반면 40대는 두 배 이상 늘었다. 중년가수들이 속속 컴백하고 있으며, 꾸준한 인기를 얻고 있는 가수들은 전회 매진 콘서트들을 이어가고 있다.

가수들의 공연만이 아니다. 대중문화 영역에서 7080 뉴올드 문화를 전파하는 TV 드라마, 코미디, 라디오 프로그램들이 속속 등장하고, 추억의 스타들이 중년의 외모를 다시 선보이고 있는 중이다. 영화계에서도 1,000만 관객을 돌파한 영화들의 대부분이 한국판 베이비부머들이 대거 가세한 덕분임을 공인하고 있다. 그런가 하면 추억의 DJ들이 고객이 신청한 음악을 LP판으로 틀어주는 음악카페도 조금씩 부활하고 있다.

한강변 올림픽도로에서 하남시 방면 끝자락에 위치한 강변마을, 미사리는 어떤가? 1998년에 처음 라이브 카페 2개가 생겼다는 이곳은 추억의 노래를 사랑하는 몇몇 30, 40대를 위한 공간이었다. 카페는 몇 년이 지나면서 50개가 넘어섰다. 하지만 여전히 '낡은', '구린' 감각의 노래를 즐기는 골방문화처럼 느껴지기도 했다. 그러나 언젠가부터 20대들까지도 이곳을 드나들면서 미사리는 전국적 관광지화가 되고 있다. 출연진이나 카페의 분위기도 20대, 30대, 40~50대 중 누구를 타깃으로 하느냐에 따라 달라질 정도로 비즈니스화가 진행되었다. 그래서 비즈니스 경쟁에 밀려 이곳을 떠난 일부 7080 가수들은 서울 및 근교의 대도시 카페에 자리잡았는데, 열성 팬들은 무조건 미사리로 오기보다 그들이 출연하는 각 도시의 카페로 직접 찾아가기도 한다. 대표주자인 미사리로 오든, 아니면 좋아하는 가수를 찾아 다른 도시의 카페로 가든, 그들이 거기로 가는 까닭은 그곳에 가야만 7080 세대의 진짜 노래를 직접 감상할 수 있기 때문이다.

뉴올드 문화의 특징 중 하나는 '진짜'에 대한 진한 향수다. 복제와 판타지가 기본인 디지털 문화에 비해 사람 냄새와 인간적 커뮤니케이션이 느껴지는 이러한 문화가 단순한 복고나 향수를 넘어 생활양식으로서의 문화로 부활하고 있는 것이다.

1970년대와 80년대의 감성을 기초로 하는 뉴올드 문화는 우선 부를 갖춘 소비층이 분명히 존재한다는 점, 그리고 한국사회의 문화적 다양성이 확대되고 있는 흐름과 맥을 같이한다는 점, 또 디지털 문화의 대안, 혹은 틈새를 찾는 감성적 욕구와 조우했다는 점에서 앞으로도 급격하지는 않지만 꾸준히 성장할 가능성이 충분하다. 따라서 앞으로는 '너무 오래되어서 새로운' 아날로그적 감성을 살린 다양한 뉴올드 상품과 서비스가 우리 문화의 한 축으로 꾸준히 자리잡을 것으로 예상된다.

4 》》 시니어 노마드(Senior Nomad)

저출산고령사회위원회의 추산에 따르면 2020년경이면 한국 고령친화산업의 시장규모는 148조 5,969억 원으로 전체산업에서 약 10%를 차지할 것이라고 한다. 이 수치는 2002년의 12조 8,334억 원과 비교하면 무려 1,230%나 뛴 것이다. 그런데 2020년이라면 한국판 베이비부머들이 45~65세로 아직 노인의 초입에 머무는 때다. 따라서 어쩌면 진짜 고령친화산업은 이때부터일 것이다.

그런데 이렇게 커다란 시장을 '노인용 시장'으로 보는 것은 곤란하다. 비록 백발을 휘날리더라도 활력만큼은 젊은이 못지않은 그들이 '노인용' 딱지를 받아들일 리 없다. 이미 청춘의 욕망을 품고 실천하며 늙어가고 있는 베이비부머들은 더 뚜렷한 의지를 갖게 될 것이다. 그들이 60세가 되었다고 해서 '노인용' 상품을 즐겁게 구매할 리는 없는 것이다. 「동아일보」가 조사한 자료에 따르면 현재의 노인들도 절반 가까이가 '나이가 들었어도 노인용이라고 알려진 제품은 구매하고 싶지 않다'고 응답했다. 사회의 주력에서 벗어나고 싶지 않은 소속감의 욕구가 이들을 청춘시장으로 이끌고 있다.

이처럼 노인용 상품과 서비스를 거부하는 이들을 '시니어 노마드'라고 부를 수 있을 것이다. 나이 든다는 것은 결코 욕망의 거세가 아니다. 젊은 세대에게 모든 것을 물려주고 뒷방에 조용히 물러앉아야 하는 것도 아니다. 생의 욕망과 즐거움도 나이 순이 아니다. 이런 생각을 가지고 21세기 디지털 시대를 살아가야 할 그들은 시니어세대이지만 또한 노마드적 특징을 갖추고 있는 시니어 노마드인 것이다.

시니어 노마드들은 다른 세대에 비해 모순적인 두 가지 특징을 가지고 있다. 첫째는 이동성의 문제에 까다롭다는 점이고, 둘째는 그럼에도 불구하고 활동성을 추구한다는 점이다.

우선 이동성의 문제를 살펴보자. 아무리 마음이 젊고, 육체적으로 활력을 유지하고자 노력한다고 해도 나이가 들면 이동이 불편해지는 것은 어쩔 수가 없다. 따라서 그들의 이동성을 직접적으로 지원하든지, 이동의 불편을 고려한 서비스가 불가피하다. 시니어 노마드들 역시 이 점에 대해서는 매우 까다롭고 민감하기까지 하다.

일본의 경우를 보면 택배서비스가 노인들을 상대로 성장하고 있다. 물론 이때의 택배는 단순히 물건의 전달을 의미하는 것이 아니라 생활을 지원하는 택배다. 예를 들면 한 패밀리 레스토랑 체인은 노인들을 겨냥해 고급 메뉴들을 택배서비스로 제공한다. 이 음식배달 서비스로 이 체인은 한 해 2,000억 원에 가까운 매출을 올린다고 한다. 최고급 호텔 음식을 직접 배달하는 경우도 생겼다. 부유한 노인들의 이동성을 고려한 서비스다. 한편 거리상 대형백화점이나 할인점을 찾기가 불편한 이들을 위하여 동네의 가까운 편의점을 노인들이 이용하기 편리하게 리모델링한 로손 등도 큰 성공을 거두고 있다. 또 오래 신어도 피로가 쉽게 오지 않는 컴포트 슈즈처럼 노인들의 활동성을 지원하는 제품들도 계속 인기를 끌 것이다. 이런 제품들은 노인세대의 경제적 여유를 바탕으로 고가임에도 잘 팔릴 수 있는 여지가 충분하다.

대여시장의 성장도 그 연속선상에서 예측할 수 있다. 일일이 물건을 고르고 까다로운 조건을 탐색하기보다는 좋은 물건을 안정적으로 관리해 주는 시스템을 통해 빌려 쓰는 생활이 점차 확산될 것이다.

일본의 경우에는 2000년 4월부터 개호(介護, Care)보험제도가 실시되면서 대여용품 시장이 급속히 확대되었다. 개호보험이란 수발이 필요한 65세 노인을 위해 본인 부담 10%, 보험대상자가 낸 보험료 45%, 정부 지원 45%의 재원으로 비용을 지원하는 사회보험이다. 이 제도가 실시되면서 전동침대나 휠체어 같은 다양한 복지용구들의 대여가 폭발적으로 늘어 큰 시장을 형성하게 되었다. 한국의 경우에도 2007년 7월부터 노인요양보험제도가 실시된다고 하니, 앞으로 대여시장의 성장에 기폭제가 되리라는 점을 예측할 수 있다.

둘째는 활동성이다. 이동성과는 사뭇 모순적인 듯하지만, 욕망을 감추지 않고 드러내면서 활동성이 대폭 증가한다. 칙칙한 디자인을 버리고 세련된 감각의 디자인을 선호하는가 하면, '노인용' 딱지를 뗀 젊은 감각의 생활용품들을 찾는 시니어 노마드를 위한 스포츠, 레저, 여가활동이 증가할 것이다. 그 중심에는 바로 청춘에 대한 욕망이 자리잡고 있는 것이다.

시니어 노마드의 활동성은 어떤 산업에서 나타날 것인가?

예를 들면 여행산업도 변화가 예상된다. 죽기 전에 보고 와야겠다는 '효도관광'이나 '패키지관광'의 시대는 가고, 즐거움을 만끽하고 편안한 휴양을 목적으로 하는 여행이 점차 늘어날 것이다. 아직 시작 단계에 불과하지만 경제적 여유를 바탕으로 하는 크루즈여행 상품이나 한 달 이상의 장기여행에 대한 수요도 늘어날 것이 틀림없다.

또 안전과 활동성을 동시에 추구하는 스포츠 레저 시장도 새로운 소비자들을 맞이할 준비를 해야 한다. 골프나 게이트볼, 배드민턴과 같은 기존의 스포츠 영역을 넘어설 뿐만 아니라 스킨스쿠버, 패러글라이딩, 인라인스케이트, 래프팅과 같은 이른바 익스트림 스포츠에도 중장년을 비롯한 노인층의 참가가 확산될 것이다. 또 여성전용 피트니스 클럽과 같이 시니어를 위한 스포츠 센터에 대한 수요도 늘어난다. 기업들의 노인인력 활용이 증가함에 따라 기업에서 지원하는 스포츠 레저 강좌 등도 늘어날 것이다. 이밖에도 공연, 전시회, 리조트, 게임, 오락 등 다양한 레저문화산업에 노인층의 참가가 두드러지면서 새로운 소비층으로 등장하는 것은 필연적인 변화일 수밖에 없다.

시니어 노마드는 내 안에 품고 있는 욕망의 실현을 위해 내가 가진 부를 활용하고, 내 몸을 부지런히 놀려 지속 가능한 젊음을 라이프스타일 전반에서 실현하려고 한다. 지금의 40~50대가 노인이 되는 10년, 20

년 후에는 이러한 인식이 색다를 것도 없는 일상의 욕망이 되는 시니어 노마드의 시대가 될 것이다.

5 》》 두 번째 교육(Second Education)

중앙대 김연명 교수는 '일하는 노인이 해법이다'라는 글에서 영국의 B&Q라는 가정용품회사를 사례로 들고 있다. 그에 따르면 이 회사는 전체 직원 3만 5,000명 중 18%가 50세 이상의 인력으로 채워져 있다고 한다. 특히 1989년에는 전원이 50세 이상으로 구성된 점포를 열었는데, 6개월 후 생산성을 측정한 결과 수익률은 18%가 늘고 이직률은 6분의 1로 줄었으며, 결근율은 39%가 낮아지고 파손이나 절도로 인한 상품 손실량은 59%가 줄었다는 것이다. 이 같은 결과는 힘없고, 능력 없는 노인이라는 고정관념이 얼마나 잘못되었는가를 여실히 보여주는 것이다.

한국에서도 평균 은퇴연령이 올라가는 변화의 조짐들이 나타나고 있는데, 공식적인 은퇴연령이 되더라도 그 이후를 인생의 황혼기나 나머지 인생으로 인식하기보다는 그동안 축적된 경험과 지식, 기술 등을 바탕으로 제2, 제3의 직업을 가지려는 노인들이 늘어날 것이다. 사실 노인들 스스로의 욕구가 아니더라도 전체인구에서 차지하는 노인 비율의 증가는 국가적 차원에서 관리대상일 수밖에 없다. 일하는 일부 세대가 나머지 전체를 먹여살리는 구조는 현실적으로 어렵기 때문이다. 따라서 고령세대가 이미 획득한 자산에 의지하지 않고 노동을 통해 지속적인 수입을 유지하는 구조로 가는 것이 국가적으로도 이익이 된다.

그런데 이 문제는 단순히 노인 노동력의 문제로서만이 아니라 '연속적 직업'이라는 관점에서 바라볼 필요가 있다. 직업을 갖는다는 것은 단순히 돈을 버는 행위가 아니라 사회의 주역으로서 당당한 소속감을 갖는 것이다. 그런데 나이가 들었다는 이유로 은퇴하는 것은 스스로 주역에서 물러난다는 의미다. 다이내믹 코리아의 새로운 노인들은 결코 이를 반기지 않는다. 새로운 직업이 필요하다. 그들은 두 번째 직업을 원한다.

두 번째 직업은 두 번째 교육을 필요로 한다. 오늘날처럼 변화가 빠른 사회에서는 사회적 필요노동이 짧은 시간 동안 지속적으로 바뀐다. '파워포인트 활용에 능숙할 것'과 같은 기능적 조건들은 기술발전과 사회분화에 따라 지속적으로 생겨나고, 새로 생긴 일자리에 적합한 새로운 능력의 충원이 필요하다. 저출산 기조에서 이를 젊은 노동력에만 의존하는 것은 불가능하다. 따라서 기존 노동력의 재교육이 필수적일 수밖에 없고, 이에 따라 사회적 필요 노동력을 키우는 두 번째 인생의 두 번째 교육시장이 열린다.

제롬 들렌 유엔미래포럼 회장도 앞으로 노동시장의 변화를 다음과 같이 예측하고 있다.

> 평생직종, 평생직장이 없어 끊임없이 일거리를 찾아 헤매기 때문에 인력공급업·경력매니저업 등이 각광을 받을 것이다. 그리고 자고 일어나면 신기술이 생겨나와 평생교육, 평생훈련을 받게 되는데, 대학졸업이 끝이 아니고 몇 년 일하다 1년 공부하고, 또 몇 년 일하다 몇 개월 훈련받는 교육 전성시대가 올 것이다.
>
> (제롬 들렌 유엔미래포럼 회장, 「문화일보」 기고문 '한국 청소년의 미래비전' (2005.11.9) 중에서)

OECD 국가들의 평생학습 참여율은 44%다(2004년 기준). 그에 비해 한국은 23.4%에 불과하다. 이것은 기존의 교육이 정규교육이나 진학을 위한 학습에 과다하게 치우쳐 있기 때문이다. 또 선진국들은 모(母) 대학보다 평생교육원이 더 큰 경우가 많다. 대학에서 제공하는 재교육 시스템이 다양하게 구비되어 있기 때문이다. 하지만 한국의 대학들이 운영하는 평생교육원은 이제 발아기를 조금 지난 단계다. 그러므로 고령화가 가장 빠른 속도로 진행되고, 노인실업 등 사회적 문제가 급속하게 대두되고 있는 현재의 상황으로 보건대, 한국에서 두 번째 교육 시장의 빠른 성장은 먼 일이 아닌 것이다.

미래 시나리오 분석가인 피터 슈워츠는 미래교육시장의 성장을 예측하면서 거대 교육기업의 출현을 예상했다. 왜냐하면 이렇게 다양한 교육 수요를 정부가 예산을 담보로 공급한다는 것은 불가능에 가깝기 때문이다. 따라서 공적인 영역에 속하는 교육이지만 이를 담당하는 공적 사기업이 교육시장에 등장할 수밖에 없다. 한국에서도 학습지로 성장한 중견기업인 대교가 방과 후 학교, 특목고 등의 학원사업에 진출해 서울 은평구 뉴타운에 자립형 사립고등학교의 건립을 준비하는 등, 기존의 교육사업을 다각화하려는 시도가 늘고 있다. 교육기업들의 이러한 다각화 시도는 조만간 두 번째 교육시장으로도 뻗칠 수밖에 없을 것이다. 그렇게 되면 정규교육 못지않게 사회적 필요가 커지고 있고, 게다가 평생에 걸쳐 반복되는 두 번째 교육시장에서 초거대 교육기업의 탄생도 점쳐볼 수 있지 않겠는가?

청춘시장을 상징하는 숫자들

0%

■ 2021년 인구 증가율(예상)

20%

■ 2026년 65세 이상 인구 비율(예상)

77.6세

■ 한국인의 평균수명(2006) 1960년 평균 수명이 52.6세였으니까 45년 만에 25세가 늘어난 셈이다. 80세 이상 고령인구로만 좁혀봐도 1960년 6만 명에서 2005년에는 67만 7,883명으로 11배나 늘었다.

67.8세

■ 한국인의 건강수명(2003, 세계보건기구) 오래 살면 뭐하나. 질병과 함께 살아야 하는 시간이 10년이라면……. 2006년 전국 65세 이상 노인 중 질병으로 인해 타인의 수발을 필요로 하는 인구가 12.1%에 달한다. 이에 정부는 2008년 7월부터 노인수발보험제도를 실시할 예정이며, 2005년부터 국민건강보험공단 전국 8개 지사가 시범사업을 운영중이다. 이 제도가 운영되면 수발관리요원 3,800명, 수발요원 5만 2,000명이 필요할 거라고 한다. 고령화 사회가 그려낼 직업의 지도, 산업의 지도는 과연 어떻게 변할까?

18.1%

■노인 1인 가구 비율(2005) 2005년 65세 이상 인구의 33.0%는 1세대 가구에 거주하고 있으며, 2세대 가구 거주비율은 24.9%, 3세대 이상 가구 거주비율은 23.4%였다. 2000년에 비해 1세대 및 2세대 가구는 각각 4.3%, 1.0% 증가한 반면, 3세대 이상 가구는 크게 감소(-7.4%)한 것이다. 그런데 1세대 가구가 33%이고 1인 가구가 18.1%면 부부끼리만 사는 통크족이 14.9%라는 얘기다. 그중에서도 경제적 여유가 있는 통크족은 청춘시장을 떠받치는 주요고객이 될 것이다.

22.0%

■60세 이상 인구 중 컴퓨터 이용 비율(2005.12) 2004년 12월 15.3%에 비해 6.7% 증가한 수치다. 성별로는 남자 34.8%, 여자 13.0%로 남자가 21.8% 많다.

20.6%

■60세 이상 인구 중 인터넷 이용 경험자 비율(2006.6) 2005년 12월 15.7%에 비해 4.9% 증가한 수치다. 성별로는 남자 31.9%, 여자 12.5%로 남자가 19.4% 높았고, 이 비율은 2005년 12월에 비해 남녀 모두 증가했다.

80여 개

■서울 소재 콜라텍 수(2005, 소방방재청) 청소년들의 건전한 놀이공간을 표방하며 시작되었던 콜라텍이 어느덧 노인들의 해방구가 되었다. 시간은 많은데 돈이 없는 노인들은 낮에는 2,000원, 6시 이후에는 1,000원이면 즐길 수 있는 이곳을 찾아서 운동 삼아 춤을 추고, 음악을 즐기고, 또래 친구와 이성친구들을 사귄다. 비단 노인층만이 아니더라도 스트레스를 풀고 취미생활도 즐길

수 있는 공간, 더불어 나이에 대한 사회적 시선으로부터도 자유로울 수 있는 공간에 대한 잠재수요는 무한할 것이다.

1,035만 7,000명 ■2026년 예상 65세 이상 고령인구 수 정부 고령자 통계에 따르면 2006년 고령인구 수는 459만 7,000명으로 전체인구의 9.5%다. 그러나 2026년이면 그 비율은 20.8%로 증가할 전망이다. 늘어가는 대한민국. 그러나 이들의 욕망은 청춘을 향하고 있다.

따뜻한 네트워크

:

커넥팅

Connecting

"세상에 낯선 사람은 없다. 아직 알지 못한 친구가 있을 뿐이다."

- 이철환, 『연탄길』 중에서

1. 쿨 네트워크의 시대

앗, 쿨!

한국만큼 농업문명에서 산업문명, 그리고 지식정보문명으로의 변환이 빠른 나라도 드물다. 앨빈 토플러는 그래서 제1, 2, 3의 물결을 한 세대 안에 이뤄낸 유일한 나라라고 한국을 격찬하기도 했다. 한국의 역동성은 이 말에 고스란히 담겨 있다. 그런데 이 과정에서 사회의 구조를 만드는 기초적 요소인 네트워크에 큰 변화가 생겼다. 아날로그 네트워크가 디지털 네트워크로 바뀌고 있는 것이다.

디지털 네트워크는 본질적으로 쿨(Cool)하다. 얼굴을 마주하지 않는 비대면 커뮤니케이션이 대부분이라서 불필요한 접촉을 할 필요가 없기 때문이다. 또 다양한 네트워크에 임의적으로 접속하거나 해제할 수 있으므로 관계에 대한 의무감을 고려할 여지도 줄어들었다. 그래서 디지털 네트워크는 사랑하던 사이라도 각자의 자유를 존중해 감정과잉을 절제하고, 의무와 권리로 서로를 얽매지 않는 남녀관계에서의 쿨과 본질적으로 유사하다.

디지털 네트워크는 이제 우리 삶에서 지배적인 네트워크 방식이 되고 있다. 이에 따라 쿨한 관계가 삶을 잠식해 들어산다.

디지털 네트워크 시대의 친구들을 보라. 자주 인터넷 메신저로 대화하는 사이라도 실제로 만난 지는 꽤 되는 경우들이 종종 생긴다. 피차 바쁘다는 것을 알고 있기 때문이기도 하지만, 메신저가 직접적인 만남을 방해(?)하는 셈이다. 메신저는 음성전화와 달리 목소리도 들을 필요가 없다. 휴대폰 문자메시지는 한 걸음 더 나아가 문자를 받았다고 해서 바로 연락할 필요조차 없다. 다양한 핑계가 가능하기 때문이다. 그러니 사진 한 장 찍기 위해 장거리 여행도 마다 않던 결혼식 참석문화가 바뀌고 있는 것은 너무나 당연하다. 인터넷 뱅킹으로 축의금을 보내면 그만이다. 그래서 아예 청첩장에 계좌번호가 찍혀 있는 경우도 있다.

생활 자체도 비대면으로 바뀌고 있다. 인터넷이나 모바일 뱅킹이 일상화되면서 은행의 창구직원과 인사할 일이 점점 줄어들고 있다. 사이버 대학을 비롯한 온라인 학습 문화가 늘어나면서 스승과 제자 사이의 만남도 뜸해졌다. 원격진료가 새로운 황금시장으로 떠오른다고 하지만, 역시 관계라는 측면에서 보자면 의사선생님 볼 일이 줄어드는 것이다.

쿨 네트워크가 일상화되면서 생물체, 특히 신경 쓸 일이 많은 인간이라는 종족과의 대면이 낯설어진다. 컴퓨터와 사랑에 빠지고, 댓글놀이에서 즐거움을 찾는 외로운 사람들이 늘어난다.

섹스리스(Sexless) 부부가 늘어나고 있는 것도 (디지털 네트워크의 영향 때문이라고 보기는 어렵지만) 현대인의 '관계'에 대한 인식을 보여주는 좋은 증거가 된다. 일본의 경우 약 28%가 섹스리스 부부(한 달에 1회 미만의 섹스를 하는 경우)라고 하는데, 그 이유를 물어보았더니 남자는 귀찮아서(20%), 일 때문에 피곤해서(16%)라고 답했고, 여자는 귀찮아서(18%), 달리 즐거운 일이 있어서(16%)라고 답했다. 귀찮은 일은 하지 않는 관계, 그리고 상대가 귀찮아하면 그 의사를 존중해 주는 것이 쿨한 관계 아니겠는가!

이렇게 쿨한 관계로 이루어진 네트워크를 '쿨 네트워크'라고 부를 수 있다. 디지털 네트워크가 지배하고 있는 현대사회는 실용적인 이해와 절제된 감정을 나누는 쿨 네트워크 사회인 것이다. 하지만 그걸로 충분한가? 인간은 그렇게 살 수 있는 존재인가?

커넥팅 피플(Connecting People)

다음과 네이버, 그리고 싸이월드 등에 포진하고 있는 카페, 동호회의 숫자를 합치면 1,000만이 훌쩍 넘는다. 그중의 어떤 동호회는 100만이 넘는 회원을 자랑한다. 산술적으로 동호회원 숫자를 모두 더하면 지구 인구와 맞먹을 것이다.

왜인가? 쿨 네트워크가 몸에 맞는다면 왜 동호회에는 활동도 제대로 안 하면서 이토록 열심히 가입하는 것일까? 그것은 인간이 소통을 하지 않으면 살 수 없는 존재이기 때문이다. 소통은 호모 데시데로인 인간이 결핍을 해소하고, 성장욕구를 충족시키기 위한 가장 기본적인 수단이다. 소통하지 않으면 사회도 존재하지 않는다. 게다가 한국인들은 재빨리 지식정보문명으로 진입했지만 오랜 농업문명의 유산인 '정(情) 네트워크'에 익숙해 있고, 이 특징은 한국인의 정신적 원형에 가깝다. 따라서 디지털 네트워크의 쿨한 속성에 대항하는 것은 당연한 일이다.

디지털 네트워크의 잠재력은 무한하지만, 소통이 결여되어 있다 보니 사람들은 여전히 연결에 목말라한다. 디지털 네트워크에 기빈한 쿨 네트워크는 서로를 존중하기도 하지만 신뢰가 결핍되기 쉬워서 소속감이나 정체성이 공유되기 어렵다. 그런데 인간은 신뢰 없이는 지속적인 관계를 맺지 않는다. 여기서 디지털 네트워크에 인간의 향기를 접목한 따뜻한 네트워크와의 연결, 바로 ‘커넥팅’ 의 욕망이 발아된다.

2006년 상반기에만 1억 5,000만 대를 팔아 세계시장 점유율 35%를 기록한 노키아의 캐치프레이즈는 ‘커넥팅 피플’, 즉 사람과 사람을 잇기다. 노키아 본사는 건물 전체가 유리로 덮여 있어 누구나 들여다볼 수 있다. 개인과 사회, 노키아와 고객 사이가 유리처럼 투명하다는 상징이다. 노키아는 첨단기능을 중심으로 시장을 공략하는 경쟁업체들과 달리 디자인과 편리성으로 휴먼 테크놀로지, 즉 인간적인 면을 부각시켰는데 그 핵심 컨셉이 바로 ‘연결’ 이었다. 사람과 사람을 잇는다는 노키아의 브랜드 이미지는 쿨 네트워크 시대의 이면에 있는 따뜻한 네트워크에 대한 연결 욕망을 자극한다.

연결이 순조롭기만 하다면 디지털 네트워크의 잠재력은 무한하다. 그러나 정보통신기기들은 어디까지나 도구일 뿐, 연결의 주체는 사람이다. 기술은 저만치 앞서가고 있지만 사람은 아니다. 여기서 다양한 트래픽(Traffic, 통신장치나 시스템에 걸리는 부하)이 생긴다. 기술적 트래픽이라면 단순한 업그레이드로도 해소가 가능하지만, 인간적 트래픽은 사회적 합의와 윤리의 문제들을 야기한다. 쿨 네트워크의 장점을 덮을 정도로 불신과 의심이 사회적 이슈로 떠오른다.

자신의 생각을 여러 사람에게 알리는 것은 디지털 네트워크의 시대에는 너무나 쉬운 일이다. 디지털 네트워크의 장점이기도 하다. 하지만 포털사이트의 기사에 달리는 수천 건의 악플들을 보라. 소수의 악플러(악성 댓글을 습관적으로 다는 사람)가 네트워크 문화 전체를 오염시킨다. 이들 때문에 다른 수많은 댓글들도 진정성을 의심받는다. 아니, 의심과 불신이 일상이 될 정도로 심각한 실정이다.

댓글놀이는 또 어떤가? 내가 쓴 댓글에 일면식도 없는 사람들이 몇 초 간격으로 반응을 해줄 때, 사람들은 짜릿한 쾌감을 느낀다. 의미는 중요하지 않다. 순식간에 수백 명이 댓글놀이를 통해 하나의 커뮤니티를 형성하고 즐기지만 아무도 서로가 누군지 모르며, 어디서 어떻게 이 놀이에 참여했는지 관심조차 없다. 댓글놀이에서의 댓글은 게시물에 대한 피드백이 아니라 배설물이다. 관계의 기본인 신뢰가 발붙일 자리 따윈 없다.

디지털 네트워크와 호모 데시데로의 커넥팅 욕망은 충돌한다. 사람들은 연결을 원하고, 따뜻한 네트워크를 필요로 한다. 콘센트에 코드를 연결하듯 임의적인 접속과 해제가 자유로운 시대지만, 그 안에서 안정적이고 지속적인 관계를 유지할 수 있는 따뜻한 연결을 바란다.

2. 따뜻한 네트워크, 신뢰할 수 있는 소속감의 욕망

소속감과 애정의 욕구

오늘날의 기업들은 고객과 소비자에 대한 연구에 많은 돈을 쏟아붓는다. 고객관계경영(CRM)이라는 경영기법은 고객에 대한 이해와 고객에 대한 대응을 체계적으로 하기 위한 솔루션 구축 비용에 적게는 수천만 원, 많게는 수십억 원이 든다. 하지만 이를 도입해서 고객들과 좋은 관계를 유지한다 해도 그 효과가 얼마나 지속될지는 장담할 수 없다. 디지털 환경에서 선택가능성이 높아진 쿨한 소비자들은 언제든 네트워크를 떠날 수 있기 때문이다.

하지만 디지털 네트워크 사회의 소비자가 갖고 있는 지배적 욕망을 이해한다면 좀더 안정적이고 진전된 관계를 적은 비용으로 구축할 수 있을 것이다. 그것은 바로 따뜻한 네트워크와의 연결 욕망이다. 이 욕망의 뿌리는 청춘과 마찬가지로 소속감과 애정의 욕구에 밀착해 있다.

매슬로는 소속감과 애정의 욕구를 안정의 욕구 다음 순위에 두었다. 우정, 교제, 사랑 같은 감정들이 이 욕구에 포함되어 있다. 사람들은 타인이나 사회와의 관계에서 이런 감정들이 결핍되면 불만과 두려움을 느끼고, 심리적 안정을 유지할 수 없다. 타인에 대한 기대가 커지고, 의존성도 심화된다. 심하면 질병에 이르기 때문에 치료가 필요할 수도 있다.

예컨대 우울증은 외로움, 고립감에서 오는 병이다. 그런데 한국에서 우울증 환자들은 날로 증가하는 추세다. 2002년에 우울증으로 치료를 받은 환자가 281만여 명인데, 2005년에는 362만 명으로 150%나 증가했다(국민건강보험공단 통계). 흥미로운 것은 우울증 치료에는 가족이나 친구의 보살핌보다 환자 자신의 심리적 소속감이 중요하다는 것이다. 가족과 친구가 환대하는 자리에서 즐거워 보이는 듯해도 그것은 위장일 뿐이다. 스스로 사회의 일원으로 받아들여지고 있다는 소속감을 가질 때 우울증에서 벗어날 수 있다는 것이다.

진정성이 결여된 디지털 네트워크 사회는 소속감과 애정의 결핍에 영향을 끼친다. 이혼율 증가, 평균 결혼연령의 고령화, 기러기 아빠의 증가로 인한 싱글 가구 수의 증가도 이 욕구의 해소를 어렵게 하고 있다. 2005년 싱글 가구 수는 300만에 가까운데, 이 숫자는 2000년에 비해 42.5%나 증가한 것이다.

인간적인 소통을 전제로 하는 커넥팅에 대한 욕망은 점점 쿨해지고 있는 새로운 네트워크에 저항한다. 사회의 디지털화가 진행되면 될수록 역으로 이 새로운 욕망은 더 커진다. 따라서 디지털 네트워크는 욕망의 주체들에게 새로운 길을 열어주지 않을 수 없다.

신뢰와 따뜻한 네트워크

커넥팅의 욕망이 충족되기 위해서 필요한 가장 기본적인 요소는 뭘까? 그것은 연결대상과의 관계에서 찾을 수 있다. 소통의 주체들끼리 소통을 할 수 있게 만드는 요소. 그것은 바로 신뢰다.

그래서 이제 시장에 나온 커넥팅의 욕망은 '신뢰'를 상품의 가치에 포함시키기 시작했다. 소비자들은 관계에 대한 최소한의 예의인 '신뢰'를 요구하기 시작했다. 소비자는 가격표, 품질, 브랜드, 매장 인테리어, 의례적인 친절을 넘어서는 가치를 추구한다. 이제 소비자와 기업은 단순히 물건을 사고파는 관계로 끝날 수 없다.

신뢰란 어떻게 사고 팔 수 있는 것일까?

예를 들어 대우자동차는 약속 하나를 지킴으로써 소비자와의 신뢰관계를 만들었고, 이것을 브랜드 가치의 제고 및 판매증진이라는 결과로 연결할 수 있었다. 대우자동차가 GM에 팔린 것은 2002년 10월. 이전부터 진행된 구조조정 과정에서 대우자동차 직원 1,700여 명이 해고되었다. 하루아침에 일자리를 잃은 이들은 새로운 일자리를 찾아나설 수밖에 없었다. 해고 과정에서 회사는 복직을 약속했지만 그 약속이 지켜질 것으로 믿는 이들은 거의 없었다. 하지만 실적 호전과 착실한 성장으로 회생에 성공한 GM대우는 정리해고된 직원 1,700여 명을 전원 복직시킴으로써 약속을 지켰다. 해고자 전원이 복직했다는 소식은 따뜻한 뉴스가 되었고, GM대우는 따뜻한 기업이 되었다. 소비자들이 신뢰를 보내기 시작한 것은 당연한 일이다. 매출도 덩달아 늘어갔다.

웅진그룹은 자사의 공장 두 곳이 위치한 충남 공주시 유구읍의 지방 하천인 유구천 살리기에 나섰다. 이 하천은 주변의 농가나 축산업 종사자들 때문에 생활하수에다 농약과 가축분뇨까지 쏟아져 들어와 심하게 오염되고 있었다. 회사는 우선 주변의 농가들에게 농약을 쓰지 않는 유기농법을 쓰도록 권유했다. 대신 유기농으로 생산된 쌀 전량을 수매하기로 약속했다. 또 환경정화를 위해 창포 등의 정화식물을 하천에 대량으로 심었다.

유구천이 깨끗해지는 동안 웅진그룹의 이미지도 깨끗해질 것이다. 물론 전시성 사업이라면 소비자는 금세 등을 돌릴 것이다. 신뢰는 하루 아침에 생기는 것이 아니기 때문이다. 신뢰는 상품이나 서비스의 직접적 효용보다는 관계에 의해서 생긴다. 따뜻함이 오가는 네트워크가 형성되어야 신뢰가 자랄 토양이 만들어진다. 소비자는 따뜻한 네트워크에서 신뢰를 키우고, 신뢰를 바탕으로 상품과 서비스에 대한 믿음을 키운다.

마음속의 연결장치

트렌드 전문가 호르크스는 디지털 네트워크가 진정한 커뮤니케이션의 기능을 갖고 있는지 의문을 표시하면서 잡지에 실린 흥미로운 사례를 소개한 적이 있다.

　　영국 이슬링턴의 한 동네가 네트워크 기술을 실험하는 무대가 된 모양이다. 동네에 인터넷 케이블을 설치함으로써 컴퓨터로 커뮤니케이션을 할 수 있게 된 것이다. 그러자 동네 사람들은 좀더 간편하게 파티와 바비큐 모임, 그리고 육아 모임에 이웃을 초대할 수 있겠다며 기뻐했다. 그런데 이 내용을 전해들은 잡지의 한 애독자가 이렇게 물었단다.

　　"원, 참! 그냥 찾아가서 문을 두드리면 안 돼?"

　　왜 안 되겠는가! 때로 새로운 기술은 우리의 눈과 귀와 상식을 깨뜨린다. 만병통치약에 종종 속고야 마는 것처럼, 우리는 네트워크가 모든 접속을 용이하게 만들어줄 것으로 기대한다. 하지만 이 마을 사람들은 걸어서 몇 분이면 닿을 거리에 살고 있고, 그들이 서로 친한 관계를 맺고 있다면 마음의 거리도 멀지 않다. 이미 충분히 연결되어 있기 때문에 디지털 네트워크는 오히려 접속의 방해자가 될 수 있다.

　　디지털 네트워크는 언제라도 기계적 접속이 가능하다. 문제는 연결장치다. 기계적 연결장치가 아니라 마음속에 있는 연결장치 말이다. 지구 반대편에 있는 100개의 인터넷 커뮤니티에 가입했다고 해도 어느 곳이나 마음만 먹으면 접속이 가능하다. 이것은 시간과 거리의 한계를 넘어선 디지털 네트워크 시대의 장점이다. 하지만 실제로 우리가 부지런히 접속하는 곳은 대여섯 개를 넘지 않는다. 그곳은 마음속의 연결장치가 접속되어 있는 커뮤니티다.

　　따뜻한 네트워크의 욕망이 만들어내는 두 번째 소비자 니즈는 바로 '마음속의 연결장치'에 대한 것이다. 마음속의 연결장치가 항상 '온(ON)'의 상태로 반짝이는 곳에 네트워크가 형성될 때 커넥팅의 욕망이 충족된다. 이 마음속의 연결장치는 사고의 습관, 라이프스타일, 가치관,

3장　**따뜻한 네트워크 : 커넥팅(Connecting)**

흥미와 관심사 같은 것으로 만들어진다.

예를 들어, 실제 공간의 거리는 심리적 거리에 영향을 미친다. 걸어서 5분 거리는 우리 마음속에 '가깝다'는 신호등을 켜놓는다. 디지털 네트워크가 제아무리 발달해도 기계적 장애는 언제고 일어날 수 있으므로, '먼 거리'는 여전히 '멀다'는 이미지를 갖는다. 그래서 실제 거리가 가까운 곳은 마음속에서도 가깝다. 따라서 동네의 편의점, 문방구, 구멍가게는 디지털 네트워크의 무한한 연결성 속에서도 완전히 소외되지는 않을 것이다. 물론 이 소매점들 스스로 유비쿼터스 연결의 한 접속점으로 다시 태어나야 하지만 말이다.

또 다른 예를 보자. 사람은 비록 불만이 있는 상대라도 증오하지만 않는다면 직접 얼굴을 마주하고 나면 마음속에서 한결 친근한 사람으로 분류한다. 예를 들어 아무리 멋진 C.I라도 그 자체로는 디자인일 뿐이지만, 그 회사의 CEO와 이야기를 나눈 사이라면 친근한 느낌을 가진 C.I로 바뀐다. 직접 이야기를 나누지 않았더라도 그렇다. 먼발치에서 유명배우가 지나가는 모습을 우연히 본 것만으로도 한결 가까운 느낌을 갖는 것이 인간이다. 그러므로 기업의 경영진과 소비자의 직접적 대면은 소비자의 마음속에 있는 연결장치에 영향을 주고, 기업과의 유대감을 한결 높일 수 있다.

'마음속의 연결장치'는 기계적 접속으로만 좁혀진 네트워크에 대한 생각의 폭을 넓혀야 한다는 의미다. 새로운 테크놀로지가 왜 자주 소비자의 외면을 받는지에 대해서도 새롭게 사고해야 한다. 인간의 몸에 직접 접속장치를 심어놓는 신기술이라 할지라도 마음속의 연결장치와는 여전히 거리가 멀다. 마음이 거부하면 몸도 거부하기 때문이다.

마음속의 연결장치를 활용하기 위해서는 인간에 대해 이해하고 진정성을 담아 연구해야 한다. 기업들은 인간학의 전문가가 되어야 한다. 커넥팅은 컴퓨터나 가전제품에 코드를 꽂는 것이 아니라, 바로 인간의 마음속에 있는 연결장치에 접속하는 것이기 때문이다.

3. 성장시장 & 트렌드

1》》 커뮤니티 마켓(Community Market)

온라인 마켓의 성장이 눈부시다. 전자상거래의 규모는 이미 10조 원대를 넘어섰다. 최근에는 온라인 종합쇼핑몰의 독주를 오픈마켓이 넘어서고 있다. 오픈마켓이란 사업자가 온라인에 공간만 제공하고, 실제 쇼핑은 다수의 판매자와 구매자 간의 직접 거래로 이루어지는 방식을 말한다. 그 결과 2005년에 333개였던 온라인 종합쇼핑몰은 2006년 상반기에 14.6%나 줄어든 269개가 되었고, 대표적인 온라인 쇼핑몰인 인터파크의 경우 종합쇼핑몰과 오픈마켓의 매출비중이 2005년 1/4분기 84:16에서 2006년 1/4분기에 40:60으로 역전되었다. 2005년 한국의 오픈마켓 규모는 약 4조 원, 전자상거래의 40%에 달하며 전체 유통시장에서는 5%에 육박하는 규모다. 한국온라인슈핑협회는 2008년 무렵이면 8조 원 규모로 성장할 것으로 예측한다.

그런데 '신뢰'라는 소비자 니즈의 관점에서 보면 어떨까? 지금 이대로 계속 온라인 마켓의 성장이 가능할까? 오픈마켓만 해도 소규모 사업자를 비롯해 누구나 입점이 가능하기 때문에 짝퉁상품이나 견본품, 문제가 있는 상품도 버젓이 팔릴 가능성이 높다. 소비자와 생산자 사이의 신뢰가 무너질 가능성이 있는 것이다.

'신뢰'에 대한 요구는 상거래 질서를 새로이 만들게 할 것이다. 디지털 네트워크가 비대면성이 아닌 다른 장점을 개발하도록 요구하게 될 것이다. 그것은 바로 '대화'다. 생산자와 소비자, 소비자와 소비자 간의 대화와 이를 통한 커뮤니케이션이다. 진정성이 포함된 커뮤니케이션이 가능할 때 소비자는 자신과 대상이 '커넥팅' 되었다는 안도감을 느낀다.

롯데백화점이 2006년 4월에 개장한 오피스닷컴이나 싸이월드가 막강한 커뮤니티를 기반으로 만든 싸이마켓은 이런 점에서 주목할 만한 시도다. 오피스닷컴은 롯데가 부산, 서울, 전주 등의 백화점에 지역 소비자들과의 온라인 커뮤니케이션을 위해 만든 커뮤니티 사이트다. 지역별 소비자의 특성을 살린 쇼핑정보와 온오프라인의 연계 이벤트를 제공한다. 싸이마켓은 일촌을 맺으면 물건 값을 깎아주는 가격할인 정책을 포함해서 쇼핑 노하우에 관해 회원들 사이의 대화를 유도하거나 상품후기를 공유할 수 있도록 커뮤니케이션 기능을 강화한 오픈마켓이다. 둘 다 커뮤니케이션 기능과 쇼핑을 적극적으로 결합하려는 시도다.

이 새로운 시장은 온라인 마켓이 커뮤니티의 장점과 결합한 '커뮤니티 마켓'이다. 소비자와 판매자, 소비자와 소비자 간의 다양한 대화채널을 통해 일방향이 아닌 쌍방향의 의사소통을 지원하고, 서로에 대한 신뢰를 쌓을 수 있도록 유도하는 것이다.

부분적으로 커뮤니티 마켓을 시도하는 업체들은 있지만, 아직 갈 길은 멀다. 멀티미디어, 이메일, 홈페이지나 블로그 등 다양한 디지털 저작 도구들을 통해 소비자를 더 가까이 불러모을 수 있어야 하고, 콘텐츠를 제공해야 한다. 커뮤니티 기능 하나의 추가는 별것 아니지만 소통을 통해 가치가 커지는 콘텐츠들을 쌓아 진정한 커뮤니티를 형성하는 데는 시간이 걸린다. 이 커뮤니티 안에서 생산자는 자신들의 진정성을 드러내고, 그것을 소비자에게 인정받아야 한다. 거기서 신뢰가 생기고, 충성도 높은 고객의 쇼핑이 시작된다.

커뮤니티 마켓을 개설하려는 생산자라면 인기 블로거들의 비결을 고려해 볼 만하다. 블로거 '쥔상'과 블로그 방분자들이 어떻게 신뢰를 쌓아가는지 벤치마킹할 필요가 있다. 인기 블로거들의 특징은 다음과 같다.

- **부지런하다** : 하루에 한 건 이상의 콘텐츠를 반드시 올린다.

- **성실하다** : 자신의 게시물에 관심을 갖고 댓글을 다는 사람들에 대한 고마움을 가지고 가능하면 많은 댓글을 단다.

- **순간의 인기에 연연하지 않는다** : 단기간에 급속한 인기상승을 원하는 블로거들을 네티즌은 수도 없이 보아왔다. 시간이 걸리더라도 꾸준해야 한다.

- **나눠 갖는 지식** : 전문가는 아니더라도 자기 분야에 대해서는 준전문가 수준의 지식을 쌓고 아낌없이 나눠준다.

- **솔직한 개성** : 양방향 커뮤니케이션의 특징은 개성 대 개성의 만남이라는 점이디. 띠리서 개인의 독특한 김성이나 **취향**이 묻어나는 콘텐츠가 인기가 높다.

2 ››› 링커(Linker)

디지털 혁명은 지구상에 존재하는 모든 네트워크에게도 혁명이었다. 예
컨대 네이버의 일일 접속자 수는 1,300만 명에 달한다. 과거에는 상상할
수도 없었던 거대한 집회다. 20%의 허브사이트가 80%의 정보를 독점
했기 때문에 생기는 현상이다. 또 시간과 거리를 실종시킨 웹 기술의 발
달에 힘입어, 전국 각지의 네티즌들은 사소한 관심사만 일치해도 하루에
도 수백 개의 커뮤니티를 생성한다. 전에 없던 네트워크의 폭증현상이
한국은 물론 지구촌을 지배하고 있다.

하지만 연결이 끊어지거나 매끄럽지 못한 지점들도 속출하고 있다.
과거와는 다른 연결이 필요한 지점들도 생긴다. 그래서 이 부실한 지점
들을 복구하거나 새롭게 연결고리를 만들고자 하는 욕구를 충족시킬 필
요가 생긴다. 이 역할을 담당하는 것이 바로 '링커(Linker)'다.

예전에는 기업이 인재를 필요로 하면 사람들이 찾아왔다. 하지만 필
요한 인재의 능력이 다양해지고, 숙련된 지적 노동자에 대한 수요가 늘
면서 연결을 위한 존재가 필요하게 되었다. 반대로 보면 자신의 능력을
제대로 알아보고 기업과 연결해 줄 고리를 필요로 하는 사람들이 늘어난
것이다. 여기서 헤드헌터들이 등장한다. 한국에서는 1997년 외환위기
이후 다국적 기업들이 원하는 고급인력을 헤드헌터들이 찾아주면서 본
격적으로 시장이 형성되기 시작했다. 외국계 회사들의 인재모집 방식이
기본적으로 헤드헌팅인 반면, 국내기업들은 아직 걸음마 단계라 시장규
모는 대략 1,500억 원에서 3,000억 원 정도인 것으로 알려지고 있다.

헤드헌터는 일종의 링커다. 헤드헌터는 인재가 필요한 기업과 기업

이 필요한 인재를 중개해 주는 새로운 연결고리다. 헤드헌터와 같은 링커들은 네트워크 사회로의 변화가 지속될수록 계속해서 출현한다. 그런데 새로 출현한 링커의 모습은 과거와 다르다.

미국의 경제주간지 『비즈니스 2.0』이 벤처캐피털리스트들에게 투자하고 싶은 아이템을 묻는 이색적 인터뷰를 실시했을 때, 한 투자가는 '소셜 마켓플레이스'라는 이색적 아이템에 1,000만 달러를 투자하겠다는 의사를 밝혔다. 온라인 공간에서 한 분야의 전문가가 다른 분야의 전문가를 찾을 수 있도록 시장을 형성하는 것이 소셜 마켓플레이스다. 예컨대 중국에 사는 영화감독이 미국시장을 공략하기 위해서는 미국시장을 잘 아는 배급전문가를 이 사이트를 통해 구매하는 것이다. 국내에는 '유서비스'라는 사이트가 개인의 지식, 경험, 재능을 온라인에서 거래하도록 하겠다며 사업을 시작했다. 새로운 링커다.

인체에는 뼈와 뼈 사이에 관절이란 존재가 있다. 관절이 없다면 몸을 구부리거나 방향을 바꾸는 행위를 할 수 없을 것이다. 링커의 역할은 인체의 관절과 유사하다. 서로 다른 부위들을 연결해 주고, 그리하여 사회가 원활하게 움직이도록 돕는다.

링커들의 출현 분야가 계속 새로워지고 있는 이유는 간단하다. 전에 없던 연결들이 지속적으로 출현하면서 기존의 경계들이 허물어지고, 과거의 연결고리들이 새롭게 거듭나야 할 필요가 생긴 것이다. 흔히 디지털 기술의 발달로 인해 인간과 인간, 인간과 사물, 집단과 개인 긴의 진통적인 거리와 시간이 소멸되고 경계는 허물어진다고 말한다. 하지만 엄밀히 말해서 경계가 사라지는 것은 아니다. 개인이나 가족, 기업, 지역사회, 국가와 같은 기존 집단들의 정체성이 새롭게 정의되는 것은 분명하

3장 **따뜻한 네트워크 : 커넥팅(Connecting)**

지만, 그들 사이의 접속은 유지되어야 한다. 따라서 새로운 연결이 필요해지고 주체들 사이에는 새로운 경계가 생긴다. 이 경계면에 새로운 연결고리가 생기는 것이다. 헤드헌터나 소셜 마켓플레이스는 그 경계들 사이에서 발생하고 있는 링커들인 셈이다.

경계면에 생기는 링커는 사람이나 직업, 시장 등 다양하다. 다음 사례는 창고도 링커의 하나임을 보여준다.

아카이브(Archive)는 특정 장르에 속하는 정보를 모아둔 정보창고라는 말로 쓰인다. 그런데 아카이브가 바로 또 다른 의미의 링커로 통한다. 일본은 대학마다 다양한 아카이브 사업을 벌여 전문 연구자들이 대량의 정보를 집적해 놓는데, 대학교수들은 이 사업만으로도 몇 십 년은 먹고 살 수 있다는 이야기가 나온다. 역사학, 사회학, 인류학, 철학 등 산업과는 동떨어진 것으로 인식되는 연구분야들이지만, 다양한 연구자료를 바탕으로 체계적인 아카이브를 만들어놓으면 문화산업 종사자를 비롯한 콘텐츠 사업에 활용될 수 있다. 즉 아카이브는 대중성이 떨어지는 전문적 연구의 성과와 대중이 원하는 콘텐츠를 만드는 사업자 간에 다리를 놓는 링커인 셈이다.

세계 최대 검색엔진 업체인 구글도 아카이브 사업에 뛰어들었다. '구글 뉴스 아카이브 검색' 서비스가 그것이다. 구글에서 뉴스를 검색하면 보통 과거 30일간의 뉴스만 검색된다. 하지만 아카이브 검색 서비스를 이용하면 「뉴욕타임스」가 1850년대부터 모아놓은 200만 건의 기사를 제공받고, 「타임」지가 1923년부터 작성한 30만 건의 기사도 볼 수 있다. 검색에 관한 사용료는 모두 해당 언론사에서 관리한다. 즉 구글은 자사의 검색서비스를 이용하는 수천만의 사용자들을 각 언론사가 만든 정보창고에 접속할 수 있도록 링커의 역할만 하는 것이다. 구글의 아카이브 사업 덕택에 보다 많은 콘텐츠를 원하는 사용자와 막대한 비용을 들여 콘텐츠를 구축한 언론사들 간에 순조로운 연결과 접속이 가능해진 것이다.

이처럼 새로운 연결이 도처에서 시도되고 있다. 위에 소개한 링커들은 그중 일부에 불과하다. 새로운 시대의 네트워크가 재편되는 동안 수많은 링커들이 등장했다 사라질 것이다. 게다가 아직 새로운 네트워크의 완성태가 어떤 모습일지는 예측하기 어렵다. 하지만 분명한 것은 진화하는 디지털 도구들을 재료 삼아 형성되는 새로운 네트워크들도 경계를 가지고 있고, 따라서 수많은 새 연결고리들이 필요하다는 점이다. 그리고 그런 연결고리들이 제대로 작동하기까지 시장에는 계속해서 연결 자체를 사업 기회로 삼는 비즈니스들이 생길 것이라는 점이다.

3 》》 콘센트 매장

사람들은 언제 어디서나 연결을 확인하고 싶어한다. 디지털 네트워크가 일상 속으로 파고들수록 '연결의 유지'도 일상이 된다. 그리하여 아주 가까운 거리의 장소, 예컨대 편의점 같은 곳을 새로운 접속 지점으로 삼으려는 욕구가 증대한다. 따라서 유비쿼터스 시대는 아주 가까운 곳에서부터 시작될 것이다.

생활반경 내에서 사회적 네트워크와의 연결을 유지시켜 주는 공간이 '콘센트 매장'이다. 우리는 그곳에 가서 콘센트에 꽂기만 하면 된다. 콘센트 매장은 접속의 창구다.

휴대폰을 파는 통신기기 매장은 물론이고, 이미 몇몇 편의점들도 콘센트로서의 역할을 시작했다. 신용카드나 모바일을 이용해 금융업무를 볼 수 있고, 공공요금을 수납해 주며, 편의점 택배서비스를 활용할 수 있다. 또 온라인게임에서 사용할 수 있는 사이버머니나 싸이월드 도토리, MP3 음악듣기 이용권 등을 판매하는가 하면 콜렉트콜 전화기를 설치하여 무료전화를 지원하고, 자동차를 렌탈하거나 여행사와의 제휴로 해외여행 상담 및 계약도 가능하다.

SK텔레콤이 제공하는 마이펀픽 서비스는 젊은 세대의 라이프스타일을 지원하면서 생활 속의 다양한 공간이 콘센트 매장으로 바뀌는 데 기여한다. 이 서비스는 컬러메일(MMS)로 전송한 휴대폰 사진을 즉석에서 사진으로 인화할 수 있게 해주는데, 패밀리 레스토랑이나 극장, 커피전문점, 편의점 등 어디서나 마이펀픽 기기만 있으면 가능하다. 휴대폰만이 아니라 디지털 카메라를 손에 들고 다니는 휴대용품으로 인식하는 젊은이들을 위한 키오스크형 인화기들도 가까운 지역의 매장들에 속속 들어오고 있다. 다시 말하면, 이들 생활매장들이 디지털 네트워크에 익숙한 젊은이들의 접속공간으로 새로이 태어나는 것이다.

현재 이 새로운 변화의 선두주자는 전국 곳곳에 매장을 두고 있는 편의점들이다. 하지만 쉽고 빠른 접속에 익숙한 젊은이들은 놀고 즐기기 위해, 그리고 생활의 편의를 높이기 위해 어디서나 네트워크에 연결되는 콘센트에 코드를 꽂으려 할 것이다. 따라서 젊은이들이 즐겨 이용하는 영화관, PC방, 만화/DVD 대여점, 문구점, 커피숍, 베이커리, 심지어 분식집들도 속속 콘센트 매장으로 변화하지 않으면 안 될 것이다.

4 》》》 컬트 브랜드(Cult Brand)

마음속의 연결장치만 있다면 연결의 대상은 무한하다. 그렇다면 기업의 브랜드라고 해서 그 대상이 되지 말란 법이 있겠는가? 소비를 통해 자신을 표현하고, 소비가 삶의 주요한 영역이 되어버린 현대적 일상에서 기업의 브랜드만큼 친숙한 것이 없는데, 이 브랜드에게서 커넥팅의 욕망을 충족시킬 수는 없는가? 바로 여기서 컬트 브랜드 시장이 탄생한다. 독특한 소비자와 독특한 브랜드의 커넥팅인 것이다.

한 연구결과에 따르면 소비자 한 사람에게 전달되는 광고 메시지가 하루에 2,500개에 달한다고 한다. 이쯤 되면 무감각해지지 않는 것이 신기할 정도다. 아무리 재미있는 유머라도 연속적으로 열 개 이상을 들으면 흥미가 반감되는 것과 마찬가지로, 아무리 독특한 감성을 전달하려고 하는 기업이라도 브랜드 홍수 속에서는 차별성이 사라지게 된다. 흔히 이렇게 광고 메시지에 무감각해지고 있는 소비자를 가리켜 '콘크리트 소비자(Concrete Consumer)'라고 한다. 그래서 기업들은 소비자의 머릿속에 가장 먼저 떠오르는 브랜드, 예컨대 콜라 하면 코카콜라, 이동통신은 SK텔레콤, 김치냉장고는 딤채, 준중형차는 쏘나타 등 제품군과 제품 브랜드가 직접 연결되는 '아이콘 브랜드(Icon Brand, 소비자의 브랜드 최초 상기율이 50%가 넘는 브랜드)'가 되기 위해 총력을 기울인다.

그러나 새로운 틈새시장이 존재한다. 바로 컬트 브랜드다. 절대 다수가 아닌 소수가 열광하는 문화를 컬트라고 하는데, 소수의 열성 팬들을 거느리는 브랜드가 컬트 브랜드다. 소수라고 하지만 여기서의 소수는 전체 소비자 중의 일부이므로 결코 작은 숫자만은 아니다.

　나는 전작 『한국인 트렌드』에서 특정한 대상에 대한 감성의 공유를 기반으로 하는 문화를 '페로몬 공동체'라는 이름으로 소개한 바 있다. 개미들이 언어가 아닌 페로몬이라는 호르몬으로 의사소통을 하듯, 사람들 사이에도 비언어적 감성소통을 즐기는 페로몬 공동체가 있는 것이다. 대표적인 사례가 드라마가 끝난 지 몇 년이 지나도록 열기가 계속되고 있는 '다모 폐인'들이다. 퓨전사극인 「다모」가 좋아서 모인 사람들은 직업은 물론이고 사는 곳도, 나이도 다르지만 「다모」가 준 감동을 잊지 못하고 아직도 오프라인 모임을 갖는다. 이처럼 어떤 감성의 공유는 이를 공유한 사람들 간의 동질감과 유대감, 그리고 소속감을 가져다준다. 그 대상이 기업의 브랜드가 될 때 컬트 브랜드가 탄생한다.

　일본 마쓰다자동차의 유노스는 2인승 컨버터블이다. 지붕이 없는 컨버터블 카는 대지의 바람을 가르는 쾌감 때문에 자유를 만끽하게 하는 차다. 하지만 비싼 가격 탓에 일반인들이 접근하기가 어려웠다. 그런데 유노스는 1600cc라는 작은 배기량에 2만 달러 안팎의 저렴한 가격, 그러면서도 컨버터블 카의 장점을 두루 갖췄다. 그러자 열광적인 팬들이 몰려들었다. 2004년 미국 펜실베니아의 포코노 산에서는 미아타(Miata, 유노스의 미국 모델명)의 새 주인이 된 250명의 고객들이 특별한 야외결혼식을 올렸다. 목사는 250명의 고객과 250대의 자동차 사이에 주례를 섰고, 고객들은 더없이 행복해했다. 유노스는 이런 열광에 힘입어 1990년에 첫 모델이 나온 이후 전 세계에서 72만 대가 팔리며 세계에서 가장 많이 판매된 2인승 스포츠카로 기네스북에 등재되었다. 컬트라고 해서 결코 소수는 아닌 것이다.

　컬트 고객들은 스스로 마케터가 된다. 세계에서 가장 유명한 고객

마케터는 오토바이 브랜드인 할리 데이비슨의 고객들이다. 할리 데이비슨이 고작(?) 5,000만 달러의 광고비용으로 연간 46억 달러의 매출액을 올리고, 오토바이 시장의 40%를 점유하는 것은 이 고객들 덕분이다. '타는 사람만이 안다'는 그들만의 독특한 감성의 공유, 그리고 '자유와 저항'으로 상징되는 브랜드 이미지가 고객들을 컬트 팬으로 만들었다.

컬트 브랜드는 소비자가 갖고 있는 '마음속의 연결장치'에 접속하는 것이다. 앞서 언급한 것처럼 마음속의 연결장치는 사고의 습관, 라이프스타일, 가치관, 흥미와 관심사 같은 것으로 만들어진 콘셉트나. 사신만의 여유, 지적인 분위기, 자유로운 삶, 낡았지만 고풍스러운 것에 대한 관심, 하나뿐인 물건에 대한 애착, 도시적 삶의 우아함, 야생의 자연, 넉넉한 오후, 혼자만의 고독, 토요일 아침마다 즐기는 게으름 등 사람마다 컬트적 콘셉트를 하나씩 가지고 있다. 그리고 컬트 소비자는 자신을 표현할 수 있는 대상에 한하여 열광적으로 자신과의 연결을 허락하는 것이다.

마음속의 연결장치로 이어지면 그들은 이제 같은 네트워크 안을 달리는 동지가 된다. 타인과는 차별감을 느끼면서 네트워크의 동지들과는 더할 나위 없는 유대감으로 하나가 된다. 차가운 디지털 네트워크 시대에 따뜻한 연결 경험을 제공하는 것이다. 이 독특한 연결 경험이 제품의 기능이나 디자인을 넘어서서 브랜드에 대한 충성도를 만들어내는 것이다.

3장 **따뜻한 네트워크 : 커넥팅(Connecting)**

5 »» 도시, 시민, 기업의 생활공동체

디지털 네트워크나 사이버 세상을 묘사할 때 흔히 나오는 말이 '공간의 소멸'이다. 그러나 인간은 공간 없이는 살 수 없다. 빛의 속도로 정보가 달려가는 디지털 네트워크도 위성통신이든 광케이블이든 공간을 필요로 한다. 더구나 우리의 삶은 먹고, 자고, 만나고, 소비하는 공간을 필요로 한다. 그리고 어떤 연결보다도 이 삶의 공간을 중심으로 한 연결은 호모 데시데로의 욕망이 일차적으로 요구하는 것이다. 공간은 그것을 떠나서는 살 수 없는 인간적 삶의 기반이기 때문이다.

　다이내믹 코리아의 눈앞에는 또 하나의 역동성이 기다리고 있다. 그것은 코리아라는 커다란 경계에 대항하는, '지역'이라는 새로운 공간적 경계에서 비롯된다. 이미 경제규모가 커지면서 도시나 지역의 예산도 인구 밀집도에 따라 대단위로 바뀌었다. 하나의 지역은 마치 도시국가처럼 운영될 수 있다. 도시로 몰려든 사람들은 이 새로운 터전을 생활문화의 풍요로움이 보장되는 공간으로 변모시키고 싶어한다. 그리고 기업들은 생산 현장이자 노동력 공급처로서의 지역과, 소비 파트너로서의 지역민과 좋은 관계를 유지해야 한다. 이렇게 하여 도시(지방정부), 시민, 기업이 서로의 파트너로 연결되려는 새로운 욕구가 성장한다. 지역을 기반으로 하는 시민과 기업의 새로운 네트워크가 필요해지는 것이다. 여기에 대해서 경제사상가 오마에 겐이치는 그의 저서 『The Next Global Stage』를 통해 민족국가가 앞으로의 글로벌경제에서는 오히려 해악이 된다며 지역국가(Region-state)와 소지역(산업 클러스터를 형성하는 지역)이 글로벌경제의 주역이라고 주장한 바 있다. 또한 지역국가가 글로벌경제에서 살아남으려면 모든 것을 잘하려는 자세를 포기해야 한다고 말한다. 단호한 태도를 가지고 지역의 색채를 결정하지 않으면 그저 그런 잡동사니 도시로 만족해야 한다는 것이다.

물론 이 새로운 네트워크는 한국에서 아직 미미한 수준이다. 기업들의 눈높이와 지자체, 그리고 시민들의 기대가 다르다 보니 기업은 못살게 구는 지자체에 눈을 흘기고, 시민들은 지역공헌도가 미미한 기업들을 못마땅해하며, 지자체는 사사건건 트집을 잡는 시민들이 성가시다.

대기업들도 아직 사회공헌도에 대한 인식이 낮은 수준이나. 하지만 기업의 사회공헌도는 당장의 플러스 효과는 적을지 몰라도 한번 사회적 낙인이 찍히면 순식간에 이미지가 함몰된다.

포스코는 2004년에 1,086억을, 2005년에 808억 원의 사회사업비를 지출한 대기업이다. 하지만 포스코의 성장에 기여한 건설노동자들과의 소통에 실패하는 바람에 2006년 장기파업을 불러왔고, 이로 인해 2005, 2006년 연속 세계경제의 철강부문 선도 기업으로 떠오른 이미지에 먹칠을 하고 말았다.

나이키사는 150억 달러의 매출을 올리고 있는 글로벌 대기업이다. 그러나 『라이프 매거진』이라는 잡지에 파키스탄 소년이 축구공을 꿰매는 사진과 함께 그가 시간당 6센트, 하루 10시간 노동에 60센트를 버는 나이키사의 일꾼이라는 기사가 실리면서 세계시민들을 분노하게 만들었다.

또 다른 파트너인 지자체는 어떨까? 한국에서 지방자치제가 도입된 것은 1994년이다. 중앙정부로부터 형식상의 독립을 어느 정도 인정받았지만 여전히 단체장들이 속한 정당의 입김에서 벗어나지 못하고 있으며,

3장 **따뜻한 네트워크 : 커넥팅(Connecting)**

재정자립도도 취약하다. 또 대기업이나 앞선 시민단체들의 의식수준 및 변화 마인드를 쫓아가지 못한 채 지체되어 있는 실정이다.

하지만 변화는 시작되고 있다. 예를 들어 나이키사는 변신에 성공했다. 허울 좋은 기업 윤리규범과 노동규범의 허점을 인정할 수밖에 없었던 나이키는 기업시민정신(Corporate Citizenship)을 강조하며 노동자권리 및 근로조건 개선, 환경보호, 투명경영을 직접 실천하고 있다. 나이키재단은 여성복지에 관심을 가지고 방글라데시, 브라질, 에티오피아, 잠비아 등 제3세계 국가의 여성복지 향상을 위해 지속적으로 지원하고 있다. 또 회사가 위치한 지역에 초등학생을 위한 여름운동장을 마련하고, 가난한 아이들에게 자전거와 헬멧을 선물하는 지역자전거센터, 지역사회에서 기증받은 신발을 재활용해서 돌려주는 신발재활용 등 다양한 지역사회 공헌을 하고 있다. 나이키는 '책임을 다하는 것이 수익성과 지속적인 성장을 이끈다' 는 모토를 하나씩 실천해 감으로써 실추되었던 이미지를 회복하고 있는 중이다.

지자체들도 변신을 노리고 있다. 전라남도와 목포대학교는 지역혁신 및 균형발전을 위해 지역협력단을 구성했다. 광진구청은 전 부서에 벤치마킹팀을 구성해 새로운 제도나 저비용 고품질의 서비스 제공 방안 등을 다른 행정기관으로부터 배우는 시스템을 가동시켰다.

사는 지역에 대한 관심이 크지 않던 시민들도 행정기관에 대한 감시권이 강화된 주민소환제의 도입, 생활문화기반으로서의 도시 발전에 대해 새롭게 깨닫기 시작하면서 시민단체를 중심으로 조금씩 움직임을 보이고 있다.

우리는 이 세 주체가 고루 발전하여 삼위일체를 이룬 모범사례를 미국 최대의 계획도시인 캘리포니아 주 어바인(Irvine) 시에서 찾아볼 수 있다.

어바인은 원래 인구 3만 정도의 작은 도시였다. 하지만 미국 공립대학 순위 10위권 안에 드는 어바인 캘리포니아대학을 비롯하여 지역의 인재 풀을 갖추고 있었고, 도시 곳곳에서 딸기밭을 볼 수 있을 만큼 살기 좋은 환경이 있었다. 여기에다 난개발을 하지 않고 장기적 기획에 따라 차근차근 도시를 개발해 나가는 지자체가 존재했다. 어느새 인구 10만이 넘는 도시가 되었지만 아직도 1/3이 미개발 지역인 것은 이 때문이다. 또한 지자체의 적극적인 기업 유치활동에 힘입어 세계적인 기업들이 이곳을 찾아왔다. 이렇게 도시, 지역민, 기업의 삼위일체 기반이 마련되자 동반성장이 시작되었다.

어바인에는 현재 한국의 현대기아차와 포드, 도요타, 다임러크라이슬러, 메르세데스벤츠, 사브, 마쓰다 등 세계적 자동차 그룹의 미국 판매법인이나 디자인 그룹이 위치해 있다. 자동차만이 아니다. 브로드컴, 도시바, 타코벨, 포드 등 식품, 의류, 통신, 생명공학을 비롯한 거의 모든 부문의 대기업들이 이곳에 본사나 사업부문을 두고 있다. 이에 따라 세계 각국의 인재들이 모여들고 있으며, 이곳의 초등학교에는 모국어가 12개나 될 정도로 다인종 도시가 되었다. 또 고등학생들의 SAT 점수는 전국 평균을 150점 이상 웃돌 만큼 학력이 높다. 이처럼 어바인은 미래의 도시 발전이 어떻게 이루어져야 하는가에 관해 좋은 시사점을 던져주고 있다.

어바인의 사례가 보여주는 것처럼 지자체와 주민, 기업들은 새로운 공생관계를 만들어나갈 수 있다. 주민들은 이 공생관계를 통해 현실적

공간 안에서 따뜻한 네트워크의 실현을 모색하게 된다. 그리하여 미래의 도시는 기업과 시민, 행정주체가 공동의 목표를 위해 연결된 새로운 네트워크 공동체가 될 것이다.

커넥팅을 상징하는 숫자들

77.4%

■ 휴대폰 보급률(2005) 이용자 수는 3,740만 명이다. 한편 전 세계 이동전화 가입자 수는 2005년 20억 명을 돌파, 2010년에는 세계인구의 약 43%에 달하는 30억 명이 사용할 것이라고 한다(한국전산원).

71.9%

■ 인터넷 이용률(2005) 우리나라 인터넷 이용자 수는 3,257만 명이다.

2,000만 명

■ SK텔레콤 가입자 수(2006.9) 및 싸이월드 회원 수(2006.12) 1984년 이동전화 서비스를 시작한 지 22년 만에, SK텔레콤이 세계에서 27번째로 가입자 2,000만 명을 확보한 기업으로 올라섰다. 국내 인구의 41.7%를 가입자로 확보한 셈이다. 싸이월드도 2003년 12월 350만 명에서 2004년 9월 1,000만 명을 돌파하더니 2006년 말 2,000명 돌파를 눈앞에 두고 있다. 20대 인터넷 이용자 중 90% 이상이 '싸이질'을 하고 있다.

4.490개

■ 온라인 쇼핑몰 사업체 수(2006.8) 이는 7월보다 12개(0.2%) 증가한 수치이며, 전년 8월에 비해서는 439개(10.8%)가 증가한 것이다. 2006년 8월 온라인 쇼핑몰의 거래액은 1조 1,073억 원으로 전월보다는 425억 원(-3.7%) 감소했지만, 전년 같은 달의 거래액(8,832억 원)에 비해서는

2,241억 원(25.4%) 증가한 것이다.

600만 달러

■「뉴욕타임스」의 아카이브 서비스 '타임즈 셀렉트'의 연수익 1년 만에 20만 명의 유료회원으로부터 얻은 수익이다. 자신의 현재 주소를 넣으면 '조 디마지오와 마릴린 먼로가 살았던 집'이라는 식의 연혁이 나오는 등의 재미있는 서비스다.

30%

■한국의 키오스크(KIOSK, 무인 정보단말기) 시장의 예상 성장률 2006년에 약 300억 원대를 기록한 키오스크 시장은 앞으로 유비쿼터스 기능이 추가됨에 따라 폭발적인 성장시장이 될 전망이다.

1,000만 개

■애플사의 아이팟(iPod) 판매대수(출시 후 3년간) 아이팟은 수많은 기능을 매끈하게 결합하고 심플한 디자인으로 마무리하여 21세기의 컬트 브랜드가 되었다. 소비자는 스스로 마케팅의 주역이 되었고, 덕분에 일반 기업의 연간 미국 전역 마케팅 비용이 2억 달러인 데 비해 애플은 첫해 2,500만 달러, 이듬해에 4,500만 달러를 썼을 뿐이다.

4,800여 명

■어바인 시의 베델한인교회 신도 수 기업, 도시, 주민의 삼위일체의 모범인 어바인 시는 삶의 질이 높다는 소문이 퍼지면서 급격히 한인들이 몰려들었고, 덩달아 교민 커뮤니티의 중심인 한인교회의 신도 수도 급성장하고 있다.

날것에의 매혹
：
체험

그리고 문득 나는 보았어

풀리고

열린

하늘을

유성(遊星)들을

고동치는 논밭

구멍 뚫린 그림자

화살과 불과 꽃들로

들쑤셔진 그림자

휘감아도는 밤, 우주를

– 파블로 네루다, 「시(詩)」 중에서

1. 자극의 시대

복제와 쌩얼

"얼굴이 정말 조막만 해."

　같은 동네에 사는 여자 탤런트의 얼굴을 처음 본 어머니가 한 말이다. 감탄인지 실망인시 분간하기가 애매한 표현으로, 스타의 실제 얼굴을 본 소감을 전하는 것이다. 가수나 배우 등 인기 연예인의 팬들 사이에 '쌩얼(맨얼굴)' 논쟁이 붙는 것도 비슷한 맥락의 연장일 것이다. 이런 반응에는 화면으로 보이는 것이 진짜가 아니라 과장되고 복제된 이미지라는 전제가 깔려 있다. 복제의 원뜻은 '본래의 것과 똑같이 만드는 것'이지만, 미디어 시대의 복제는 많은 사람들에게 유포하기 위해 원본 같지 않은 원본을 따로 만드는 것이다. 원래의 원본과 복제를 위한 원본은 다르다. '주의를 끌기 위한 원본'이라고나 할까?

　복제는 인쇄, 스크린, 방송 등의 매체가 발달한 20세기 대량생산시대의 유물인데, 21세기 디지털 문명에서는 창조적 복제가 대량 유포되고 있다. 그 어느 나라보다 디지털 환경이 잘 구비된 한국도 예외는 아니다. 이제는 평범한 개인도 자기 얼굴을 디지털 도구로 조작할 수 있는 자유를 얻었다. 직접 맞대면하기보다 미디어나 인터넷을 통한 비대면 커뮤니케이션이 일상화되면서 맨얼굴은 그다지 중요하지 않게 되었다. 하지만 맨얼굴이 궁금하지 않은 건 아니다.

　나이로비 국립공원의 사자무리를 본다든지, 에펠탑의 내부광경을 사진이나 TV로 보는 것도 이제 일상이다. 복제시대의 경험이란 것이 대개 이렇듯 간접경험이다.

직접경험은? 그것은 제작자들의 몫이다.

TV 구성작가 출신의 후배는 이런 이야기를 들려준다. 젖소농장에서 우유를 직접 짠 리포터가 소들이 한가로이 풀을 뜯는 목가적인 풍경을 배경으로 아주 기막힌 맛이라는 표정으로 우유를 마시며 카메라 앞에서 현장을 중계할 때, 사실은 소들의 배설물 등에서 나는 냄새가 코를 찔러서 있기조차 힘들다는 것이다. 시청자가 보는 TV 화면의 간접경험이 주는 진실과 직접경험을 하는 리포터나 구성작가의 진실은 어긋나 있는 셈이다. 그러나 복제되는 원본은 카메라 앞에서 활짝 웃고 있는 리포터의 모습일 뿐이다.

데이터 스모그(Data Smog)

복제시대는 다른 말로 자극의 시대라고 할 수 있다. 선정적인, 무례한, 천박한, 비속한, 오버하는, 엽기적인 것들의 시대다. 왜냐하면 우리는 모두 주의력 결핍증이라는 장애를 앓고 있기 때문이다. 공기만큼이나 일상적으로 접할 수 있는 데이터들 속에 살다 보니 웬만한 자극은 우리의 주의를 끌지 못한다. 진짜보다 훨씬 잘 가공된 자극들은 호시탐탐 관심을 끌기 위해 빛의 속도로 지구를 날아다니고 있다.

미국의 미디어 비평가 데이비드 셴크는 이와 같은 정보의 홍수를 '데이터 스모그'라고 명명했다. 대부분의 데이터는 쓰레기들이며, 그것들은 우리의 일상에 스모그처럼 스며든다.

우리의 윗저고리, 넥타이, 모자, 내의, 팔목밴드 위에, 자전거, 벤치, 자동차, 트럭, 심지어는 테니스 네트 위에도 스며든다. 광고 현수막들은 비행기 뒤에서 길게 나부끼기도 하며, 운동경기와 연주회 현장에 걸려 있고, 이제는 웹 페이지들의 둘레에도 스며든다.

(데이비드 솅크 『데이터 스모그』 중에서)

그러니 이 자욱한 스모그들을 헤치고 우리가 어떻게 주의력을 온전히 챙길 수 있겠는가? 하지만 살아남기 위해, 경쟁에서 승리하기 위해 자극은 점점 더 강도를 높여만 가는 것이 우리 시대의 현실이다. 한국의 네티즌들 사이에서는 '낚시' 라는 말이 유행이다. 주로 온라인 포털사이트들의 자극적 기사 제목을 일컫는 말이다. 주의력 결핍증에 걸린 네티즌들로 하여금 호기심으로 클릭 한번 해주십사 하는 마음에서 붙인 제목들이다. 낚시기사의 표본(?)으로 인정받는 제목은 배우 연정훈과 한가인 부부에 대한 기사였다.

'연정훈, '한가인의 잠자리 선물(?)' 너무 무서워.'

한창 인기 있을 때 결혼한 두 젊은 배우에 대한 관심은 침실의 '잠자리' 에 꽂혔건만, 정작 기사 내용은 곤충 잠자리에 대한 것이다. 한가인이 잠자리를 선물했는데, 연정훈은 평소 잠자리 잡는 걸 무서워했더라는 얘기였다. 네티즌들이 월척이라고 평가하는 이유를 알 만하다.

하지만 정작 네티즌들 스스로도 점점 더 자극적이 되어간다. 지하철에 데리고 탄 강아지가 똥을 쌌는데 그걸 치우지 않고 내렸다고 해서 유명해진 여성에게 붙여진 '개똥녀'라는 별명을 보라. 그후에 등장한 것만 봐도 딸기녀, 헤드폰녀, 괴물녀, 시청녀, 개풍녀 등 자극성은 날로 더해만 간다.

자극이 강해지는 것은 온라인 미디어만이 아니다. 할리우드 영화의 단골소재인 자동차 추격 장면을 보라. 예전에는 고속도로에서 앞서가는 차들을 요리조리 제치는 아슬한 곡예운전이 대부분이었다. 그러더니 언젠가부터 차들이 인도로 뛰어들고, 수십 대의 경찰차를 꼬리에 달고 다니며, 앞차를 들이박고 멈춘 차 위로 다른 차들이 엉키면서 거리 전체가 폐차장이 되는가 하면, 급기야는 고속 주행하는 차들 사이로 역주행하는 장면에까지 이르렀다. 시속 100km가 넘게 달리는 차들이 쏟아져 나오는 도로에서 역주행이라니, 가당키나 한 일인가!

0.3초의 승부라는 길거리 간판들은 한창 원조경쟁을 벌이더니, 이제는 '시발출판', '쎄비다 걸리면 똥침 100회', '졸라빨라', '란제리 오르가즘 쎄일'처럼 비속어도 맘대로 갖다 쓴다. 하지만 이런 것들에 대한 흥분조차 우스워지는 것이 현실이다. 자극의 시대에 자극에 대해 흥분하는 것은 차라리 신선한 자극이다.

날것에의 욕망

커뮤니케이션 학자 캐슬린 홀 재미슨은 주목을 끌기 위한 극단적 행동이 비난받기보다는 오히려 찬양받는 현상을 일컬어 '과장의 정상화'라고 했다. 우리 시대에 대한 통렬한 분석이 아닐 수 없다. 엄청 순진한 사람이 아니고서야 얼굴에 손댄 적 없다는 미스코리아 대회 입상자의 말을 누구도 믿지 않을뿐더러, 성형을 해서라도 입상을 하는 것이 '정상'적인 사람의 노력으로 평가된다. 바로 이런 것이 과장의 정상화다.

과장의 정상화는 우리가 갖고 있는 역동성의 이면을 가감 없이 드러낸다. 디지털 복제와 자극, 더 나아가 과장의 정상화까지, 이 모든 측면들이 다이내믹 코리아의 이면이다. 그리고 이러한 흐름은 누구도 부인할 수 없는 우리 시대의 지배적 변화다. 하지만 이 대세도 무한정 승승장구하는 것은 아니다. 우리 내부에서 데이터 스모그와는 다른 무언가에 대한 욕망이 스멀스멀 일어난다 뭔가 다른 것을 찾으라는 내면의 목소리가 귓전을 울린다.

물론 일차적이고 즉각적인 욕망은 더 강한 자극을 찾는 것이다. 과연 자극의 시대답게 사람들은 창의성을 발휘하여 더 강도 높은 자극을 잘도 찾아내고 만든다. 그러나 여전히 뭔가 허전하고, 채우지 못한 욕망이 남는다. 그것은 무엇일까?

'야마카시(아프리카 언어로 초인이라는 뜻)'라는 신종 익스트림 스포츠를 보라.

빌딩 벽을 타고 오르고, 건물 위에서 맨몸으로 뛰어내리며, 간격이 벌어진 건물 옥상을 휙휙 건너뛰는 스포츠가 야마카시다. 매우 위험하고 국내에 도입된 지 얼마 안 되었지만 동호인 수가 2만 5,000명을 넘어섰다고 한다. 그들은 복제와 자극의 원천인 도시에서 또 다른 자극을 찾는다. 간접적인 경험을 버리고 직접적인 체험을 선택한다. 그들은 위험을 말 그대로 날것으로 느끼며 거기서 쾌감을 얻어낸다.

한편 우리 시대의 부모들은 도시의 수많은 자극에 길들여진 아이들을 무주 반딧불이 축제 같은 곳에 데려간다.

4장 **날것에의 매혹 : 체험(體驗)**

11일 오후 8시 무주읍 용포리 잠두교 아래 선착장. 부모, 아이 10명씩을 태운 목선 4척이 남대천을 거슬러 올라가기 시작했다. 배가 50m쯤 나가자 풀섶, 바위 사이에서 녹색 불빛들이 허공을 가르며 날아오른다. 여기저기서 환호성이 터져나왔다. 배가 물살을 헤치고 나가면서 반딧불이들은 곳곳에서 불꽃놀이처럼 화려한 군무를 연출했다. 지난 4일부터 11일까지 열린 무주 '반딧불이 축제' 에는 하루 평균 7만~8만 명의 인파가 몰려 성황을 이뤘다.

특히 야간에 진행한 반딧불이 탐사체험에는 매일 3,000명 이상이 신청해 당초 배정했던 버스 30대로는 교통편이 모자라 군청 직원들이 개인차량을 동원, 관광객을 실어 날랐다.

(2005년 7월 17일자 「중앙일보」 기사 중에서)

이번에는 자연이 대상이 된다. 잘 만들어진 애니메이션, 거대한 판타지가 펼쳐지는 컴퓨터게임, 짜릿한 스릴이 있는 놀이공원의 기구들에 단련된 아이들조차 이 자연의 경이 앞에서 탄성을 터뜨린다. 아이들이 반딧불이를 못 보았겠는가? 백과사전에서, TV 프로그램에서 보았을 것이다. 하지만 이렇게 날것과 직접 만나는 경험은 전혀 다른 느낌을 준다.

일반적으로 경험이라는 말은 대상과의 일정한 거리를 두고 무언가를 얻는 간접적 습득 과정을 뜻한다. 야마카시나 반딧불이 축제의 그것은 '체험' 이라고 표현하는 편이 정확하다. 체험은 온몸으로 날것과 부딪치며 얻는 직접적인 습득 과정을 뜻하기 때문이다. 인간이 겪는 모든 일들을 경험으로 통칭한다면 그중에서도 직접적인 경험이 바로 체험이다. 눈으로 본 건 잊어도 몸으로 부딪치며 느낀 건 잊지 못하는, 그것이 바로 체험이다. 디지털로 대량 복제되거나 인위적이고 인공적으로 조성된 자극이 아니라, 있는 그대로의 내 오감으로 받아들인 자극이 체험이다.

체험은 날것에의 욕망이다. 자극으로 범벅이 된 복제의 시대, 혹은 복제가 바이러스처럼 전염되는 자극의 시대라는 지배적 변화의 영향 속에서 우리에게 싹튼 것은 체험의 욕망이다. 체험의 욕망을 정의하자면 날것으로부터의 직접적 자극을 통해 경험의 질을 극대화하려는 욕망이라고 할 수 있다. 호모 데시데로들은 뭔가 다른 것을 꿈꾸기 시작한 것이다. 사람들은 더 이상 복제와 자극이 주는 간접경험의 정글 속에서 허우적대기보다 탈주하고 싶어한다. 간접경험과 달리 내 안에 오래오래 머무는 오롯한 체험을 원한다. 점점 더 많은 사람들이 이 대열에 동참하고 있다. 체험의 욕망이 모여 미래로 난 널따란 변화의 길을 만들고 있다.

2. 체험, 날것에의 욕망

내 소박한 탈주의 욕망

경제성장을 재빨리 이뤄낸 것은 참으로 다행한 일이다. 하지만 빈부격차가 재빨리 확대된 것은 불행한 일이다. 삼성전자와 LG, 현대자동차가 재빨리 세계 100대 기업에 든 것은 다행한 일이다. 하지만 수많은 중소기업들이 재빨리 도산의 대열에 동참하는 것은 불행한 일이다.

이처럼 '빨리빨리'의 한국인들은 빠른 속도로 빛과 그림자를 만들어낸다. 복제와 자극의 시대도 우리 곁에 재빨리 왔다. 그러자 체험의 욕망도 재빨리 생겨나고 있다. 하지만 재빨리 할 수 없는 것이 체험이다. 아니, 재빨리 해서는 체험의 진짜배기 맛을 느낄 수 없다. 사리곰탕면으로는 맛볼 수 없는, 오래도록 뭉근히 끓여야 제 맛이 나는 사골국물 맛처럼 말이다.

온갖 간접경험의 기회가 널린 세상에서 체험을 하자면 몸을 직접 움직여야 하는 불편이 따른다. 발로 뛰어야 하고, 해보지 않았던 것들을 시도해 보아야 한다. 체험에서 얻어지는 것들은 빠름보다는 느림의 산물이다. 수많은 곳을 재빨리 둘러보는 패키지여행보다 느리지만 많은 것을 배우는 배낭여행이 체험인 것이다.

체험의 욕망은 매슬로의 욕구분류 중 5단계인 자아실현의 욕구로 분류될 수 있다. 차원이 높은 욕구다. 체험의 욕망은 경험의 질을 높임으로써 자아의 영역을 확장시키고, 이를 통해 좀더 나은 자신을 향해 나아가려는 성장의 욕구에 뿌리를 두고 있다.

자아실현이라는 고차원의 욕구에 해당하지만 체험의 욕망이 현실에 나타나는 지점은 사소하다. 아이들의 놀이에서 밟으면 죽는 금을 살짝 밟는 것과 비슷하다. 지금까지 살아온 익숙한 삶에서 살짝 비켜나야 하기 때문이다. 곤충은 성장을 위해 유충에서 몇 단계의 변태 과정을 거치는데, 체험의 욕망이 지나가는 길도 이와 유사하다. 조금씩 껍질을 벗기 위해서는 소박하지만 현재의 일상에서 탈주해야 하는 것이다.

덧붙이자면 체험의 욕망 같은 성장의 욕구는 결핍의 욕구들과 달리 채우면 사라지는 것이 아니다. 배가 부르면 더 이상 먹을 것이 탐나지 않는 것과 달리, 하나의 체험은 또 다른 체험에 대한 욕구를 부르게 마련이다. 여행을 한 번 해보았다고 해서 다시 하고 싶지 않은 것은 아니다. 이 욕망은 끝이 없다. 만족을 주면 더 큰 만족을 향해 벌써 출발 채비를 갖춘다.

경험의 가치

체험시장은 두 가지로 나눠볼 수 있다. 하나는 체험 자체가 소비품목인 직접적인 시장으로 스포츠, 여행, 숙박, 레저 등의 여가산업이다. 또 하나는 체험을 매력의 요소로 활용할 수 있는 소비재, 학습, 고객 마케팅 분야다. 여가산업은 말할 것도 없지만 사실상 소비의 대상이 되는 모든 품목에 체험의 요소를 융합시킴으로써 새로운 가치를 부여할 수 있다. 따라서 시장의 크기는 수치 이상의 규모를 가지게 될 것이다.

이 시장에서 소비자 니즈로서의 체험욕망은 어떻게 나타날까?

이미 마케팅 기법의 하나로 '체험마케팅'이 다양하게 소개되고, 실제로 체험마케팅을 실시하는 회사들도 많다. 그런데 안타까운 점은 대개 '직접 해본다', '직접 써본다'와 체험을 단순하게 동일시하는 경향을 보인다는 점이다. 술을 파는 회사는 직접 마셔보게 하고, 신제품 디지털 카메라는 직접 찍어보게 하는 등, 도시 여기저기에 판매를 위한 새로운 체험관들이 생겨나고 있다. 고객의 편리를 도모한다는 점에서 구경만 시키는 것보다 직접 써보고 만져보게 하는 마케팅이 진일보한 것은 분명하다. 고객을 직접 찾아간다는 점에서도 분명 좋은 시도다. 하지만 뭔가 아쉽다.

체험의 의미는 '기억에 남는 그 무엇'이 되었을 때 커진다. 생각해보라. 우리는 지나간 시간들 속에서 무엇을 기억하고, 무엇을 추억하는

가? 나에게 뭔가 가치 있는 일이 아니던가?

체험의 욕망이 소비자 니즈로 변할 때 이들이 추구하는 것은 '경험의 효율성'이 아니라 '경험의 가치'다. 물론 만져보고, 써보면서 구매의 효율성을 높여주는 것도 의미 있는 마케팅 기법이지만, 소비자가 그 경험에서 어떤 가치를 느끼고 '기억에 남는 어떤 것'을 가져가는 것만은 못하다. 그리고 가장 기억에 남는 그 무엇은 '첫' 자로 시장하는 것들이다. 첫 만남, 첫사랑, 첫 경험, 첫 출근, 처음으로 거래를 성사시킨 일, 처음으로 개발한 게임, 처음 감탄했던 술집, 처음 만나보는 이색적인 풍경들만큼 나에게 소중한 기억으로 남는 것은 없다.

세계 최고의 흑맥주 브랜드인 기네스의 마케팅을 살펴보라. 아일랜드의 전통의식에 바탕을 두고 있다는데, 고객은 눈가리개를 하고 맥주잔에 술을 붓는다. 잔에 꽉 차게 따르는 것은 하나의 예술작품이다. 마치 스포츠 경기 같다. 맥주를 이렇게 마셔보는 것은 첫 경험이다. 체험관은 따로 없고 그냥 술집이면 충분하다. 이에 대해 마틴 린드스트롬은 그의 저서 『오감브랜딩』에서 '대부분의 세계적 브랜드들과는 달리 기네스는 제품이 실제 소비될 때 강력한 전통이 만들어졌다'며 감탄하고 있다. 기네스는 별도의 공간을 제공하지 않고도 고객에게 기억에 남을 그 무엇, 즉 첫 경험을 선사함으로써 강력한 브랜드 이미지를 만들어가고 있는 것이다.

오감의 확장

복제와 자극의 시대는 가짜로 넘쳐나는 시대다. 그래서 진짜, 날것에의 욕망이 생겨난 것이다. 그런데 진짜, 날것의 진경(眞景, 실제 경치)은 우리 몸의 감각을 최대한 확장시킬 때 우리를 만족시킨다. 보고, 듣고, 느끼고, 냄새 맡고, 맛보는 생생한 접촉을 통해 우리가 가진 오감이 맘껏 발휘되는 순간, 바로 그 지점에서 날것과 만나게 되는 것이다. 따라서 체험의 욕망은 우리가 기존에 갖고 있던 익숙한 경험 범위를 넘어설 것을 요구한다. 그래서 체험의 욕망이 만드는 두 번째 소비자 니즈는 '오감의 확장'이다.

체험을 마케팅에 이용하겠다고 생각하는 사람이라면 당장 아이들과 숨바꼭질 놀이를 해볼 것을 권한다. 그동안 내가 이렇게 몸 움직이는 걸 싫어했나 하는 생각이 들 정도로 몸이 바쁜 것을 체감하게 되고, 아이들의 즐거운 비명과 웃음소리, 숨소리를 들으며 그들의 싫지 않은 땀 냄새를 맡고, 가벼운 터치에 의해 살아나는 촉감을 느낄 수 있을 것이다. 어디쯤 숨어 있을까 궁금해 하며 찾아내는 쾌감도 의외로 쏠쏠하다. 30분만 아이들과 숨바꼭질을 해보면 어느새 내 오감 모두가 다양하게 자극되어 있음을 느끼게 된다. 원래 놀이는 오감을 만족시키는 본성을 가지고 있기 때문이다.

오늘날 소비는 '놀이'에 가까워지고 있다. 소비자가 놀이를 좋아하기 때문이다. 그것은 인간이 놀이를 워낙 좋아하는 호모 루덴스이기 때문이며, 놀이를 하면서 가짜 세상을 넘어선 진짜 세상, 즉 오감의 확장을 경험하기 때문이다. 체험에서 소비자가 느끼고자 하는 것도 오감의 확장이다. 시각적 이미지의 편중에서 벗어나 촉각, 후각, 미각, 청각을 충분히 활용해야 오감의 확상이라는 선물을 줄 수 있다.

기분 좋은 냄새로 가득한 매장을 떠올려보라. 항수에 의한 가짜 냄새가 아닌 진짜 냄새는 스트레스를 날리는 효과마저 있다. 엄마와 아이가 서로 부드럽게 살을 맞댈 때와 같은 터치 커뮤니케이션이 적용되면 어떨까? 이 기분 좋은 촉각을 마케팅 현장에서 경험할 수 있다면? 청각도 마찬가지다. 켈로그가 콘플레이크를 개발하면서 옥수수 칩이 부서질 때 나는 바삭거리는 소리를 재연하기 위해 연구비를 쏟아부었다는 사실은 무엇을 의미하는가?

오감의 확장은 체험소비자들이 추구하는 지향점이다. 오감을 충분히 활용하고 만족해 하면서 소비자는 자신의 감각이 깨어나고 살아 있는 소리를 듣게 되고, 체험의 가치를 충분히 만끽하게 된다. 무엇보다 오감의 확장은 인간으로 하여금 자신의 존재감을 깨닫게 한다. 체험의 순간에 느끼는 오감은 그 누구의 것도 아닌 나만의 것이고, 그것은 내가 존재한다는 증거이자 표현이다. 복제 시대, 디지털 시대의 우리 삶이 점점 하나의 감각(특히 시각) 중심으로 움직인다는 현실은 오감의 확장을 대단히 신선한 경험으로 받아들이게 만든다. 결국 그것은 우리 시대의 지배적 트렌드의 하나인 '개성화'의 실현으로까지 나아간다. 나만의 것이 바로 개성 아닌가? 그것은 내가 느낀 오감으로 완성되는 것이다.

날것에의 욕망인 체험을 막는 것은 관습적인 우리 사회 전체다. 복제와 인위적 자극으로 넘쳐나는 세상 말이다. 따라서 체험의 욕망은 이들과 충돌한다. 그래서 대상을 바꾸고, 새로운 접점들을 요구하게 된다. 예컨대 매일 사용하는 상품들을 많은 시간을 들여 개조한다. 그래야 내 땀과 시간을 생생하게 느낄 수 있고, 또 그래야 나만의 물건이 되기 때문이다. 물건을 소비하는 시간도 새롭게 해석할 필요가 있다. 단순한 소비가 아니라 무언가를 느끼고 체험할 수 있는 소비이기를 바란다. 매일 만나는 도시도 내게 색다른 무언가를 제공하기를 원하고, 멀리 떠나는 여행도 그저 구경하는 것이 아니라 내 삶의 중요한 기억이자 성장의 기회가 되기를 원한다. 그리하여 이런 새로운 접점들에서 체험의 욕망이 만들어내는 시장이 형성된다.

3. 성장시장 & 트렌드

1》 튜닝 마켓(Tuning Market)

튜닝은 원래 주파수를 맞춰 특정한 방송을 듣는 것을 말한다. 조율, 조정의 뜻도 가지고 있다. 경제학에서는 '파인 튜닝(Fine Tuning)'이라는 말을 쓰는데, 경제의 흐름을 조정하기 위해 여러 가지 정책수단을 미시적으로 사용한다는 의미에서 미세조정이라고 번역된다.

이런 튜닝이 시장을 형성하고 있다. 시장규모를 섣불리 말하기 어려운 것은 튜닝 자체가 하나의 시장이 되는 것이 아니라 기존 시장에 튜닝이 덧붙여지기 때문이다. 그나마 시장규모를 추측할 수 있는 곳이 자동차 튜닝시장인데, 약 2,000억 원대 시장으로 추정된다. 모든 상품에 튜닝이 덧붙여지면 전체 시장규모가 훨씬 더 클 것은 자명하다.

튜닝시장이 갖는 특성은 다음의 사례에서 찾아볼 수 있다. 일본의 한 튜닝 마니아가 PC를 이용해 불고기 요리에 성공했다. 그는 500와트급 파워가 달린 PC에 6개의 USB 확장포트를 부착한 다음, 여기에서 전선을 뽑아 발열판에 연결했다. PC 전력을 활용한 전기 프라이팬인 셈이다. 이 프라이팬으로 불고기를 구운 것이다. 고기에서 전기부품 냄새가 조금 난다고 익살을 부렸지만 어쨌든 만든 이의 성취감은 대단했을 것이다.

그는 지금 PC를 이용해 오감이 동원된 '놀이'를 하고 있는 것이다. 그리고 '처음'으로 PC를 이용해 불고기를 구워냈다. 그것은 잊지 못할 기억이며, 존재감의 표현으로 충분하다. 즉, 튜닝은 체험의 욕망이 만들어낸 소비자 니즈를 만족시키는 행위인 것이다. 만들어진 '기성품'은 소비자를 만족시키지 못하고, 그래서 소비자는 튜닝을 통해 체험의 욕망을 실현한다. 게다가 나만의 물건을 만듦으로써 개성과 개인화라는 트렌드도 충족시킨다. 이제 젊은이들 사이에서 튜닝의 대상은 운동화, 문구, 휴대폰, 디지털 카메라, 자동차 등 거의 모든 일상용품으로 번지고 있는데, 이것은 앞으로 튜닝마켓이 성장하는 데 큰 에너지가 될 것이다.

튜닝은 크게 두 가지로 구분된다. 성능을 업그레이드하거나 변화시키는 퍼포먼스 튜닝, 그리고 외관을 바꾸는 드레스업 튜닝이다. 퍼포먼스 튜닝은 1600cc급 자동차에 시속 240km에서도 안정적인 초고성능 타이어를 (일반 타이어의 두 배 값이지만) 장착하는 것 같은 경우다. 다양한 색상을 입혀 휴대폰을 번쩍번쩍 코팅하는 것은 드레스업 튜닝에 속한다.

튜닝의 시작은 비즈니스로서의 시장보다는 소비자 문화에 가깝다. 이런 의미에서의 튜닝은 기업과 소비자가 만나는 체험의 장으로서 활용될 수 있다. 예를 들어 옥션은 차와 오토바이를 대상으로 차짱선발대회를 개최한다. 업그레이드한 튜닝카, 화려한 색과 문양을 입힌 차, 갖가지 요령을 부린 오토바이의 주인들이 사진을 올리고 네티즌의 평점을 기다린다. 튜닝으로 축제의 장을 열어주는 것이다. 하지만 튜닝마켓은 여기서 그치지 않는다.

목이 긴 신발인 컨버스화는 튜닝의 여지가 많다는 이유로 젊은이들에게 새삼 인기를 끈다. 1980년대에 유행했던 낡은 아이템이지만 새롭게 소비자 니즈를 찾은 셈이다. 운동화 튜닝을 즐기는 이들을 위해 스탬프, 전사지 등도 출시되었다. 튜닝족들을 위해 '패키지 상품'을 만들어낸 곳도 있다. 따라서 신발만이 아니라 티셔츠, 모자, 양말, 공책을 비롯한 문구류 등의 일상용품들에도 튜닝용 상품과 액세서리 시장이 열릴 수 있다.

컴퓨터나 노트북 분야에서도 튜닝마켓을 적극적으로 성장시킬 가능성은 충분하다. 성능의 업그레이드는 이미 나와 있는 부품으로 충분하다고 생각할 수 있지만, '불고기용 PC'에서 보듯 생활의 중심이 된 PC를 일상의 다른 용도에 활용할 수 있는 여지도 충분하다. 예컨대 PC의 USB 포트에 꽂아서 쓰는 전기연필깎이나 커피포트처럼 이미 시도는 되고 있다. 여기에 개성과 취향이 다양한 소비자들을 위해 커버디자인을 여러 가지 색상이나 모양 중에서 선택할 수 있도록 하는 PC상품도 시장에 선보일 수 있다.

튜닝문화, 그리고 튜닝을 위해 만들어진 튜닝상품은 성장의 여지가 많다. 어차피 기업은 대량생산과 맞춤상품이라는 이질적인 가치를 완전히 충족시킬 수 없고, 사실 그렇게까지 할 필요도 없을 것이다. 소비자의 섬세한 체험욕망은 기업이 하나에서 열까지 다 맞춰준 기성제품이 아니라 자기 손으로 개조하고, 그러면서 오감의 확장이 가능한 놀이의 본성을 만끽하는 데 초점이 가 있기 때문이다. 따라서 소비자의 선택가능성을 높이고, 스스로 체험의 욕망을 실현할 수 있도록 도와주는 튜닝마켓

4장 날것에의 매혹 : 체험(體驗)

의 성장가능성은 미래에도 여전히 높다고 할 수 있을 것이다.

2 ⫸ DIY 마켓

나는 2004년 초에 발표한 『한국인 트렌드』에서 '두 손 문화' 라는 이름으로 소비자의 능동성에 기반한 DIY(Do It Yourself) 시장의 성장가능성을 예측한 바 있다. 하지만 그 짧은 사이에 DIY 산업은 가능성을 넘어 성장에 성장을 거듭하고 있다.

국내의 경우에는 시장규모를 알려주는 조사결과가 없다. 다만 DIY를 포함해서 셀프주유소, 셀프사진관 등을 통칭하는 셀프산업이 약 15조 원 규모일 것이라는 추정치 정도다. 하지만 일본의 사례는 DIY 산업이 소득규모와 정비례 관계에 있음을 잘 알려준다. 일본은 1인당 GDP가 1만 달러에서 3만 달러로 성장하는 20년 동안 DIY 산업이 초고속 성장을 했다. 도입 초창기인 1973년의 시장규모가 110억 엔 정도였는데 1인당 GDP가 1만 달러에 달한 1980년에는 급격히 늘어 4,690억 엔에 달했고, 그후 20년이 지난 1999년에는 3조 6,500억 엔을 기록했다. 그리고 경기불황에도 불구하고 지속적으로 성장세를 나타내고 있다. 이 대략의 수치만으로도 DIY 산업의 성장가능성을 충분히 점쳐볼 수 있을 것이다.

DIY는 육체노동을 필요로 한다. 고통일 수도 있고, 귀찮음일 수도 있는 이 과정이 그러나 체험의 욕망을 가진 소비자들에게는 즐거움을 얻는 과정이다. DIY 공방에서 땀흘리는 이들을 보라. 대패로 문질러낸 나무의 냄새는 향기가 되고, 사포질로 매끄러워진 나무의 표면은 자연의 촉감을 간직하고 있다. 못 박는 소리는 즐거운 소음이며, 어딘가 비뚤고

어설프지만 내가 만든 작품은 더 이상 멋질 수 없는 디자인 그 자체다. DIY만큼 체험의 욕망이 직접적으로 충족되는 분야도 없다.

그렇다면 DIY는 앞으로 어떤 성장을 하게 될 것인가?

손재주가 있는 일부 소비자들을 중심으로 주택 수리 및 개조 시장이 기지개를 켤 것이다. 집수리를 취미와 더불어 재테크(되팔기를 통한)의 수단으로 삼고 있는 미국의 경우에는 집 보수공사와 인테리어공사 등을 보여주는 TV 프로그램들이 인기리에 방영되고 있을 정도인데, 특히 주택 수리 및 개조 시장이 성장세다. 이에 힘입어 DIY 산업은 2005년 1,453억 달러의 시장규모를 기록했으며, 2009년에는 2,938억 달러로 성장하리라는 전망이다. 한국은 이제 시장 도입단계지만, 경제력과 여유를 갖춘 한국의 베이비부머들(1956~75년 출생자들)이 60세에 달하기 시작하는 10년 후부터는 본격적인 성장을 하게 될 것이다.

DIY와는 거리가 멀 것으로 섣부른 판단을 하게 되는 여성들이 DIY 산업에 뛰어들 것도 예측할 수 있다. 실제로 미국의 경우에는 DIY 제품 구매에 여성이 훨씬 큰 선택권을 갖고 있으며, 구매력이 남성의 3배에 달하는 것으로 드러났다(미국 시장조사전문그룹 NPD 조사, 2005년). 남성과는 다른 감성을 갖고 있는 여성용 DIY 상품은 기존의 상품 카테고리를 획기적으로 바꿀 수 있고, 아직 상품군이 거의 없다는 점을 고려하면 앞으로 블루오션 시장의 가능성을 갖고 있다.

동네 철물점이 소비자의 욕구를 충족시키지 못하는 동안, 온라인 쇼핑몰을 이용한 DIY 용품 시장은 성장을 거듭하고 있다. 옥션의 조사에 따르면 가정용 전동드릴과 같은 공구류는 산업용품 전체에서 2위를 차지할 정도로 인기이며, 해마다 100% 가까운 성장을 하고 있다고 한다.

4장 날것에의 매혹 : 체험(體驗)

DIY는 가구 만들기나 수리, 보수에 한정되지 않는다. DIY의 또 다른 분야는 요리다. 요리야말로 직접 만들어 먹는 전통과 관습이 유지되고 있는 분야이기 때문이다. 따라서 요리에서 DIY를 보조하는 소형가전들의 성장세도 점쳐진다. 제빵기, 아이스크림 제조기, 요구르트·청국장 제조기, 새싹재배기 등의 DIY 요리 보조제품들은 주부는 물론이고 요리를 좋아하는 남성 및 싱글족들의 인기품목으로 떠올랐다. 옥션에 따르면 2005년에 비해 2006년의 판매량이 무려 6배나 뛰어올랐다고 한다.

음식점들도 소비자의 DIY 성향을 활용하고 있다. T.G.I. 프라이데이가 운영하는 샐러드바는 소비자가 직접 각종 토핑을 추가할 수 있도록 되어 있고, 미스터피자의 상품인 프리티 피자는 새우와 소고기, 치킨 등의 메인 토핑과 피자빵인 도우를 따로 제공해 소비자가 자기 입맛에 맞출 수 있도록 제품화했다. DIY 소비자를 식당으로 유인하는 좋은 방법이 아닐 수 없다.

이밖에도 다시 엄마의 옷 짓기 솜씨를 볼 수 있는 가정용 미니 재봉틀, 각종 수예도구 등도 인기를 끌고 있다. 한마디로 의·식·주의 모든 분야에서 DIY 산업은 불황을 모르는 성장산업이 되어갈 것이다.

빠뜨려서는 안 될 분야가 인터넷이다. 차세대 웹으로 불리는 '웹 2.0'은 애초에 네티즌들의 자발성과 창조성을 고려한 것으로 'DIY 웹'이라고 할 만하다. 여러 가지 소프트웨어나 도구들을 이용해 나만의 사이트를 직접 만들어낼 수 있는 기능은 웹 2.0의 핵심이 된다. 이런 도구들은 향후 인터넷 사업의 판도를 바꿀 정도의 영향력을 가진 것으로 예측되고 있다.

최근에는 심지어 게임에서도 DIY 상품이 등장하고 있다. 미국 캘리포니아의 멀티버스(Multiverse)사는 멀티버스라는 무료 온라인게임 개발 도구를 발표했는데, 막대한 비용이 드는 다중접속온라인게임(MMOG) 개발과정을 불과 4주 정도에 끝낼 수 있는 획기적인 기능을 갖고 있다. 이 제품을 사용하면 적은 비용으로도 훌륭한 게임을 만들 수 있다고 한다. 한 게임개발자는 '여기저기서 갖가지 따분한 프로젝트들이 진행되는 것을 보게 될 것이다. 이제 멀티버스를 이용해 대학 기숙사에서 학생 두 명으로 시작하는 프로젝트들이 붐을 이룰 것이다. 그러나 그중에서 야후 같은 것이 탄생할지 누가 알겠는가'라며 기대감을 표시하기도 했다.

DIY는 이제 막 전성시대를 향해 달려가고 있다. 예측했던 것보다 훨씬 더 빠르고 폭넓게 시장이 커지고 있어 놀라울 정도다.

3》》 컬처 서비스(Culture Service)

체험의 진화라고 표현해야 할지도 모르겠다. 자사의 상품과 서비스를 고객이 직접 시연해 보도록 하는 체험마케팅은 점입가경의 경지로 발전해 갈 것이다. 공간의 한계를 극복하고 날것에의 욕망을 충족시키면서 경험의 가치를 제공하기까지 아직 갈 길이 멀지만, 체험마케팅은 꾸준히 확산되고 있다.

2003년에 뉴욕 소호거리에 문을 연 애플스토어가 이 분야의 선두주자다. 블랙&화이트로 디자인한 독특한 공간에서 애플의 신제품을 시연해 볼 수 있도록 진열장의 유리를 없앤 곳으로 유명하다. 또 매장 안에 있는 '지니어스 바(Genius Bar)'는 애플 본사에서 파견된 연구인력이 직접 근무하면서 고객들에게 전문적인 상담을 해주는 곳이다. 전 세계에

100여 곳이 넘는 애플스토어가 있으며, 일주일에 무려 100만 명의 소비자들이 체험하고 있다.

우리나라에서는 LG텔레콤이 구축한 '폰앤펀' 매장이 대표적이다. 음악, 영상, 게임 등을 즐기거나 모바일 콘텐츠를 제공받을 수 있으며, 모바일 뱅킹이나 이동멀티미디어방송(DMB) 등 첨단기능을 손쉽게 체득할 수 있도록 꾸며져 인기를 끈다.

체험마케팅은 DIY와의 결합을 시도할 수 있는데, 예를 들어 향수 브랜드 에스쁘아가 운영하는 '에스쁘아 플레이'에서는 조향사의 도움을 받아 고객이 직접 자신의 패션 스타일이나 선호 색상, 혈액형에 맞춰 나만의 향수를 만들어볼 수 있다. DIY형 체험마케팅은 소비자를 물건을 사러 온 고객 이상으로 대접함으로써 브랜드에 대한 충성도를 높일 수 있다.

그런데 이런 체험형 공간이 조금 더 진화된 것이 '컬처 서비스'다. 체험마케팅의 분야 중 특히 성장이 예상되는 시장이다. 컬처 서비스란 소비자의 시간을 가치 있는 경험의 시간으로 창조하기 위하여 단순히 제품만 파는 것이 아니라 문화적 체험까지 제공하는 비즈니스를 말한다.

대표적인 사례가 화장품 매장인 '에뛰드 하우스'다. 10대에서 20대 초반 여성을 타깃으로 하는 브랜드답게, '달콤한 상상의 집'이라는 주제로 동화 속 공주의 방을 그대로 재현해 놓은 듯한 것이 특징이다. 인형의 집을 진열대로 사용한다든지, 지붕에는 색색깔의 아이섀도와 매니큐어를 진열하는 식이다. 공간구성도 침실-욕실-드레스룸-주방 등 아기자기하게 꾸며진 일상공간을 배치하고, 여기에 각각의 공간에 어울리는 제품을 진열함으로써 자연스럽게 생활과 메이크업 아이템을 연결시켰다.

그냥 립스틱 하나 사려고 들렀던 소비자로서는 전혀 기대하지 않았던 문화적 경험을 접하면서 새로운 소비욕구까지 느끼게 되는 것이다. 상업매장임에도 불구하고, 방문했던 고객들이 디지털 카메라로 찍은 사진과 함께 매장 방문기를 블로그에 올릴 정도다.

청담동 같은 럭셔리 존을 필두로 문화의 향기 가득한 꽃집들도 인기다. 대개의 경우 꽃을 고르고 나면 주인이 다듬고 포장하는 동안 서서 기다리는 것이 보통이지만, 그 시간을 한층 유용하게 만들어주는 꽃집들이 있다. 고개들은 편안한 티 테이블에 앉아서 향기로운 차를 마실 수도 있고, 꽃과 함께 선물하기에 그만인 케이크를 고를 수도 있으며, 매장의 벽을 따라 전시된 아름다운 꽃 사진들을 감상할 수도 있다. 아예 전시회를 여는 꽃집도 있다.

편의점들도 변신을 꾀하고 있다. 편의점의 선구자 격인 일본인들도 감탄할 정도인데, 예를 들면 편의점에서 싸이월드의 사이버 머니인 '도토리'를 파는가 하면, 컵라면 등 인스턴트 식품을 먹는 장소인 미니 식탁이 노트북을 쓸 수 있는 무선 인터넷 존으로 변신하고, 그 옆에서는 즉석 인화 서비스도 이용할 수 있다. 젊은이들이 즐겨 찾는 공간인 편의점이 그에 걸맞게 디지털 문화 공간으로 변신하고 있는 셈이다.

의류매장들도 예외가 아닌데, 가장 대표적인 곳이 등산용품을 판매하는 FnC코오롱의 직영매장이다. 청계산이나 북한산 입구에 오픈한 직영매장을 아예 산장처럼 꾸며놓고, 전체 면적의 절반이 넘는 고객 서비스용 공간에서 하산한 등산객들이 편안하게 쉬면서 무료로 차를 마시거나 등산 동호회원들이 모임을 가질 수 있게 하는가 하면, 등산 안전수칙이나 간편한 등산요리, 빙벽타기도 가르쳐준다.

컬처 서비스는 크게 두 가지 방향으로 진화하고 있다. 그 하나는 매장 문을 경계로 바깥의 현실세계와 완전히 구분되는 공간에서 즐겁게 몰두할 수 있는 이색 놀이터로 만드는 것이다. 인간의 놀이본능을 자극하는 것이다. 바깥에서 지켜야 할 세상의 법칙 따위는 잊고, 새로운 공간에서는 자발적으로 동의한 새로운 규칙에 따라 자유를 만끽하게 한다. 소규모 매장으로는 가능하지 않다는 단점이 있지만 아이디어에 따라 다양한 버전이 출현할 수 있을 것이다.

둘째로는 고객층의 취향을 분석하여 그들이 지향하는 라이프스타일을 입체적으로 코디하는 복합문화공간이다. 꼭 초대형 공간이 아니더라도 영리한 아이디어 몇 가지로 소비자의 문화적 감성을 한껏 자극할 수 있다. 서울 홍대 앞 거리에 생기기 시작한 복합문화카페의 경우 인디밴드의 공연, 아마추어단편영화제, 문학의 밤과 같은 다양한 문화이벤트를 열기도 하고, 아예 공간 자체를 인도풍으로 완전 개조한다거나 수공예품만으로 예술적 감성이 넘치는 갤러리풍으로 개조하여 고객들에게 새로운 감성의 체험을 선사하고 있다.

도시가 줄 수 있는 체험은 한계가 있다. 하지만 도시 바깥으로 나가기 쉽지 않은 것 또한 도시인의 현실이다. 이 간극을 훌륭하게 메워주는 것이 컬처 서비스다. 날것은 아니지만 이런 문화적 체험은 추억과 기억에 남는 무엇을 만들어낸다. 기업과 고객이 만나는 공간은 모두 컬처 서비스의 전시장이 될 수 있다. 공간의 크기가 문제가 아니라 감각이 문제다. 소비자의 발길과 눈길을 붙잡기 위해서는 문화적 감각에서 앞서 나갈 필요가 있다. 앞으로 컬처 서비스가 성장함에 따라 우리는 도시 전체가 하나의 이벤트 공간으로 바뀌는 경험을 하게 될 것이다.

4 ››› 도시의 재발견

도시화는 메가트렌드다. 세계 어느 나라를 막론하고 빠른 속도로 도시 중심의 삶이 전개되고 있다. 우리의 경우는 특히 더해서 자본주의 역사가 100년이 넘는 일본의 도시화 비율이 65.7%인 반면, 50년도 안 되는 우리나라는 80.8%에 이르고 있다(2005년 유엔 보고서).

40대 이하의 많은 사람들에게 도시는 제2의 고향이 아니라 그 자체로 고향이다. 도시는 교육, 소비, 노동, 문화 등 자신의 삶을 구성하는 거의 모든 요소를 포함한 공간이다. 그리고 그들 대부분은 여행이나 휴식 목적 외에는 도시를 떠난 삶을 원치 않을 것이다. 따라서 도시인들은 그들이 사는 도시가 자신이 욕망하고, 필요로 하는 모든 것을 담아내고 구현하는 공간이 되기를 원한다. 편의성, 안락함, 충분한 녹지공간, 질 높고 다양한 문화체험과 수준 높은 교육, 그리고 성능 좋은 자동차를 원하는 동시에 깨끗한 공기까지 원한다. 도시는 욕망의 도가니이자 욕망의 조정이 필요한 곳이다.

그렇다면 앞으로 도시는 어떻게 변할까? 어떤 욕망들이 도시를 변모시킬 것인가?

우리의 경우 지금까지 도시는 개발의 대상이었다. 그러나 이곳에서 삶의 모든 욕망을 풀어놓는 도시 거주민의 입장에서 보면 도시 전체가 하나의 체험공간이다. 따라서 앞으로는 도시 전체가 시민들의 다양한 취향과 라이프스타일을 반영하여 모델하우스처럼 끊임없이 공간의 재해석이 이루어지는, 또는 수십 가지로 테마화된 권역들의 총합체로 변모하게 될 것이다. 사람들은 가끔씩 도시를 떠나지만, 영원히 떠날 수는 없기에 도시 자체가 자신이 원하는 공간으로 바뀌기를 원하게 될 터이기 때문이다.

하지만 문제는 막대한 비용과 시간이다. 변모는 서서히 이루어지겠지만 그 성과에 대한 기대를 충족시키기에는 미흡하다. 이런 상황에서 이미 존재하는 공간을 크게 바꾸지 않은 채 해석을 달리하여 체험형 공간으로 재탄생하는 징후가 나타나고 있다. 이 흐름을 '도시의 재발견'이라고 부를 수 있을 것이다. 도시의 재발견은 공간의 재해석을 통해 스토리를 만드는 것이다. 이를 적극적으로 이용하면 새로운 비즈니스가 탄생한다.

예를 들어보자. 서울 대학로 근처에는 국립서울과학관이 있다. 다양한 과학전시회를 여는 곳이다. 근처에는 대학교가 있어서 대학생들을 대상으로 하는 음식점이나 카페, 이벤트 공간이 풍부하다. 대학로까지 가면 여러 공연장들이 있다. 이런 공간적 배치를 잘 이용하면 동선에 따라 하나의 '패키지 도심여행'이 가능해진다. 도시공간이 동선을 따라 여행지로 탈바꿈하게 되는 것이다. 여기에는 전시장, 박물관, 음식점, 카페, 거리 등 모든 공간이 총동원된다.

실제로 나는 자신의 경험을 여행기 형식으로 엮어낸 블로그를 본 적이 있다. '경복궁 옆 둘러보기'라는 제목의 블로그를 살펴보니 이 지역에 있는 갤러리에서 전시회를 감상한 다음, 근처의 맛있는 레스토랑에서 식사를 하고, 또 조금 이동하여 북카페에서 차를 마시고, 그 옆의 북아트전시관에서 흥미로운 책 전시를 보고, 그 다음은 어디를 걸었더니 분위기가 좋았다는 식으로 여행기가 엮어져 있다. 마치 도심 속의 시공간 선물세트를 보는 듯하다.

청와대 옆의 북촌도 좋은 공간적 배치를 가지고 있다. 이곳에는 한옥마을이 있는데, 최근에는 전통한옥의 모습을 유지한 치과까지 문을 열었고, 근처에는 드라마「겨울연가」의 배경인 고등학교가 있다. 북촌마을 자체가 관광지이긴 하지만 주변의 미술관이나 음식점, 카페와 같은 다양한 공간들과 결합하면서 새로운 도심 여행상품으로 발전할 가능성을 갖고 있다. 그럴 경우 짧은 시간 동안 한옥마을 등 볼거리 중심으로 왔다 가는 것이 아니라 더 오랜 시간 머물게 하는 체험공간이 될 수 있을 것이다.

도심여행은 원거리여행이나 레저와 같이 많은 시간을 들이지 않고 반나절 정도의 시간으로도 충분히 가능하다는 장점이 있다. 또 공간을 크게 이동하지 않은 채 다양한 체험을 할 수 있다는 장점이 있다. 그리고 이 짧은 시공간 안에서 보고, 듣고, 먹고, 대화하고, 즐길 수 있는 오감확장의 많은 요소들이 선물세트처럼 결합이 된다. 게다가 같은 공간이라도 개인의 취향이나 감성에 따라 테마별로 다양한 재결합이 가능하기 때문에 여행상품의 종류도 다양해질 수 있다. 현재 야후, 엠파스, 조인스닷컴 등의 포털사이트에서 테마별 도심여행을 소개하는 메뉴들이 제공되고 있는데, 이런 소비자의 '시야'가 해당 지역의 사업자들에게는 새로운 사업기회를 제공하게 될 것이다.

이것은 분명 새로운 비즈니스가 될 것이다. 기존의 '미술관거리'니 '먹자골목'이니 하던 풍경의 체험형 진화라고나 할까? 가까운 거리에 있다는 공통점 외에 아무런 연계가 없었던 전시관, 음식점, 카페, 영화관 등이 나름의 개성을 지닌 패키지 코스가 되어 공동마케팅 상품으로 변신할 수 있을 것이다. 앞으로 서울을 비롯한 부산, 대구, 대전, 광주, 인천

4장 **날것에의 매혹 : 체험(體驗)**

등의 대도시들에서도 새로운 변화를 기대해 보도록 하자.

5 ››› 스테이 투어리즘(Stay Tourism)

관광산업이 성장하고 있다. WTO(국제관광기구)에 따르면 연평균 4.1%씩 성장하는 관광산업은 2003년에 전세계 GDP의 12%를 차지했는데, 2008년이면 20%에 도달할 것이라고 한다. 삼성경제연구소는 석유, 자동차, 관광이 세계 3대 산업이며 이미 관광산업이 세계 무역 거래량의 8%, 서비스 수출의 25%에 달한다고 분석한 바 있다.

하지만 문제는 관광 콘텐츠다. 막연한 기대만으로는 까다로워진 관광객들을 끌어모을 수가 없다. 주 5일제가 시행되면서 레저, 관광산업이 크게 성장할 것으로 기대했지만, 실상은 주 5일제로의 라이프스타일 변화에 맞춘 레저, 관광 콘텐츠의 부족으로 미미한 성장에 그치고 말았다는 점을 상기해 보자.

여기서 '노마드'라는 트렌드 키워드에 주목해 보자. 현대인의 이동 성향, 혹은 더 구체적으로 유목민적인 라이프스타일을 가리켜 '노마디즘(Nomadism)'이라고 부른다. 애초에 철학자 들뢰즈가 노마디즘이라는 용어를 창안했을 때, 그는 근대적 자본주의가 만들어낸 획일적 사회질서에 반대하는 새로운 정신에 주목했다. 노마드 정신은 기존의 방식에 얽매이지 않고 끊임없이 새로운 가치와 삶을 창조하고자 하는 것을 말한다. 프랑스의 자크 아탈리는 여기에 디지털 시대의 특징을 더해 언제 어디서나 접속 가능한 정보통신기기와 자동차 등의 이동수단을 통해 21세기 인류는 정착하지 않고 떠돌아다니는 유목민이 될 것이라고 예견했다.

노마드들이, 혹은 준 노마드들이 점점 많아지는 사회. 이런 사회라면 관광에 대한 욕구도 변하지 않을까? 그렇다면 이런 노마드 시대에 인간과 관광은 어떻게 엮일 것인가? 미래의 관광 트렌드 특성을 미리 잘 읽어낸다면 문화유적과 자연경관의 약점에도 불구하고 한국이 관광산업의 성장국가가 될 수도 있지 않겠는가?

그런데 나는 노마드라는 개념으로 보자면 역설적인, 아니 노마드의 시대이기에 더더욱 '스테이 투어리즘', 즉 머무는 관광에 성장기회가 많을 거라는 확신이 든다.

노마드적 성향을 가진 사람들에게 여행이란 단순히 보고, 먹고, 놀기 위한 것이 아니다. 체험의 욕망은 성장의 욕망이다. 여행을 통해서 노마드들은 자기성찰과 내 안에 잠재된 창의적 기질을 발휘하는 데 도움을 받길 원한다. 이들에게 이동은 이미 삶의 한 과정이므로, 패키지여행 같은 이동 중심의 관광상품은 더 이상 여행으로서의 의미가 없다. 오히려 그들을 머무르게 함으로써 여행의 의미를 제공한다.

템플 스테이를 생각해 보라. 경기도 양평에 위치한 용문사가 운영하는 템플 스테이에는 특별한 프로그램이 없다. 새벽과 저녁 예불, 그리고 하루 세 끼 공양(식사) 시간을 지킬 뿐이다. 수련복이라는 옷도 티셔츠 한 장, 허리와 발목에 고무줄이 들어간 편안한 회색 바지가 전부다. 자기 자신을 돌아보고 자연을 느낄 여유를 충분히 주는 휴식형이다. 그런데도 사람들은 절을 찾고 템플 스테이를 한다. 혼자 먼 산을 바라봐도 참선이란다.

그런데 이런 템플 스테이가 외국인들에게는 크게 어필하고 있다. 2002년 월드컵 이후 외국인들이 한국에서 경험한 것 중에 가장 인상적인 것이 붉은 악마, 그 다음이 템플 스테이였다. 오히려 외국인들에게 인기를 얻은 다음 내국인들에게 전파된 것이 템플 스테이다. 사람들의 발길이 잦아지면서 진화가 시작되어 이제는 절마다 고유의 특색을 살리고 있다. 예컨대 충남 공주의 마곡사는 상처 입은 사람들을 위한 치유명상, 이혼 경험자를 위한 새출발, 부부 간의 사랑과 고백 등을 주제로 하는 템플 스테이를 운영한다. 경주의 굴골사는 절의 전통무예인 선무도를 가르치며, 해남의 미황사는 한문학당을 운영하고 오케스트라와 찬불가가 어우러진 음악여행을 제공한다.

스테이 투어리즘은 이동 중에 점을 찍듯이 쉬어가도록 유도하는 여행이다. 짧으면 하루, 길면 일주일이라도 쉬어간다. 필(Feel)이 꽂히면 한 달도 쉴 수 있다. 체험의 욕망이 시키는 대로, 날것 그대로 직접적 대면을 하되, 정작 그들이 대면하는 것은 자연만도, 문화유적만도 아닌 자기 자신이다. 자기 자신과 날것으로 대면하는 일은 한 달도 짧다면 짧고, 하루도 길다면 길다.

스테이 투어리즘은 다양한 코드를 가지고 있다. 체험의 대상이 결국 자신의 삶이기 때문에 그것을 매개하는 수많은 소재들이 스테이 투어리즘의 코드가 된다. 그래서 스테이 투어리즘의 성장가능성은 무궁하다.

일례로 소설 『다빈치 코드』의 여행상품을 보자. 이 소설은 한국에서만 판매 2년 만에 300만 부가 넘게 팔렸다. 『다빈치 코드』에 빠진 사람들은 책에 등장한 현장들을 직접 보고 싶어하고, 책의 매력을 되짚어보고자 한다. 여행지는 프랑스와 영국에 널려 있으므로 한 곳에만 머무르는 것은 아니지만 마음은 계속 한 곳에 머문다. 독자들은 주인공 랭던 박사가 묵었던 프랑스 파리의 리츠 호텔이나 루브르 박물관, 생쉴피스 성당,

영국 런던의 템플 교회나 웨스트민스터 사원을 찾아가지만 소설 『다빈치 코드』의 세계 안에 머무는 것이다. 우리는 이런 사례를 통해 한류의 여행상품화가 어떤 방향으로 나아가야 하는지를 생각해 볼 수 있다. 인기는 유행에 불과하다. 그 인기에 바탕을 둔 여행상품은 유행이 지나가면 의미가 없어진다. 그렇다면 예컨대 「겨울연가」의 상상적 공간이 드라마 팬들에게 머무름의 기회를 줄 수 있어야 지속 가능한 관광코스가 될 것이다.

역사도 머무름의 공간이 될 수 있다. 중국 정부가 개발중인 훙사이뤼유(紅色旅游, 공산관광)라는 관광코스가 그렇다. 이제 거의 유일한 공산대국으로 남은 중국의 특징을 살려 1949년 중국 공산화 과정까지의 혁명유적지를 연결한 관광상품이다. 여행자들은 아마도 눈에 보이는 유적지보다 혁명과정이라는, 장대하지만 눈에서는 이미 멀어진 역사를 관광하는 독특한 체험을 하게 될 것이다. 그리고 이 기간 동안 여행자들은 역사라는 시간의 코스 안에 머무를 것이다.

싱가포르 관광청의 경우도 재미있다. 그들은 앞선 의료기술을 바탕으로 동남아나 인도로부터 싱가포르 병원에 치료 차 오는 사람, 혹은 그의 가족들과 관광을 연계시키는 '의료관광' 정책을 실시한다. 치료받으러 와서 머무는 사람들에게 추가 관광의 기회를 주는 면도 있지만, 반대로 관광을 하러 오는 사람들이 치료를 겸해 머물게 하는 측면도 있다.

최근 전 세계적으로 확산되고 있는 '그린 투어리즘(Green Tourism)'도 스테이 투어리즘의 하나다. 자연과 농어산촌, 온천휴양지 등에서 여행객들은 머문다. 이 이색체험의 공간 안에서 그들은 자유와 휴식을 만끽하고, 진정한 나를 돌아볼 계기를 갖는다.

4장 날것에의 매혹 : 체험(體驗)

일본 남부 오이타현에 위치한 유후인 마을의 사례를 보자. 일본의 대표적인 온천휴양지인 유후인은 동서 8km, 남북 22km의 아담한 마을이다. 한국으로 치면 작은 군 크기인데, 자연환경을 그대로 살리며 관광지로 개발해 연간 400만 명의 관광객을 유치하고 있다. 이 숫자는 개발비용만 수천억 엔을 쏟아부은 '작은 네덜란드', 하우스텐보스가 최고 관광객 수를 기록했을 때와 비슷하다.

유후인에는 큰 호텔이나 콘도, 골프장이 없다. 대신 유후다케산에 둘러싸인 아늑한 마을에 아침이면 긴린호에서 피어난 안개가 감돌고, 아담한 길을 따라 100여 개의 미술관과 독창적인 컨셉트의 가게들, 그리고 온천과 전통 료칸〔旅館〕이 사람들을 맞이하는 곳이다.

> 그렇게 동화 속 마을, 유후인에 푹 젖어본다. 낮은 건물들과 가게들, 그리고 그곳에 진열된 아기자기한 물건들, 단풍으로 곱게 물든 나무와 그 아래 벤치, 바스락거리는 낙엽을 날리며 지나가는 자동차들까지, 동화적 상상력으로 누군가가 만들어놓은 마을인 것만 같다.
>
> (네이버 블로거 신기숙 씨의 여행기 중에서)

사람들은 이 이색공간 속에서 며칠씩 머무른다. 휙 하니 지나가서는 발견할 수 없는 매력이 살아 있기 때문이다.

현대의 노마드들에게 이동은 생활이다. 세속의 경쟁은 문명 속의 이동을 부추긴다. 그래서 그들은 불쑥 또 다른 목적을 위해 떠나며, 여행과 관광은 미래의 최고 벤처산업이 되고 있다. 하지만 그들은 머물기 위해 떠난다. 머무는 곳은 특정한 장소일 수도 있고, 테마이거나 판타지 속일

수도 있다. 머무름은 휴식을, 여유를, 자기를 대면하고 성찰할 시간을 준
다. 머물지 않고는 이동을 계속할 수 없기 때문이다. 그래서 노마드 시대
의 여행은 스테이 투어리즘에서 성장의 기회를 찾을 수 있을 것이다.

마음이, 몸이 머무르게 하라. 그것이 노마드 시대 여행 비즈니스의
성장기회다.

4장 **날것에의 매혹 : 체험(體驗)**

5만 원

■ 휴대폰 컬러를 바꾸는 튜닝에 드는 평균비용 최근 가장 인기 있는 것은 핫핑크 도색이며 비슷비슷한 휴대폰에 싫증이 난 20, 30대 여성이 주고객이다. 참고로 대표적인 휴대폰 튜닝 카페인 'OOPS'의 회원 수는 20만 명을 상회하고 있다(2006).

2,000여 점

■ G마켓의 DIY 상품 수 DIY 문화가 확대되면서 화장품, 식품, 가구, 패션에서 벽돌, 손잡이까지 종류가 늘어나고 있다.

80 : 8

■ 고객만족 경영을 추구하는 경영자 비율 대 이에 동의하는 소비자 비율(단위: %) 베인앤컴퍼니 컨설팅사의 보고서 결과다. 존중받고 싶은 고객의 감성적 소구는 체험, 문화적 경험에 가 있는데 기업은 이성적, 계량적으로 접근하기 때문에 빚은 결과다.

8억 5,000만 달러

■ 영국 게이츠헤드 시의 연간 관광산업 규모 인구 20만가량의 이 중소도시는 조직적인 도심 재생 프로젝트를 통해 석탄, 철강, 조선산업의 쇠퇴로 낡아지던 도시를 문화체험의 도시로 재탄생시켰다. 최고 수준의 음향시설을 갖춘 세이지 뮤직센터, 제분공장을 개조해 만든 볼틱 현대미술

관, 건축상을 받은 밀레니엄 다리, 영국에서 가장 큰 설치작인 높이 20m, 날개 길이 54m의 '북쪽나라의 천사' 조각상 등을 통해 일주일씩 묵어가는 여행지로 거듭났다. 그 결과 500만 달러 규모이던 관광산업을 이만큼 키워낸 것이다.

304만 명

■ 한국 프로야구 경기장을 찾은 총 관중 수 (2006) 원인이 어디에 있든 2006년 정규시즌에서 프로야구 8개 구단을 찾은 관중 수를 다 합해도 미국 메이저리그의 LA다저스 한 팀 경기장을 찾은 관중수(375만여 명)보다 적다는 것은 인구를 감안한나 해노 심각한 분제라 하지 않을 수 없다. 뉴욕양키스 경기장을 찾은 관중은 무려 420만 명에 달한다.

19조 원

■ 한국내 레포츠시장 규모(2005) 날것 그대로의 자극과 스릴, 도전의 짜릿함을 온몸으로 경험하는 레포츠시장이 쑥쑥 커나가고 있다. 19조라면 2005년 서울시 예산보다 4조 5,000억 원이나 많은 액수다. 덩달아 아웃도어 의류시장도 때를 만났다. 한국패션협회에 따르면 아웃도어 의류 매출이 2002년 이후 매년 30%씩 성장을 거듭하여 2004년에는 1조 5,000억 원에 이른다는 것이다. 참고로 2005년 패션산업 전체성장률은 고작 2%대였다.

5장

내 마음속의 보호막

:

위로

Comfort

가끔은 아주 가끔은

내가 나를 위로할 필요가 있네

(중략)

남에겐 채 드러나지 않은

나의 허물과 약점들이

나를 잠 못 들게 하고

누구에게도 얼굴을

보이고 싶지 않은 부끄러움에

문 닫고 숨고 싶을 때

조금은 계면쩍지만

내가 나를 위로하며

조용히

거울 앞에 설 때가 있네

– 이해인, 「나를 위로하는 날」 중에서

1. 공포 조장의 시대

슈퍼 테러리즘

밤늦게 도로변에 자동차를 세워놓고 편의점에 가본 일이 있는가? 시동을 켜놓은 채 말이다. 나는 자주, 사실은 거의 대부분 몇 분 이내의 볼일이면 그러곤 한다. 어느 자리에서 우연히 그런 이야기가 나왔는데, 누군가가 이런 얘길 들려주었다.

"한국이 안전한 나라인지, 아니면 한국 사람들이 낙천적인 건지……."

그의 말인즉, 미국이나 유럽에서 온 친구들은 자동차 시동을 켜놓은 채 볼일을 보러 가는 한국인들을 무척이나 신기하게 생각한다는 것이다. 멀쩡하게 신호 대기를 하고 있을 때조차 총을 든 노상강도를 걱정해야 할 판에, 시동을 켜놓고 자리를 뜬다는 것은 아예 내놓고 훔쳐가라는 의미나 다름없다는 것이다.

그 얘기를 들었을 때는 약간 조심스러워졌다. 하지만 생각해 보니 대한민국은 아직 소위 선진국들보다는 안전한 사회가 아닌가 싶어 안심이 되기도 한다. 선진국은 위험에서조차 선진국인가?

그러나 다이내믹 코리아에서도 위험은 늘어만 간다. 아니, 그 때문에 다이내믹 코리아인 것일까? 좀더 정확히 말하자면 위기의식이 늘어나고 있나. 안 그래노 미디어는 연일 방화, 성폭행, 조직폭력, 교통사고, 불안한 식품위생, 어린이 납치 등과 같은 나쁜 뉴스 일색이다. 일상의 불안은 여기에서부터 조성된다. 게다가 남북한 위기에서 일본의 무장 위협, 중국의 팽창, 미국의 북한에 대한 전쟁위협과 같은 국제적 위기들, 그리고 테러리즘을 넘어 슈퍼 테러리즘의 시대라는 이야기까지⋯⋯. 세상은 온통 지뢰밭 같다.

트렌드 전문가들은 세계가 슈퍼 테러리즘의 시대가 되고 있다고 지적한다. 과거의 테러가 목표나 명분이 뚜렷한 약자들의 절망적 반항이었다면, 슈퍼 테러리즘은 불특정 다수를 향해 대량살상도 서슴지 않는 것이 특징이라고 한다. 이는 곧 언제 어디서든 뚜렷한 이유 없이, 단지 백화점에 윈도쇼핑을 하러 왔다가도 테러를 당할 수 있다는 뜻이 된다. 위험의 상시화다. 덕분에 보안시장은 엄청나게 성장한다. 9.11 테러 이후 보안이 지배적 이슈가 된 미국의 경우, 공항에 폭발물 정밀 탐지장치 설비를 납품하는 인비전 테크놀러지스라는 회사의 주가가 무려 2,000%나 올랐다.

문제는 테러 위험이 더 이상 남의 나라 이야기가 아니라는 데 있다. 2005년 말 부산에서 APEC 정상회의가 열릴 당시에는 백화점에 폭탄을 설치했다는 허위 협박전화가 잇따랐고, 지하철에 폭발물로 보이는 물건이 있다는 오인 신고도 계속되면서 한동안 부산 시민들을 공포에 떨게 했다. 그후 국내에서 국제행사가 열릴 때에는 어김없이 경찰, 국가정보원, 군 특수부대가 합동으로 대테러작전을 벌인다. 자이툰 부대의 이라크 파병 이후 무장조직인 알 카에다가 웹사이트에 한국 선박을 공격하겠다는 경고를 하는 등, 실질적으로도 테러위협은 증가하고 있다.

사이버 세상도 안전하지 않기는 마찬가지다. 스팸매일, 개인정보 도용, 해킹, 웹서버 과다접속을 유발하는 분산서비스거부(DDoS) 공격 등

지능적이고 다양한 사이버 테러들이 난무한다. 전문가들이 나서서 '보안불감증'을 질타하고, 정부기관과 학계, 연구소, 경찰, 국가정보원 관계자들이 모여 사이버테러 대책회의를 열고 있다. 덕분에 사이버 보안 기업들 역시 때를 만났다.

이제 위험의 증가는 다이내믹 코리아의 지배적 변화가 되고 있다. 조만간 우리나라에서도 더 이상 시동을 켜놓은 채 자동차를 비울 수 없으며, 나아가 장보러 나가기가 무서워 홈쇼핑을 더 많이 이용하게 될지도 모른다. 밤 10시가 넘으면 거리에서 젊은 여성들을 볼 수 없는 날이 올지도 모른다. 아무튼 세상은 점점 불안으로 넘쳐나고 있으니 말이다.

잡(Job) 테러리즘

우리의 마음에 상처를 입히고 불안을 조장하는 것은 또 있다. 점점 치열해지고 치밀해지는 경쟁사회로의 변화가 그것이다.

요즘 대학생들 사이에서는 '스펙 쌓기'가 열풍이다. 스펙(Spec)이란 원래 기계제품의 사양을 뜻하는 Specification의 줄임말이지만, 취업 예비생들에게는 이력서에 채워넣을 자신의 이력을 말한다. '숫자 스펙'이라고 하면 학점, 토익점수와 같이 숫자로 표현되는 것을 말하고, '경력 스펙'은 자원봉사, 해외유학, 인턴십과 같은 경험의 이력이다.

그런데 스펙 쌓기는 잔인하다. 토익 960점에 학점 4.0인데 경력 스펙이 모자라 취업에 실패했다는 한숨과 푸념이 동료들의 공감을 얻고 있는 실정이나. 꿈에라노 '정백전(청년백수 전성시대)'의 일원이 되고 싶지 않지만, 쉬운 일이 아니다. 일자리는 부족한데 일할 사람은 차고 넘친다.

국가직 9급 공무원 시험의 경쟁률은 2000년에 32.8:1을 기록한 후 꾸준히 증가하여 2004년에는 90:1을 넘어서더니 2006년에는 일부 직종의 경우 500:1을 넘어섰다는 쇼킹한 뉴스가 날아다닌다.

취업을 했다면 안심할 수 있는가? 비전 있는 기업에 취업하기도 힘들지만, 이후 자리보전이나 승진도 만만치 않다. CEO를 꿈꾸는 젊은 인재들의 비율은 갈수록 떨어지고 있다. 큰 꿈을 위해 창업 준비를 하는 것이 아니라 밀려날 때를 대비해 창업 준비를 하는 직장인들이 늘어난다. 당장 밀려날 위기에 처하지는 않았더라도 치열한 재학습의 과정을 거치지 않으면 조만간 해고당할지도 모른다는 분위기에 직장인의 1/3 이상이 '샐러던트(Saladent)'로 공부와 직장생활을 병행한다.

창업을 선택하는 이들은 어떤가? 몇 년 전만 해도 창업자의 성공비율은 3:4:3이라고 했다. 30%는 성공, 40%는 현상유지, 나머지 30%는 실패라는 것이다. 그런데 최근에는 20:80법칙(20%는 성공, 80%는 실패)이라는 말이 나오고, 심지어 5%만이 성공한다는 참담한 이야기까지 들린다. 이 모든 것들은 우리를 스트레스라고 하는 현대병의 희생자로 만들고 있다.

한마디로 직장의 공포다. 잡 테러리즘이라고 부를 만하다. 사회적 위협의 상징이 슈퍼 테러리즘이라면 안정적 직업의 위협은 잡 테러리즘이다. 우리는 안팎으로 공포의 기류에 휩싸여 있는 것이다. 그리고 이런 공포의 기류는 우리로 하여금 우리 자신을 지키고, 위험을 피하며, 마음을 다스리고자 하는 욕망을 불러일으킨다.

공포의 기류는 우리 호모 데시데로들에게 새삼스런 욕망을 일깨운다. 바로 안전과 위험 회피, 그리고 보살핌의 욕망이다. 여기에 '위로' 라는 이름을 붙일 수 있을 것이다. 위로는 내 마음속의 보호막이다. 공포의 기류가 불러낸 두려움, 과열경쟁으로 인한 스트레스로 우리의 마음은 상처입고 있다. 이 상처들을 그대로 껴안은 채 사는 것은 너무나 괴롭다. 스스로 상처를 보듬어도 보지만, 누군가 내 마음을 이해해 주고 따뜻하게 안아주었으면 좋겠다.

공포라는 사회적, 심리적 위기에 대응하는 위로의 욕망이 우리를 지배하기 시작한 것이다. 그리고 위로의 욕망은 시장에 길을 내기 시작했다. 새로운 변화의 주짐이다. 위로의 욕망은 우리로 하여금 언제 이디시나 보호받고 있고, 안전하다고 느낄 수 있도록 세상을 변화시키고 싶어 한다. 나아가 상처에 임시방편으로 반창고를 붙이는 차원을 넘어서, 몸과 정신의 균형적 발전을 통해 더 이상 상처입지 않는 나 자신이 되도록 부추긴다.

2. 위로와 보살핌의 욕망

안전의 욕구

위로의 욕망은 일차적으로 안전의 욕구에 기초한다. 매슬로에 의하면 안전의 욕구는 생리적 욕구 다음으로 중요하다. 인간은 위험에 노출되면 불안해지고, 그 불안으로부터 벗어나려는 욕망이 생기는데 그것을 생명 나음으로 중요하게 여긴다는 의미다.

안전의 욕구는 물론 신체적 안전을 최우선으로 한다. 예를 들면 미국에서 13세 소년이 점심값을 뺏기 위해 11세 소년에게 권총을 들이댔다는 해외토픽을 보며 헛웃음을 치면서도, '무서운 세상이야'라며 위기감을 느끼게 되는 것이다. 가만히 생각해 보면 너무 먼 나라 이야기일 뿐이고, 해외토픽에 등장할 정도로 미국에서도 드문 일이라고 볼 수 있지만 본능적 위기감은 어쩔 수가 없는 것이다. 이런 뉴스들을 자주 접할수록 위기감은 커지고 불안감이 엄습하게 된다.

안전의 욕구는 사회생활의 불안정성 때문에 생긴다. 사오정이니 오류도니 하는 정년이 보장되지 않는 사회를 빗댄 유행어들을 들을 때, 한편으로 자조하면서 한편으로는 위기감을 갖는다. 국민연금의 고갈위기에 대한 장문의 고발기사를 읽을 때면 마음 깊숙한 곳에서 스멀스멀 올라오는 불안감은 어쩔 수가 없는 것이다. 노사관계가 파국으로 치달을 때나 전세대란이라는 뉴스를 들을 때에도 위기감은 찾아온다.

개인사를 넘어서면 위협의 요소는 더욱 커진다. 혼자 힘으로는 어쩔 수 없는 바깥세계의 변화는 개인이 대처하기가 어렵기 때문에 더 큰 위기감으로 작용한다. 불안정성을 증대시키는 과학기술의 놀라운 속도는 물론이고, 국내외의 정치·경제 상황은 금방이라도 전쟁의 틈바구니에 나를 밀어넣을 것만 같다.

공포를 조장하는 시대로의 변화는 안전의 욕구를 자극한다. 안전이 결핍된 상태, 즉 불안과 두려움, 그리고 상처를 안은 우리는 결핍을 충족시키려는 욕망에 휩싸인다. 그리하여 순간순간 생기는 상처들을 아물게 하고, 마치 고향을 찾듯 안식처를 찾게 되는 것이다. 그것은 나를 불안하게 하는 세상에 대한 개혁의지와 정의감으로 표현되는 것이 아니라, 나를 달래주고 보듬어줄 대상에 대한 그리움으로 나타난다. 바깥이 아니라 안에서, 세상이 아니라 내 마음속에서 평안과 안락의 원천을 구하는 것이다.

위로의 욕망은 한층 능동적으로 발휘되기도 한다. 위협을 벗어나기 위해서가 아니라 몸과 마음의 균형과 조화로운 성장을 통해 자아실현으로 나아가려는 욕망이 그것이다. 이것은 보다 고차원적인 욕구다. 요가나 명상 같은 마음수련을 통해 자기발견과 자아성장을 꾀하는 것은 위로의 욕망이 고차원적으로 발휘된 경우다.

하지만 일차적으로 위로의 욕망은 우리의 일상적인 불안감, 위기감이 자양분이라는 점을 잊어서는 안 된다. 먼저 위험을 회피하고 안전이 확보되어야 좀더 차원 높은 이상이 실현될 수 있는 것이다.

따라서 위로의 욕망이 만들어내는 시장은 일차적으로는 안전, 그리고 차원 높게는 정신의 수련을 통한 자아의 성장으로 나아가는 시장이다. 위로시장은 불안한 자에게 피난처를 제공하고, 피로한 자를 쉬게 해주며, 아픈 자에게 비록 응급처치일지라도 약을 주고, 외로워하는 이에게 보듬어줄 친구를 주고, 한 차원 높게는 종교, 혹은 준종교에까지 이르는 시장이다.

안심, 그리고 따뜻함

어느 정도 자란 아기는 엄마와 눈을 맞추면 알아보고 편안해한다. 아기에게 엄마의 존재는 세상 모든 위험으로부터의 보호막이다. 위로욕망이 안전의 결핍으로부터 벗어나기 위해 추구하는 것도 그와 같다. 그래서 위로의 욕망이 시장에 나와 보여주는 소비자 니즈는 첫째가 '안심'이다.

소비자는 '안심'을 구매한다. 먹을거리부터 디지털 첨단제품에 이르기까지 안심이 주요한 키워드가 된다. 불안이 가중된 사회에서는 소비자를 안심시키기 위해 식품에 일일이 원산지 표시를 하거나, 아이들이 쓰는 크레용은 먹어도 된다는 홍보를 해야 하며, 소비자의 개인정보는 누구에게도 제공하지 않겠다는 맹세를 하고 또 해야 한다. 안심 그 자체를 구매하는 소비자도 늘어날 것이다.

두 번째 소비자 니즈는 '따뜻함'이다. 위로는 따뜻한 말이나 행동으로 괴로움을 덜어주거나 슬픔을 달래주는 것을 의미한다. 여기서 '따뜻함'이야말로 위로시장을 관통하는 키워드라고 할 수 있다. 따뜻함은 알맞은 온도다. 너무 덥거나 춥지 않다. 따뜻함은 정답고 포근한 감정이나 분위기에서 나온다. 따뜻함은 오 헨리의 『마지막 잎새』나 구리 료헤이의 『우동 한 그릇』, 혹은 『마음을 열어주는 101가지 이야기』 같은 책을 읽을 때 전해지는 그런 느낌이다. 따뜻함 속에서 우리는 비로소 편안한 위로를 받는다. 그것이 단지 일시적이라 해도 말이다.

예컨대 우리는 위협요소를 제거할 때 따뜻함을 느낀다. 아이들 장난에 깨지기 쉬운 유리창에 덧붙인 보호용 필름 같은 것에서 말이다. 또 기업의 선행에서 따뜻함을 느낀다. 1994년부터 벌써 십수 년째 탑승객들에게서 외국화폐를 수거하는 '사랑의 동전모으기(Change For Good)' 프로그램을 통해 해마다 수천만 달러를 유엔아동기금(UNICEF)에 전달하는 브리티시항공의 일관성 있는 선행 같은 것 말이다. 또 느리지만 여유를 만끽할 수 있는 삶을 통해 따뜻함을 느낀다. 국내에서 고양이 캐릭터로 많은 이들의 사랑을 받는 '스노우캣'의 느려터진 귀차니즘은 그래서 편안하다. 또 바쁜 일상 속에서 얼핏 웃음이 터져나올 때에도 따뜻하다. 그래서 앉으면 방귀소리가 나는 쿠션을 사게 되는 것이다. 작은 공간이라도 집처럼 안락함을 줄 때 따뜻한 느낌을 받는다. 경승용차인 마티즈에 고가의 최신식 오디오를 설치하거나 고급 가죽시트를 씌우는 사람이 있는 것은 이 때문이다.

위로의 욕망은 세상의 불안과 대면하기 위해 작지만 소소한 일상에서부터 안전을 추구한다. 또 정신의 훈련을 통해 모든 것을 마음의 작용으로 해결하려고 시도한다. 위로의 대상은 동물이나 상품 같은 것으로 확대대기도 하며, 자기 자신을 위한 선물로 나타나거나 일시적이지만 긴장을 해소하는 유머로 표현되기도 한다. 이런 도전들이 위로시장을 성장시킨다.

위로시장은 그것이 정신적 위로가 됐든 물질적 위로가 됐든 소비자들을 안심시키고, 따뜻함을 구현하는 것이 포인트다. 그럴 때 비로소 위로의 욕망은 결핍에서 벗어난다. 공포의 기류 속에서 불안한 소비자들은 요람 속에 든 아기처럼 엄마의 눈길을 기다리는 것이다.

3. 성장시장 & 트렌드

1》》 작은 안심

큰 안심이 있고 작은 안심이 있다. 예를 들면 테러와 같은 집단적 공포에 대응하는 것이 근 안심이고, 큰 안심에는 큰 시상이 있다.

안전의 욕구가 직격탄을 날리는 시장은 단연 보안산업일 것이다.

2001년 9.11 테러 이후 미국 경제의 타격을 우려하는 목소리가 높았지만, 실제로 마이너스 효과는 별로 없었다. 일부 기업들은 테러 대비 보험료를 좀더 지출하고, 감시카메라가 늘었으며, 초고층빌딩이나 화학공장 같은 위험지역의 경비원 숫자만 증가했을 뿐이다. 그러나 이런 정도의 변화만으로도 보안산업은 9.11 테러 이전의 두 배가 넘는 1,000억 달러 시장으로 성장했다. 보안산업의 시장분포상으로는 여전히 침입감지장치 부문이 크지만 전체에서 차지하는 비중은 감소하고 있고, CCTV나 DVR과 같은 화상감시 보안시스템 분야, 그리고 생체공학(Biometrics) 및 스마트카드 등을 중심으로 하는 접근통제(Access Control) 분야와 통합보안시스템 등과 같은 고도기술 분야가 대폭 성장하고 있다.

사이버상의 보안산업 역시 성장을 거듭해, 세계 보안소프트웨어 매출규모는 2003년 80억 달러 규모를 돌파한 데 이어 2008년이면 159억 달러에 이를 것으로 전망되고 있다(미국 시장조사기관 IDC 발표).

그런데 누구나 성장을 예측하고 있는 큰 안심을 위한 보안산업 못지않게 앞으로 지속적인 성장이 예상되는 것이 작은 안심을 위한 위로시장이다. 작은 안심이란 일상의 작은 위험으로부터 안전을 확보하는 것을 말한다. 비행기 테러 방지 시스템은 큰 안심을 위한 것이지만 아이 혼자 비행기를 태워 보낼 수 있는 것은 작은 안심이다. 작은 안심은 일상의 근심거리라는 점에서 소소하지만 당사자에겐 만만치 않은 고민인데다, 그 가짓수가 많기 때문에 시장은 결코 작지 않을 것이다.

루프트한자 독일항공(LH)은 이미 작은 안심 사업을 실천하고 있다. 이 회사는 부모를 동반하지 않은 만 5세 이상 11세 미만 어린이 승객들에게 레드캡 서비스를 실시하고 있다. 비행사 직원들이 아이와 동행하여 도착, 출발, 환승 등의 절차를 도와줌으로써 부모들을 안심시키고 있다.

2007년부터 본격 서비스가 시작되는 소방방재청의 'U-안심폰서비스'도 국민들의 작지만 큰 고민을 덜어준다. 119로 신고한 구급현장에 갈 때 미리 등록된 환자의 질병정보를 알고 있다면 응급처치의 효율성을 높일 수 있다는 것이 이 서비스의 의도다. 시민들은 미리 환자, 고령 및 독거노인, 장애우 등의 질병 및 신상정보를 소방방재청에 등록해 놓고, 119는 구급현장 출동 시 이 자료를 바탕으로 신속하고 적절한 조치를 취할 수 있게 된다. 시범서비스 개시 3주 만에 2만 5,000명에 달하는 신청자가 쇄도할 정도로 인기가 높다.

작은 안심 시장은 이처럼 일상의 불안에 처치되는 특효약 같은 것이다. 그만큼 적절한 불안에 처방되면 효과가 바로 나타난다.

자녀를 가진 가정은 작은 안심시장의 큰 타깃이다. 불안한 도심환경 때문에 노심초사하는 부모들의 걱정거리를 덜어줄 수 있기 때문이다. 유치원에 간 아이의 위치를 수시로 파악할 수 있게 이름표나 목걸이에 센서를 부착하여 부모의 휴대폰에 연계시키는 서비스, 위급 시 휴대폰의 긴급호출 번호를 누르면 최대 4명의 보호자와 그룹통화가 가능한 서비스, 보호자 없이 어린이나 여성이 택시를 타면 가족에게 휴대폰으로 승차지점이나 차량이동경로, 하차지점 등의 정보를 제공하는 안심귀가택시 등이 이미 개발되어 있다. 유비쿼터스 기술의 하나인 전자태그(RFID)가 물건이 아니라 사람에게 부착된다면 장애우를 제외하고 가장 우선적인 대상이 바로 어린이나 노약자일 것이다.

일상의 작은 불안 중 하나는 먹을거리의 안전 문제다. 이제야 대형마켓 중심으로 원산지표시 의무제 등의 안심서비스가 실시중인데, 재래

시장은 물론이고 전국의 수많은 식당들도 이 문제를 고민해야 할 것이다. 안심서비스의 실시는 앞으로 마케팅의 주요한 이슈가 될 것이다. 경북 영덕에 있는 영덕삼부자야콘농장은 영덕 농업기술센터의 지원으로 사이버농장을 열었는데, 사이버회원들은 분양받은 1, 2평 정도의 자기 농장에서 작물이 재배되는 과정을 인터넷으로 직접 확인할 수 있다. 가보지 않아도 '안심'이 제공된다. 마침 이 농장의 주소도 영덕군 안심리 27번지다.

실물을 보지 않고 물건을 구매하는 홈쇼핑의 경우에는 이미 안심시장이 쑥쑥 성장하고 있는 중이다. 인터넷 쇼핑의 걱정을 덜어주는 쇼핑몰 보증보험으로 시작된 서비스의 질은 향후 경쟁적으로 높아질 것이다. CJ홈쇼핑은 '구매보장안심서비스'를 실시하는데, 보장기간 내의 상품이라면 비록 소비자의 실수로 파손되었을지라도 무상교환 및 환불 서비스를 받을 수 있다. 물론 금액의 한계는 있지만(건당 100만 원, 연간 1,000만 원 한도) 파격적인 서비스가 아닐 수 없다. 안심을 넘어서 만족을 지향하는 마케팅이다.

작은 안심시장의 대상은 널려 있다. 의·식·주의 다양한 일상이 모두 작은 안심시장의 재료가 된다. 사람들은 작은 배려에도 큰 위로를 받는다. 작은 안심의 서비스시장이 성장할 수밖에 없는 까닭이다.

2»» 마인드 트레이닝(Mind Training)

위로의 욕망이 인생행로를 바꿔놓을 수 있을까? 혹은 라이프스타일만이라도 바꿀 것인가?

인생행로를 바꾼 사람들이 여기 있다. 치열한 경쟁, 증가하는 위험의 도시를 떠나 농촌이나 시골에 정착하는 사람들이다. 대도시의 직장에서 누리던 고소득을 포기하더라도 마음이 편하고 삶이 즐거운 일을 택한 사람들이다. 그들을 '더피족(Duppie, Depressed Urban Professional)'이라고 부른다.

하긴 일찌감치 더피족의 선배가 된 사람들이 있긴 하다. 제2차 세계대전 전후 정신적 황폐함 속에서 일본의 야마기시 미요조는 돈이 필요없는 원시공동체를 제창했다. 무소유가 기본이고, 모든 것을 함께 사용하는 공동생활체다. 야마기시즘이라고 불리는 이 운동에 동참한 것은 일본을 비롯하여 미국, 호주, 독일, 태국, 브라질, 스위스, 한국 등의 50여 개 마을이다. 50여 년의 역사에 비하면 숫자가 많지 않은 데서 보듯, 이런 실천은 따르기가 쉽지 않다.

그럼에도 더피족은 2005년부터 세계적인 주목을 받았다. 미국의 경제지 「월스트리트 저널」이 선정한 'New Year Trend'나 일본 「닛케이신문」의 '2005 대예측' 등에 이름을 올렸다. 하지만 사회에 반향을 일으킬지언정 대규모로 진행되기는 어려울 것이다. 만일 대규모로 진행된다면 그야말로 '자본주의'는 일대 혁명이 일어날 테니 말이다. 한국에서도 아직 본격화되기보다는 소수 30, 40대들의 귀농일기에서 발견되고 있는 중이다. 소득규모가 아직 선진국에 미치지 못하는 한국의 특성상, 더피족보다는 일은 도시에서 하고 주거는 외곽에서 누리는 고소득 프리에이전트들이 더 많이 증가하게 될 것이다.

인생행로를 통째로 바꿀 수는 없지만 그 길로 가는 과정을 통해 마음을 다스리려는 사람들의 라이프스타일도 변화하고 있다. 그들은 점심

시간에 잠깐 시간을 내 명상편의점에 들른다거나, 퇴근 후나 주말을 이용해 직접적으로 마음을 다스리는 곳에 자신을 의탁한다. 이것을 '마인드 트레이닝'이라고 부를 수 있을 것이다. 마인드 트레이닝은 더피족보다는 현실적으로 실천이 쉽다는 점에서 위로시장의 적자(嫡子)가 될 것이다.

3 》》 마음에 주목하다

'우연히 봤다가…… 넘 인상적이라서 다시 봤는데…… 너무 놀랍다. 마음이 몸을 지배한다. 마음 하나만 잘 컨트롤한다면 못할 게 없다는…… 신기하다. 평생 먹지 못하던 오이도 마음만 약간 바꿔주니깐… 오이의 역겨운 냄새가 나지 않는다고 그러면서 우걱우걱 먹는……'

어느 블로그에서 따온 글이다. 이 블로거가 그토록 감탄하고 있는 대상은 2006년 초에 KBS가 방영한 특집 다큐멘터리 「마음」이다. 따지고 보면 인간이 마음을 중시한 것이 하루이틀도 아니거니와, 과거의 동양사상은 물질이 아니라 정신, 그러니까 마음을 우주에서 가장 중요한 요소로 다루었다. 그렇다면 왜 새삼 마음에 대한 다큐멘터리가 등장하고, 이를 본 사람들이 감탄을 해가며 강한 인상을 받았던 것일까? 그 이유는 제작진의 기획의도에서 잘 나타난다.

제작진은 기획의도를 이렇게 이야기한다.

마음은 과연 무엇일까? 왜 첨단과학의 시대에 느닷없이 오래된 화두를 끄집어내는 것인가? 그 질문은 역설적으로 첨단과학과 풍요의 시대에 우리는 행복하지 못하다는 뜻을 담고 있다. (중략) 다큐멘터리 「마음」은 탐욕과 행복의 불행한 연결고리를 끊고 싶다. 유한한 자원을 놓고 벌이는 끝없는 행복전쟁을 끊을 수 있는 방법은 '마음'을 잡는 것이다. 어떻게? 그것이 다큐멘터리 「마음」 6편이 시청자 여러분들에게 던지는 구체적인 '마음' 잡기 방법론이다.

결국 행복은 마음에 달려 있다는 이 새삼스런 깨달음은 첨단기술문명의 존재조차 무색하게 만들고 있다. 이 지점에서 위로의 욕망은 안전의 욕구를 넘어서서 자기실현의 성장 욕구로 나아간다. 그리고 마음을 직접 다스리는 마인드 트레이닝이라는 시장을 형성하게 된다.

단지 책을 읽는 것만으로도 위로가 되는 출판 분야에서는 가장 먼저 마인드 트레이닝의 위력이 발휘되었다. 지난 몇 년간 베스트셀러 목록에 오른 다음 책의 공통점을 찾아보라.

『화』, 『살아 있는 것은 다 행복하라』, 『긍정의 힘』, 『용서』

그렇다. 모두 종교지도자들의 책이다. 풍문에 따르면 기껏해야 3만 부 수준에 머물던 기독교 서적 베스트셀러들의 외연이 부쩍 확장되었다고 한다. 조엘 오스틴 목사가 쓴 『긍정의 힘』은 기독교 서적이지만 10만 부가 넘게 팔려나갔다. 종교지도자들의 세상을 사는 지혜가 대중들에게 위로가 되고 있다는 반증이다. 거꾸로 말하면 한국인들은 지금 누군가가 들려주는 지혜의 말씀을 통해 마음을 다스리고 싶어하는 것이다.

마음 다스리기의 중요성을 강조하는 것은 종교인만이 아니다. 과학과 예술 분야에서 세계적 명성을 자랑하는 인사들이 모여 인류의 미래를 논의하는 'TED(Technology, Entertainment and Design) 글로벌' 모임의 2005년 주제는 '느리게 살기' 였다. 이 모임에 참석한 작가 배리 슈워츠는 '슈퍼마켓에서 175종류의 샐러드 드레싱, 40종류의 치약, 75종류의 아이스티, 285종류의 쿠키 중에서 물건을 고른다고 생각' 해 보라며 정보의 홍수 시대를 사는 괴로움을 비유적으로 지적했다. 무제한의 정보, 온라인쇼핑의 편리함 등이 오히려 삶의 질을 떨어뜨리고 있으며, 따라서 발상을 전환해야 한다는 것이다.

또 트렌드 예측가 패트리셔 에버딘은 『메가트렌드 2010』에서 다양한 마음수련 모임들이 속속 생겨나고 있는 미국 기업들을 소개하고 있다. 그녀는 21세기가 '영성의 시대' 가 될 것으로 예측한다. 실제로 마인드 트레이닝 분야는 꾸준히 성장하고 있다.

수련단체들의 회원은 꾸준히 늘고 있고, 지역마다 지점들이 생기고 있다. 기를 통해 심신을 수련하는 단학 단체인 '단월드' 는 2005년 2,500억 원의 매출을 올렸는데, 2010년까지 전 세계에 3만 6,000개의 지점을 세울 목표를 갖고 있다. 맥도널드보다 1만 개가 많은 숫자다. 후발업체인 '수선재' 는 도심에서 짬짬이 들를 수 있는 명상편의점 '아루이 선(仙)' 이라는 독특한 상품을 내놓았다. 화랑도의 정신을 계승한 심신수련법인 '국선도' 도장, 마음 다스리기를 비종교적인 과정으로 운영하는 '마음수련원', 인도의 신체단련법인 요가 학원 등 종류도 다양하지만 수련하는 이의 숫자도 해마다 늘고 있다. 미국의 교육심리학자 해리 팔머가 1987년에 개발한 '아바타(Avatar)' 는 9일 수련에 200만 원이 넘는 비용이 들지만 효과가 있다는 소문이 퍼지고 있다. 마음수련의 오랜 역사를 자랑하는 전통적인 종교단체들도 불교의 위파사나, 천주교의 명상의 집, 원불교의 삼동원처럼 일반인을 위한 다양한 수련 프로그램들을 운영하고 있는 것은 물론이다.

혹시 마인드 트레이닝이 이미 충분한 시장을 형성하고 있다고 생각하는가? 결코 그렇지 않다. 통계청에 따르면 2005년 11월 1일 현재 종교인의 수는 2,497만 1,000명으로 10년 전인 1995년의 2,259만 8,000명보다 238만 명, 무려 10.5%나 증가했다. 국민 전체에서 차지하는 종교인구 구성비도 50.7%(1995년)에서 53.1%(2005년)로 올라갔다. 이 결과는 공포 조장의 시대라는 지배적 변화가 과학기술문명이라는 21세기의 테크놀로지 진화를 넘어서고 있다는 의미로 해석할 수 있다. 예전보다 정신, 그리고 마음의 중요성은 더 커지고 있다.

마인드 트레이닝은 지금까지보다 더욱 다양한 방식으로 라이프스타일에 관여할 것이다. 수련단체들의 다양화는 물론 생활에 한층 밀착된 형식의 수련방식이 개발되어 우리 곁을 찾아올 것이다. 단적으로 마인드 트레이닝은 더 많은 기업들이 직원들의 인재 훈련 방법으로 채택하게 될 것이다.

마인드 트레이닝은 위로의 욕망 중에서도 결핍이 아닌 성장의 동기요소가 시장을 만든다. 성장의 동기요소는 결핍과 달리 충족되면 그치는 것이 아니다. 성장은 궁극적으로 신에 도달할 때까지 그칠 수 없는 것이고, 인간은 결코 신에 도달할 수 없다. 따라서 마인드 트레이닝은 형태와 방식만 바뀐 채 지속적인 성장이 예상되는 시장인 것이다.

4 »» 애완시장

공포에 떠는 것도 인간이지만 결국 공포를 만든 것도 인간이다. 스트레스가 만연하게 된 데에는 사회적 책임이 크다고 할 수 있지만, 일상적으로 스트레스를 안겨주는 것은 대개의 경우 나와 관계를 맺고 있는 사람들이다. 그래서 인간은 동물을 찾는지도 모르겠다. 배설물을 치우고 예방주사를 맞히고 털 관리를 해줘야 하는 등 동물도 인간을 어지간히 귀찮게 하지만 공포나 스트레스는 아니다. 자기가 싫으면 언제든 잠시 멀리할 수 있으니까 말이다.

애완산업은 위로시장의 또 하나의 축으로서 지속적인 성장이 예상되는 분야이다. 사람들은 동물에게서 인간은 줄 수 없는 새로운 매력을 발견한다. 언어로 소통하지는 않지만 사람과 동물은 함께 추억을 쌓고, 교감을 나눈다. 그래서 동물애호가들은 장난감 같은 느낌이 나는 '애완'이 아니라 더불어 산다는 의미의 '반려'라는 말을 쓰자고 제안한다. 애완동물이 아니라 반려동물이라는 것이다.

이미 수백만의 애견인구를 비롯해 많은 사람들이 동물을 키우고 있지만, 이 시장이 더욱 성장하리라 예상되는 것은 바로 이 대목이다. 공포조장의 시대에 동물이 인간을 위로하고, 인간과 함께 성장하는 대상으로 새롭게 주목받는 것이다. 장난감이 아니라 가족, 반려자로 여겨지게 되면서 더 많은 사람들이 더 많은 비용을 자신의 반려동물에 쏟아부을 것이다. 이에 따라 고부가가치를 낳는 애완시장도 늘어날 것이다.

현재 애견산업의 규모는 1조 원대라고 한다. 지난 몇 년간 소폭 성장에 그쳤지만 경제여건이 나아지면 성장가능성은 충분하다. 설제로 미국의 경우 1990년대에 이미 시장이 포화상태라고 했지만, 지속적인 호황으로 지난 10년 사이 두 배 이상 성장하여 340억 달러 시장으로 커졌다. 이것은 혀를 위로해 주는 캔디시장(240억 달러)의 1.5배에 해당한다. 실제로 애견산업은 한방치료를 병행하는 동물병원, 강아지 작명 서비스, 애견용품 렌탈, 애견패션, 애견카페, 애견 장례 서비스 등 다양한 분야가 성장 여력을 갖추고 있다. 또 방학 때만 동물을 빌려주는 애완동물 렌탈업이 새로 생기는 등 신종 서비스도 늘어날 것이다.

애견보다 규모는 자지만 성장률이 높은 쪽은 고양이를 좋아하는 사람들이 만들 애묘시장이다. 미국의 극작가 마크 트웨인이 '끈의 노예로 만들 수 없는 딱 한 가지'라고 했다는 고양이는 공동체적 정서의 개보다 훨씬 독립적이어서, 도시인의 삶을 상징한다는 평을 듣고 있다. 고양이를 키우는 사람들의 대부분이 싱글이며, 한국의 독신가구 수가 300만을 넘어서고 계속 성장세에 있음을 감안해 보라. 앞으로 고양이는 더 많은 도시 싱글들의 상처난 마음속에 자리잡게 될 것이다.

애완산업의 벤처는 애완곤충을 비롯한 이색동물들이다. 한국의 경우 애완곤충은 100억 원대의 시장을 형성하고 있는데, 일본은 왕사슴벌레 한 종류만으로 3,000억 원대의 시장을 형성하고 있다. 이에 따라 농업진흥청은 농가들을 대상으로 애완곤충 사육업을 미래산업으로 추천하고 있다.

애완산업은 소득증가와 비례할 수밖에 없다. 반려자로서 또 다른 가족을 맞이하는 것은 단순한 구매비용을 상회하며, 지속적인 관리를 해줄 수 있는 여유는 갖춰야 하기 때문이다. 따라서 성장할 것은 틀림없지만 성장률의 크기는 소득의 증가에 연동될 것이다.

5 ››› 셀프 기프팅(Self Gifting)

선물은 위로가 된다. 선물을 받는 일은 즐겁다. 그런데 최근 젊은 층을 중심으로 새로운 분위기가 감지되고 있다. 선물은 남에게서 받는 것이라는 고정관념을 깨고, 스스로 자기 자신에게 선물을 주기 시작한 것이다. 이것을 '셀프 기프팅'이라고 한다.

셀프 기프팅은 자신을 위한 소비, 싱글족, 격려 등의 키워드를 포함하고 있다. 연결하자면 '소비를 통해 자신을 격려하는 싱글들이 주로 하는 소비'가 될 것이다. 하지만 고가의 물건이 아니라면 싱글이 아닌 이들도 곧 이 흐름에 동참할 것이다. 자신을 위한 소비는 싱글들의 전유물이 아닌 까닭이다.

셀프 기프팅은 어느 정도의 전파력을 가지고 있을까? 이마켓플레이스 업체인 옥션이 조사한 결과, 약 70% 이상의 회원이 셀프 기프팅 경험이 있는 것으로 나타났다(2006년 2월). 일상화된 소비형태는 아니지만 이미 낯선 방식도 아니라는 점이 증명된 셈이다.

미국에서도 아메리칸 익스프레스의 설문조사에 따르면 남에게 선물을 하면서 자신을 위한 선물도 사는 경우가 성인 5명 중 1명이었다. 또 유럽에서는 이미 2004년 10대 트렌드 키워드의 하나로 셀프 기프팅이 선정된 바 있다. 셀프 기프팅이 글로벌 트렌드로 떠오른 것이다.

셀프 기프팅은 고단한 삶을 사는 자기 자신에 대한 보상이다. 스스로 어떤 고난을 이겨냈을 때, 고대했던 결과를 얻었을 때, 확실한 결과는 아니더라도 자기 자신이 대견할 때 스스로를 위로하는 방법으로 소비를 택한 것이 셀프 기프팅이다. 위로의 욕망이 물질적 소비로 표현되고 있는 것이다.

유럽의 경우에는 자신을 위한 소비가 단순한 보상을 넘어서 개성의 표현이라는 형식으로 나타나고 있다. 영국의 시장조사기관인 존 르위스(John Lewis)는 친구를 위한 선물에 드는 비용이 평균 22.6파운드이고, 자신을 위한 선물에는 42파운드를 쓴다는 조사결과를 발표했다. 친구를 위한 선물이 의례적인 것으로 적정선을 넘지 못하는 데 비해, 자신을 위한 선물은 단순히 '준다'는 의미를 넘어서 자신의 가치를 표현하고자 하는 욕구를 반영하고 있는 것이다. 이런 추이는 한국에서도 확인되고 있다. 옥션의 같은 조사에 따르면 셀프 기프팅으로 쓰는 비용에 대해 10만 원 이상이라는 응답이 25%로 가장 많았고, 100만 원 이상이라고 응답한 사람도 11%나 되었던 것이다.

셀프 기프팅을 하는 사람들이 늘고 있기는 하지만 아직 자주 반복되는 소비형태는 아니다. 하지만 싱글들의 소비파워가 증가하고 있고, 상처받은 자신을 보살피는 것은 결국 '나'일 수밖에 없다는 점에서 앞으로 지속적으로 늘어날 것이 틀림없는 성장시장이다.

6》》 유머 소비

위로의 욕망을 달래주는 것으로 유머를 빼놓을 수는 없다. 유머는 긴장을 이완시키고, 순간적으로 우리를 무장해제시키기 때문이다. 다음의 리스트를 한번 읽어보자.

■ **핸드폰 줄 액세서리** : 핸드폰 줄에 달린 액세서리인데 한쪽 면은 통화 후 얼굴 접촉면에 묻은 피부 노폐물(일명 개기름)을 닦을 수 있는 스웨이드 천, 다른 면은 이태리타월을 축소해 놓았다.

■ **방귀 쿠션** : 앉으면 방귀소리가 난다.

■ **끈질긴 알람시계** : 한 번 알람을 울린 후 스스로 테이블 밑 등으로 굴러가 숨어 있다가 나와서 다시 알람을 울린다. 시계 자체가 두터운 털로 덮여 있어 알람을 끄려고 해도 스위치를 찾기 힘들다.

■ **궁둥이 마우스** : 마우스의 생김새가 궁둥이 모양을 그대로 닮았다.

■ **누드 컵** : 음료를 마심에 따라 컵 안의 누드 그림이 조금씩 모습을 드러낸다.

■ **부시 연필꽂이** : 부시 미국 대통령이 엉덩이를 노출한 모양의 연필꽂이. 이라크전쟁 반대자들이 즐거워할 것이다.

■ **'도그 바크 파크 인(Dog Bark Park Inn)'** : 미국의 호텔로 비글종(種) 개의 모양을 그대로 본뜬 외관이다. 계단을 통해 2층 높이의 엉덩이로 들어가면 10m 길이의 몸통 부위에 주방과 침실이, 튀어나온 머리와 입 부위에는 다락처럼 창문이 나 있는 침실이 있다.

모든 상품에 유머를 입힐 수는 없을 것이다. 하지만 일상의 공간 구석구석에 유머상품이 하나씩 쌓여갈 것은 분명하다. 공포가 커질수록, 그래서 위로의 욕망이 커질수록 일상에서 순간순간 만나는 유머의 기능은 더 중요해질 것이기 때문이다.

7》》 스위트 스페이스(Sweet Space)

일찍이 트렌드 전문가 페이스 팝콘은 1980년대 초반의 미국사회를 관찰하면서, 사람들이 점점 누에고치처럼 집으로 파고드는 '코쿠닝(Cocooning)' 트렌드를 예측한 바 있다. 당시 미국에서는 베이비붐 세대가 청소년기에 접어듦에 따라 각종 사회범죄가 만연했고, 이러한 위험과 불안으로부터 회피하고자 하는 욕구가 집을 안락한 요새처럼 만들고, 그 안에서 가능한 모든 것을 해결하고자 하는 흐름으로 나타나게 된 것이다. 이후 홈쇼핑이나 카탈로그 쇼핑의 번성은 코쿠닝 트렌드가 빚어낸 대표적인 사례로 꼽히고 있다. (물론 우리나라의 경우 홈쇼핑의 번성은 코쿠닝 트렌드와 직접적 인과관계가 없다. 한국사회가 안전하지 않기 때문에 홈쇼핑을 즐기게 된 것은 아니기 때문이다. 전 지구적인 메가트렌드라 할지라도 특정한 나라에서 발현될 때에는 그 나라만의 특수성에 의해 필터링을 거친 형태로 나타나는 것이다.)

그런데 최근 들어 코쿠닝이 집뿐만 아니라 자동차, 쇼핑공간, 문화시설 등 라이프스타일 전반으로 확산되어 가는 징후가 관찰되고 있다.

가장 빠른 행보를 보이는 분야는 아무래도 자동차다. 차는 집과 사무실 외에 사람들이 일상적으로 많은 시간을 보내는 공간이자 가장 사적인 공간이다 보니, 자신의 기호와 취향에 맞게 편안한 공간으로 꾸미고 싶은 욕구가 커질 수밖에 없다. 자동차업체들은 소비자들의 이러한 욕구를 간파하여 타깃 층의 편의성을 고려한 인테리어 사양의 다양화, 고급화를 시도해 왔는데, 최근에는 가전업체를 비롯한 관련업체들 간의 제휴로 그 폭을 더욱 넓혀가고 있다.

일례로 BMW, 벤츠, 볼보, GM 등 굴지의 자동차 메이커들이 애플의 아이팟 전용 연결포트를 차량에 탑재하는가 하면, 아우디도 고급 차종인 A8시리즈에 명품 오디오 브랜드인 뱅앤올룹슨과 제휴하여 A8시리즈를 위해 맞춤 제작한 차량용 스피커를 탑재했다. 이는 MP3플레이어로 음악을 듣는 데 익숙한 젊은 운전자들이나 차에서도 집안의 오디오 시스템 못지않은 디자인과 음질을 즐기고 싶어하는 소비자들의 취향을 반영한 '라이프스타일 마케팅'이라고 할 수 있다. 최근 삼성전자도 이탈리아의 명품 자동차 브랜드 피아트에 자사의 비즈니스 스마트폰을 기본사양으로 장착하기로 합의한 바 있다(2006년 9월). 피아트 운전자들에게 핸즈프리, 내비게이션은 물론이고 휴대폰에 저장된 음악을 카스테레오로 감상할 수 있게 한다는 것이다. 대부분의 국내업체들은 아직 수입 명품차에 자사의 핸드폰 전용 거치대나 한글 내비게이션을 탑재하는 수준이지만, 평소 생활에서 누리던 많은 것들을 자동차 안에서도 즐기길 원하는 소비자들의 욕구에 부응하려는 시도는 계속 이어질 것으로 보인다.

사무실 또한 예외가 될 수 없다. 우리나라 근로자의 절반이 하루 활동시간의 70% 이상을 보내는 공간인 만큼, 오피스 공간의 질은 생산성과 직결된다고 해도 과언이 아니다. 사실 그동안은 근로자의 편의성보다는 사무공간의 효율적이고 경제적인 이용에 초점이 맞춰졌지만, 앞으로는 보다 사용자 친화적인 변신이 필요하다. 예컨대 파티션으로 구획되어소 울타리를 연상시키던 격자형 사무실에서 탈피해, 프라이버시를 보호하면서도 전체 공간을 넓게 개방하고 업무의 흐름에 따라 실내의 모든 요소들이 자유롭게 구성된 오픈 오피스(Open Office)로의 변화도 사무실을 스위트 스페이스로 만들어줄 것이다.

글로벌 시대를 맞아 해외 출입국자들이 갈수록 늘어나다 보니 항공사들도 집, 극장, 사무실, 휴게시설 등 다양한 생활공간의 특성을 비행기 안으로 끌어들이고 있다. 대한항공이 2006년부터 도입하기 시작한 서비스 몇 가지를 살펴보면 넓은 좌석과 프라이버시를 고려한 칸막이 설치로 내 집 침대 같은 편안함을 주는 코쿤 스타일의 좌석, 주문형 AV시스템이나 미니바, 체력단련시설 같은 오락시설, 인터넷 서비스 같은 사무환경 등 장거리 여행에도 불편함이 없도록 배려하는 추세다.

그밖에도 이미 보편화된 펜션이랄지 수술 후 병원과 가까운 곳에 조용한 숙소와 간병인을 마련해 주는 성형외과, 일반 가정집을 개조하여 집처럼 편안한 분위기에서 쇼핑을 즐길 수 있는 옷가게, 집에서 식사하는 느낌을 주는 분위기의 식당 등, 다양한 공간에서 이러한 변화가 일어나고 있는 중이다.

스위트 스페이스 시장은 디지털 문명의 발달로 인해 성장가도를 달릴 것이다. 또한 디지털 문명은 모든 공간을 하나의 접속공간으로 바꿀 것이다. 이에 따라 네트워크 접속의 용이함은 편안함과 안락함을 뒷받침하는 중요한 요소가 아닐 수 없다. 휴대용 인터넷, 디지털 기기를 비롯하여 유비쿼터스 인프라가 발전함에 따라 이런 접속가능성은 스위트 스페이스의 또 다른 조건이 될 것이다. 스위트 스페이스 시장은 현재 고가의 상품이나 서비스를 중심으로, 혹은 경쟁이 치열한 분야에서 고급화된 부가서비스의 일환으로 제공되는 수준이다. 하지만 몇 년 후에는 예컨대 버스정류장이나 전철역, 각종 이동수단, 다양한 매장 등 소비자의 생활환경에 속하는 거의 모든 공간들에서 집과 같은 편안함과 안락함의 서비스를 차용하게 될 것으로 보인다.

위로를 필요로 하는 사람들

4,750명

■ 인구 10만 명당 범죄자 수(2004) 1980년 1,973명에서 꾸준히 증가하여 1999년 4,923명으로 최고치를 기록한 후, 다소 줄긴 했지만 25년 전에 비하면 두 배 이상 증가한 셈이다. 한편 강간범죄자 수는 1980년 5,672명에서 무슨 연유에서인지는 알 수 없으나 2002년 8,969명으로 폭증하여 2003년 9,815명으로 정점을 찍은 후, 2004년 다소 줄어든 8,847명을 기록했다. 디지털 강국답게 사이버 폭력사범 수도 폭증하고 있는데, 2005년 2분기 3,221명으로 전년 동기의 1,949명보다 무려 63.3%나 늘어났다.

57%

■ 종교인구 비율(2004.9) 1995년 50.7%에서 2003년 53.9%, 그리고 2004년 57%……. 이론적으로는 복제기술의 발달로 인해 인간이 인간을 창조할 수 있다는 시대에, 종교인구는 꾸준히 늘고 있는 것이다.

2만여 명

■ 삐삐 사용인구(2005) 하루 종일 한 번도 울리지 않는 휴대폰 때문에 우울증에 빠지는 사람들이 있는가 하면, 때와 장소를 가리지 않고 울려대는 휴대폰 때문에 노이로제에 시달리는 사람들도 있다. 그래서 수시로 스팸문자나 텔레마케터의 전화가 날아들고 원하지 않는 순간에도 커뮤니케이션을 강요하는 휴대폰 대신, 선택적 커뮤니케이션이 가능한 삐삐족으로 회귀하는 이들이 생겨나고 있다.

2.9쌍

■인구 1,000명당 이혼율(2004) '2005 서울통계연보'에 따르면 2004년 서울에서 하루 평균 196쌍이 결혼했으며, 74쌍이 남남이 됐다.

19.7%

■여성가구주 비율(2006) 1980년에 약 14.7%이던 여성가구주 비율이 빠른 증가세를 보이고 있다. 더구나 이들 중 14.1%는 국민기초생활보장 수급자로서 2.6%를 자지하는 남성수급자와 비교해 볼 때 남성보다 약 6배의 높은 빈곤위험율을 보이고 있다.

125만 가구

■한 부모 가구 수(2005) 이혼, 사별 등으로 인해 부모 중 한쪽이 자녀를 양육하는 가구 수가 124만 7,000여 가구에 달한다. 이 비율은 1985년 8.9%, 2000년 9.4%로 꾸준히 증가하고 있다. 그러나 모부자복지법에 따라 국가의 지원을 받는 세대는 전체 한 부모 가구의 4.4%에 불과한 실정이다. 모부자복지법 대상자 중 부자가정은 19.2%, 모자가정은 80.8%로 여성 한 부모가 남성보다 약 4배 이상의 높은 빈곤율을 나타내고 있다.

270만 가구

■1인 가구 수(2005) 2000년 말 전체 가구의 15.5%이던 1인 가구 수는 2005년 17%로 증가했다. 관계의 경량화, 고독의 중량화.

6장

—

더 사치스런 일상

:

레벨업

Level-up

"근사한 것을 갖는다는 것이 꼭 비싼 것을 갖는다는 뜻은 아니다. 물건의 질은 물건의 가격보다 담고 있는 내용이나 아름다움에서 나오는 것이다. 이 세상 최고의 팬케이크 뒤집개를 갖는다는 것은 훌륭한 팬케이크 뒤집개가 되기 위해 어떤 요소가 갖추어져야 하는지를 아는 사람에게나 가능한 일이다. 이 등식과 돈은 아무런 관계가 없다."

– 윌리엄 코퍼스웨이트, 『핸드메이드 라이프』 중에서

1. 일상과 레벨의 시대

일상의 재발견

다이내믹 코리아의 한켠에서는 이 역동성을 잠재우려는 조용하지만 큰 변화가 시작되고 있다. 복지라든가 생활양식이 안정되어 있는 선진국들이 이미 갖추고 있는, 역동성은 없지만 매끄러운 삶으로의 변화다. 변화보다는 안정을 추구하고, 그러면서도 내 삶의 가치를 질적으로 향상시키려는 욕망이 만들어내는, 그것은 '일상의 시대'다. 앞으로의 다이내믹 코리아는 이 새로운 변화와 대결하면서 성장하게 될 것이다.

칫솔은 어느 브랜드를 쓰는가? 아직도 교복에 대한 향수를 갖고 있는가? 당신은 B형 남자와 사귀는가?

사적인 영역의 비밀이라곤 도무지 없는 이런 질문들이 온라인으로 친구를 사귀게 하고, 동호회를 만든다. 취미라고는 하지만 비밀일 수도 있는 사적인 영역들에서 사람들은 공감대를 얻는다. 거창한 이데올로기 따위는 안줏거리에도 못 끼는 일상의 시대다. 다이내믹 코리아의 역동성은 도대체 어디로 갔을까? 영웅은 하루하루를 잘 살아내는 사람이고, 예쁜 도시락을 만들 줄 아는 아빠이거나, '인생이 화보인' 축구선수들에게 바치는 포복절도할 헌사로 네티즌들을 즐겁게 해주는 젊은 여성이다.

이제 먼지를 털어내고 어느 구석에 시든 채 버려져 있던 화분에 물을 줄 차례다. 예전엔 미처 몰랐던 꽃잎의 그 아름다운 생기에 경탄을 하며, 잃었던 나 자신을 찾은 것처럼 기뻐할 때다. 식사할 때마다 우아한 분위기를 맛보기 위해 식탁 가구에는 돈을 좀더 써볼 때다. 지금 일상의 라이프(Life)는 나만의 개성과 취향을 반영하며 스타일(Style)이 된다. 예전에도 일상은 존재했지만 일상의 의미를 새롭게 느끼는 것이니 일상의 재발견이라고 할 수 있다. 더 나아가면 일상의 재탄생이라고 불러도 될 것이다.

일상의 재발견은 공간의 재발견이자 찰나의 재발견이며, 숨겨진 자신의 재발견이다. 일상의 구석구석이 자신의 시선과 개성과 취향에 따라 정교하게 재구성된다. 모든 것들은 그저 의미 없이 소비되거나 버려지는 것이 아니라 나를 표현하고, 나의 지위와 품격을 반영하는 재료들이다.

일상의 재발견은 유치할 수도 있다. 맹목적으로 새것을 쫓거나, 무의미한 사치로 나타나기도 한다. 하지만 무가치한 것은 아니다. 분명한 것은 자신의 일상에 개성을 담으려는 노력이 쉼없이 드러난다는 것이다. 그래서 과거의 대중소비자들이 일상용품에 대해서는 가격을, 가전제품 등 상대적인 고가품에 대해서는 브랜드나 디자인을 우선순위에 두었다면, 일상을 중시하는 소비자들은 일상용품 하나에도 감성적 가치를 투영하고, 가격보다 자신의 개성과 취향을 중요한 구매기준으로 삼게 되었다.

삶의 질과 레벨

일상의 풍요로움을 표현하는 말로 '삶의 질'이라는 말이 있다. 삶의 질은 자연환경이나 주거, 문화여건 등을 모두 고려한다. 물질적 여유도 있어야 하고, 정신적으로도 두루 평안한 삶이 질 높은 삶이다.

　　그런데 오늘날 한국인들은 이런 전체적인 평가로서의 삶의 질보다
는 더 미시적인 부분에 집중하는 경향을 보이고 있다. 바로 삶의 레벨
(Level)이다. 삶의 질에 순서를 매기는 데 더 민감해지고 있는 것이다. 아
니, 전체적인 삶의 질이 아니라 스스로에게나 타인에게 내세울 수 있는
자신의 품격이나 지위를 통해 순서를 매긴다.

　　예를 들어 각종 오염과 공해로 가득한 대도시의 환경은 삶의 질을
낮게 만들지만, 대도시에 산다는 자부심이 큰 사람이라면 스스로를 상위
레벨로 인식할 것이다. 소형 아파트에 살더라도 꼭 갖고 싶었던 명품가
방을 들고 다니면 돈 많은 친구들과 비슷한 레벨이라고 느껴진다. 평범
한 주부지만 아름다운 찻잔 세트와 우아한 식탁을 구비해 놓고 차를 마
시며 독서를 할 때의 자신은 스타일리시한 여성의 레벨이 된다. 중간 수
준의 연봉을 받는 샐러리맨이지만 골프채만큼은 내 것을 가지고 한 달에
한 번이라도 꼭 필드에 나가는 것이 곧 내 삶의 레벨이다.

　　이렇게 해서 일상의 시대는 레벨의 시대로 바뀐다. 레벨의 시대는
앞으로 더 번성할 것이다. 여기에는 두 가지 이유가 있다.

　　첫번째 이유는 이데올로기도 영웅도 없어진 사회생태계의 변화와
관련이 있다. 이데올로기가 충돌하던 시대에는 혁명이나 변혁을 향한 거
창한 꿈이 사회를 지배한다. 그 시대에 개인적 삶의 레벨은 이데올로기
의 소재일 뿐이다. 그러나 자본주의 시스템이 안정화되고 이데올로기도
영웅도 없어진 지금, 사람들은 자신의 소박한 일상과 마주하게 된다.

　　그 일상은 일을 하고, 사람을 만나고, 밥을 먹고, 즐겁게 노는 하루
하루다. 매 순간 자기 삶의 레벨과 마주칠 수밖에 없다. 사람들은 현실적
인 삶 속에서 자기만족을 가져다주는, 예를 들면 신용카드에 얼마나 여

6장　더 사치스런 일상 : 레벨업(Level-up)

유가 있는지, 내 스카프는 디자이너 브랜드인지 아닌지, 취미로 배우는 꽃꽂이 실력이 얼마나 늘었는지를 자각하며 즐거움과 쾌락을 추구하게 되는 것이다.

레벨에 민감해지는 두 번째 이유는 사회적·개인적 부의 축적과 관계가 있다. 과거보다 비교적 안정된 부를 바탕으로 자기만의 삶을 기획하고 꾸며볼 여유가 생긴 것이다. 약간의 모험심만 있어도 가끔 지름신이 강림하면 대담한 사치를 부릴 수 있게 되었다. 친구들이 갖고 다니는 명품가방을 부러워만 할 필요가 없다. 비용계획을 잘만 세우고 다른 지출을 조금 줄이면 나도 그런 가방 하나쯤 들고 다니는 레벨이 될 수 있다. 그러니 어찌 주머니 사정만 따지겠는가.

젊은 여성들에게 절대적인 지지를 받았던 미국 드라마 「섹스 앤 더 시티」에 나오는 여주인공 캐리는 정말 구두를 좋아한다. 오죽하면 강도를 만났을 때 '다 가져가도 좋으니 제발 이 구두만은 건드리지 말아주세요!' 라고 애원할 정도다. 그녀는 감정의 변화가 있을 때마다 구두를 사고, 자신이 숭배하는 디자이너의 구두를 신으면 여신이 된 듯한 기분을 느낀다. 멋진 구두 한 켤레가 삶의 레벨을 결정하는 것이다.

그리고 이렇게 일상 속의 작은 요소들로 자기 삶의 레벨을 업그레이드하려는 소박한 욕망. 그것이 바로 레벨업의 욕망이다.

2. 레벨업, 삶의 업그레이드에 대한 욕망

자기존중의 욕구

향기로운 커피를 근사한 공간에서 정중한 대접을 받으며 즐긴다든지, 먼지 하나 없는 진열장에 전시된 값나가는 제품들 속에서 내 맘에 드는 좋은 물건을 골랐을 때 문득 내 삶도 그럭저럭 괜찮구나 싶어지는 것. 이런 것이 바로 우리의 일상이다. 이 순간 우리는 내 삶의 레벨이 업그레이드되는 쾌감을 맛본다. 이런 쾌감을 즐기고자 하는 것이 바로 레벨업의 욕망이다.

레벨업의 욕망은 매슬로의 욕구분류에 따르면 자기존중의 욕구(Esteem Needs)에 해당한다. 매슬로가 결핍단계의 욕구 중에서 가장 상위에 놓았던 4단계의 욕구다.

그에 따르면 기본적 욕구가 어느 정도 채워지면 인간은 집단의 단순한 구성원을 넘어서서 타인으로부터 관심과 인정을 받고 싶어한다. 지위와 위신에 대한 기대도 커져서 집단 내의 일정한 지위를 확보하려고 노력하게 되는 것이다. 그런 인정을 통해 자기 자신을 더 사랑하고 존중할 수 있게 된다.

우리 사회에는 다양한 방식으로 자기존중의 욕구를 충족시키려는 사람들이 점점 늘어가고 있다. 이런 변화는 특히 젊은 여성들 사이에서 두드러지는데, 때로는 이것이 논란을 불러일으키기도 한다. 가장 대표적인 사례가 2006년 여름 인터넷을 뜨겁게 달군 이른바 '된장녀(고급소비를 하는 젊은 여성을 지칭하는 속어)' 논란이다.

일부 네티즌들의 지지를 받는 주장은 이렇다.

'된장녀의 기준은 허영, 그리고 남자요. 점심은 구내식당에서 남자에게 얻어먹으려고 용쓰면서 퇴근 후 스타벅스 가서 5,000원짜리 프라푸치노 먹는 여자를 보고 된장녀라고 하는 거요.'

또 다른 이는 '점심은 1,500원짜리 라면 먹으면서 후식으로 스타벅스 4,200원짜리 모카 카푸치노를 고집하는 여자'라고 정의한다. 성(性)이 바뀌면 된장남이 되는데, 결국 허영심 때문에 능력 밖의 것을 소비하는 젊은이를 '된장녀/남'이라고 부르는 셈이다.

하지만 소비자 리서치 결과를 보면 젊은 여성들의 취향은 지속적으로 알뜰해지는 것으로 나타나고 있다. 19세에서 24세 여성들 중 쇼핑하기 전에 목록을 작성하는 사람은 2000년 36.7%에서 2005년 40.75%로 약 4%가 늘었다. 또 세일이나 할인기간을 이용해 쇼핑하는 여성도 2000년 41.32%에서 2005년 51.32%로 늘어 10%나 증가했다(제일기획, 2005 소비자조사 보고서). 이는 된장녀로 지칭되는 젊은 여성들이 한편으로는 알뜰해지면서 또 한편으로는 럭셔리한 삶을 꿈꾼다는 것을 의미한다. 전형적인 레벨업의 케이스다.

레벨업의 관점에서 평가하자면 젊은 여성들이 눈총을 받은 고가 소비는 그들이 생각하는 '그럭저럭 괜찮은 레벨의 삶'이라고 할 수 있다. 아무리 바쁘고 경제적으로 여유가 많지 않다고 해도 내가 좋아하는 분위기에서 커피도 못 마시고, 꼭 갖고 싶은 명품가방 하나 못 살 것인가라는 질문에 이들 소비자는 과감하게 그렇지 않다며 행동으로 옮긴 셈이다. 그들, 호모 데시데로들은 자존감의 욕구를 바탕으로 레벨업의 욕망에 충실했을 뿐이다.

프리미엄(Premium)

‘일상을 작품이 되게 하라!’

프랑스 철학자 앙리 르페브르는 이렇게 말한다. 르페브르는 현대인이 자신의 육체와 욕망, 시간을 타인에게 저당 잡히지 않고 자기 것으로 찾는 일을 ‘작품’이라는 말로 함축했다. 그는 일상의 작품화를 통해 인간의 총체성을 회복하자는 문화혁명을 기획한다.

레벨업을 욕망하는 소비자 역시 일상의 작품화를 꿈꾼다. 하지만 그것이 문화혁명이거나 총체성을 회복하겠다는 목표를 향한 것은 아니다. 현실은 잠시도 쉴 새 없이 변하고, 일상의 조건은 늘 유동적이기 때문에 일상의 작품화는 소비자의 태도로만 남는다. 한순간 ‘괜찮은 삶’이었다가 이윽고 또 배가 고프다. 정리된 그림이란 없다. 레벨업의 욕망은 레벨업의 게임을 만들기 때문이다. 그것은 미래로 난 욕망의 사다리다.

레벨업의 욕망은 프리미엄에 대한 소비자 니즈로 나타난다. 프로 축구에 프리미엄 리그가 있듯(스페인의 프리메라 리가, 영국의 프리미어 리그, 이탈리아의 세리에A 리그처럼), 일상에도 프리미엄급이 있다. 청바지에도 프리미엄 진이 있고 휴대폰도 프리미엄 요금이 있으며 게임에도 프리미엄 존이 있다. 프리미엄이라는 이름이 붙지 않는다고 해도 소비의 모든 대상에는 ‘급’이 다른 상품과 서비스가 존재한다. 레벨업의 욕망이 소비로 나아갔을 때 처음 드러내는 니스가 바로 그 급에 대한 것이 된다.

술을 마시는 사람에게는 와인이 프리미엄급이다. 고르는 기준에서부터 저장하고 마시는 법까지 까다롭다는 와인의 특징이 레벨을 의식하게 한다. 애연가에게는 시가(Cigar)가 프리미엄이다. 시가는 산지와 품종에 따라 와인 못지않게 복잡하며, 쿠바산을 최고로 치는 스토리가 있고, 일반 담배보다 커터(Cutter)라는 준비물이 하나 더 필요하며, 황 냄새가 안 나는 시가용 성냥을 이용하는 등의 복잡함이 있다. 그 까다로움과 독특함이 시가에서 레벨의 향기를 느끼게 한다.

이런 종류의 레벨업 상품들은 다양하게 존재할 수 있다. 그것은 과거처럼 '가격'이나 '브랜드'만을 의미하지 않는다. 독특한 개성이나 취향의 표현, 그것을 즐김으로써 새로운 일상을 발견하는 기쁨, 나 자신에 대한 만족과 같은 요소들이 레벨업 상품에 담긴다. 여기서 프리미엄은 업그레이드라는 만족을 주는 소비자 니즈다.

프리미엄은 디자인으로도 구현된다. 흔히 명품에서 떠올리는 품격 있는 디자인으로서만이 아니라 일상을 지배하는 디자인, 생활의 총체를 표현하는 디자인이다.

레벨업의 욕망은 일상 속에서 공간에 대한 미적 욕구의 증가로 나타난다. 조그마한 잔받침, 아이들의 컴퓨터 책상, 장바구니 하나에까지 세련된 디자인을 요구한다. 물론 시각적 요소가 최우선이다. 하지만 디자인은 시각적 요소를 넘어선다. 가방이 닫힐 때 나는 경쾌한 찰칵 소리, 전화기의 촉감, 새로 산 책의 향기 등 오감이 모두 디자인의 대상이자 미적 욕구의 충족물이 된다. 이런 프리미엄의 소비자 니즈를 읽지 못하면 레벨업 소비자의 욕망을 충족시킬 수 없게 되는 것이다.

일상의 디자이너

레벨업의 욕망이 불러내는 두 번째 소비자 니즈는 자기 삶의 설계자로서의 개성으로 표현된다. 건축디자이너나 헤어디자이너처럼 삶의 디자이너가 되는 것이다. 그렇다고 거창하게 인생 전체를 디자인하겠다는 것은 아니다. 물론 개개인이 그런 욕망을 가지고 있지만 여기서 이야기하는 것은 자기 일상의 디자인이다.

천 원짜리 곱창밴드도 디자인의 요소가 된다. 조금 비싸더라도 스타벅스에서 커피향을 즐기는 것은 나만의 멋을 표현하는 디자인이다. 오토바이는 3년을 저축해서라도 할리 데이비슨을 타고야 말겠다는 것은 꿈의 디자인이다. 운동화란 운동화는 브랜드별로 다 모으는 것도 내 취미의 디자인이다. 한 달에 한 번은 꼭 스킨스쿠버를 즐기러 떠나는 것도 여가의 디자인이다. 그렇게 자신의 일상, 자신의 라이프스타일을 디자인하려고 하는 것이 레벨업 소비자들의 특징이다. 그들은 일상을 탐미적 예술가처럼 디자인하려 든다.

프리미엄을 향한, 그리고 디자이너로서의 소비자 니즈는 역동성보다는 삶의 안정성과 질을 지원하는 시장을 만든다. 대부분의 일상이 구차하더라도 자신이 가치를 부여하는 분야에서만큼은 사치를 부린다. 소소하고 저렴한 물건에서도 가치를 따지고, 물건 하나를 사면서도 자신의 라이프스타일에 맞는 소비를 염두에 둔다. 시선이 닿는 모든 지점을 디자이너블한 용품들로 채우고자 하며, 가정은 이제 내 삶의 레벨을 표현하는 예술작품으로 다시 태어날 공간이 된다. 이것들이 레벨업의 욕망이 만드는 성장시장들이 될 것이다.

1₩ 작은 사치

오래된 기계에는 녹이 슨다. 그러면 녹을 벗겨내고 윤활유를 발라야 한다. 지루한 일상도 마찬가지다. 지루함을 벗겨내고 일상에 특별한 윤활유를 쳐줘야 삶이 윤택해지고, 새로운 레벨로 올라간 듯한 만족감을 얻는다. 일상은 애초부터 사소한 것들의 집합이기에 작은 변화 하나만으로도 충분히 새로워진다.

트렌드 전문가 페이스 팝콘은 『팝콘 리포트』에서 '자신이 감당할 만한 몇 가지 품목에서 사치스런 소비를 하는' 것을 '작은 사치'라고 불렀다. 일본에서는 비슷한 경향을 두고 '일점호화소비(一点豪華消費)'라고 부른다. 또 특정 분야만 집중적으로 소비하는 현상은 '로케팅(Roketing)'이라고도 불린다. 보스턴컨설팅그룹은 중저가 제품의 매출이 줄어들고 소비자들이 오히려 고가제품에 몰리거나 매력 있는 저가제품군으로 이동하는 것을 각각 '트레이딩 업(Trading Up)', '트레이딩 다운(Trading Down)'이라고 명명한다.

모두 똑같은 현상을 지칭하는 말이다. 한마디로 자신의 소비한도 내에서 가장 효율적인 선택을 하는 기준이 과거와 달라진 것이다. 부족하더라도 필요한 소비항목에 골고루 비용을 책정하는 것이 아니라 특정항목에 몰아주기를 하고 있는 것이다. 때로는 심하게 몰아주기도 하다 보니 여기에 호화소비, 사치라는 말이 붙는다.

예를 들어 가구 디자이너가 자신의 이름을 걸고 만든 수제품 의자를 '디자이너 체어(Designer Chair)'라고 부른다. 대량생산이 가능한 플라스틱 같은 재료를 이용했다면 80만 원에서 100만 원, 원목이나 특이한 소재로 만들면 더 비싸고, 유명 디자이너의 제품은 의자 하나에 800만 원을 넘기도 한다. 일반적인 소비수준에서는 엄두도 못 낼 가격이다. 물론 디자이너 체어의 소비자들 중에는 경제적 여유가 있어서 그 정도 가격은 별 부담 없이 소화하는 경우도 많을 것이다. 만일 여유가 안 될 경우 집 안의 다른 인테리어를 적당히 포기한다면 어떨까? 그래도 쉽게 결정할 수는 없을 것이다.

하지만 이런 경우는 어떤가. 하나밖에 없는 멋진 디자인의 가구로 나만의 거실을 연출하고자 하는 욕구가 강한 사람, 혹은 워낙 디자인 가구를 좋아하는 사람 말이다. 작은 사치는 바로 이 지점에서 탄생하는 시장이다. 취미가 있고 기호가 있으며 그것을 소비함으로써 자신의 삶이 근사해지는 것을 즐길 줄 아는 레벨업의 소비자가 만드는 시장이다. 의자 하나가 내 삶을 업그레이드시킨다고 굳게 믿을 때, 소파 같은 건 아예 치우고 다른 거실용품들은 저가로 구매하는 대신 과감하게 디자이너 체어를 구입하는 것이다. 쓰임새에 따라 골고루 비용을 분배하던 과거와는 다르지만, 이 역시 나름의 가치체계 아래서는 합리적인 소비패턴이다. 작은 사치는 이런 소비패턴을 가진 이들이 증가하면서 생겨난 흐름이다.

스타벅스 매장이 젊은 층 사이에서 인기를 끈 것도 같은 이유에서다. 대학 내 스타벅스 매장은 구내 자판기 커피 값(100원)의 38배나 뇌는 3,800원에 커피를 팔아도 주문하려는 줄이 길기만 하다. 그러나 스타벅스에서는 3,700원의 추가지출을 기꺼이 감내할지라도, 그들 역시 다른 물건을 살 때에는 인터넷을 뒤지며 최저가를 찾고 무료배송을 해주는 쇼핑몰을 찾아다니는 실속파인 경우가 많다.

작은 사치는 마니아 문화와도 구별된다. 예컨대 꽤 오랜 역사를 자랑하는 오디오 마니아들은 제대로 된 앰프, 스피커, CD플레이어 등을 구입하기 위해 웬만한 전셋값을 날리기도 하는데, 그쯤 되면 작은 사치가 아니다. 작은 사치는 지나친 고가의 제품군보다는 일상의 공간을 채우는 의·식·주 분야에서의 가치지향적 소비로 발생한다. 이 소비자들은 작은 사치를 통해 삶의 레벨이 업그레이드되는 즐거움을 맛본다. 오디오의 음질을 위해 집을 포기할 수도 있는 마니아 소비자들과는 한참 거리가 있는 것이다.

대표적인 사례로 일상 속에서 차 한잔의 여유와 분위기를 최대한 고급스럽게 즐기고 싶어하는 사람들의 경우를 들 수 있다. 이들은 녹차, 홍차, 허브티, 에스프레소 등을 비롯하여 각각의 차들이 지닌 고유의 맛과 향을 잘 우려내기 위해 상대적으로 고가인 우아한 다구세트를 구입한다. 비록 심야의 마감세일을 위해 감기는 눈을 비비며 할인점을 찾을지언정, 아름다운 다기로 차 한잔 즐기는 여유에만큼은 돈을 쓰는 것이다.

작은 사치는 선택적 프리미엄의 실현이다. 따라서 특정 분야의 시장을 일컫지는 않는다. 대체로 가정의 일상적 공간을 채우는 용품군이기는 하지만 말이다.

그러나 작은 사치가 시장에 미치는 파장은 만만치 않다. 저가상품과 고가상품 사이의 중간지대가 사라지는 현상이 나타나기 시작한 것이다. 흔히 소비양극화라고 표현하는 현상의 이면에는 레벨업의 욕망으로부터 발현된 작은 사치도 한몫 단단히 거들고 있다. 그러나 모든 분야에서 소비양극화가 일어난다고 착각해서는 안 된다. 사치를 부릴 만한 대상이 아니라면 소비양극화는 쉽게 일어나지 않는다.

작은 사치는 레벨업의 욕망이 지속되는 동안 어어질 것이다. 일상의 다양한 상품군들이 프리미엄급을 만들 것이다. 기존에는 그저 그런 주방용품이었던 것들도 작은 사치 품목으로 다시 태어날 수 있다. 앞으로는 일상용품을 기획한다면 반드시 작은 사치라는 새로운 트렌드 시장을 염두에 두어야 할 것이다.

2 》》 저렴한 멋(Cheap Chic)

고객에게 '기억에 남을 만한 것'을 제공하라. 우리는 모든 좌석에 개인 TV를 부착해 큰 호응을 얻었다. 사실 이것은 뜨거운 식사를 제공하는 것보다 싸게 먹혔다.

(제트블루 항공사 CEO 데이비드 닐레만)

기억에 남을 만한 것은 무엇인가? 그것은 독특한 가치다. 고객이 가치를 인정하는 멋이라고 표현할 수도 있겠다.

제트블루의 경우 대형항공사의 최고 1/4 가격에 비행기표를 팔고 있는 저가항공사다. 유머경영으로 유명한 사우스웨스트항공과 함께 미국 항공시장의 25%를 차지한 저가항공사 성장의 쌍두마차다. 기내식도 제공하지 않는다. 하지만 국내선만 운항하는 항공사로서는 드물게 좌석마다 TV를 제공하는 것이다.

이처럼 저가이면서도 기억에 남을 만한 나름의 가치와 멋을 제공하는 흐름을 '저렴한 멋'이라고 한다. 독일의 트렌드 전문가 호르크스는 소비자들이 중간가격지대를 떠나면서 저렴한 멋과 사치(럭셔리)/신분이라는 양극단으로 자리를 잡고 있다고 지적한다. 저가상품에서 멋을 찾는 것은 세계적인 흐름이다. 작은 사치와 짝을 이룬다고 볼 수 있는 가치소비의 흐름이다.

영국에서 시작된 '프라브(PRAV)족'은 저렴한 멋의 소비자들이다. 프라브는 '부가가치를 실현하는 사람들(Proud Realisers of Added Value)'을 뜻하는 신조어다. 쉽게 말해서 가격 대비 효용을 충분히, 혹은 그 이상으로 맛보는 사람들이다. 그래서 프라브족의 사례로 자주 소개되는 것이 고소득층 유명연예인들이 저가 소매점 거리에 몰려와 패션제품을 잔뜩 산 뒤 10파운드(약 2만 원)밖에 안 들었다며 만족스러워하는 모습이라고 한다.

프라브족은 숨겨진 보물을 찾을 때 희열을 느낀다. 그 보물이란 멋, 그리고 가격이다. 브랜드는 뒷전이다. 누군가가 자신이 고른 보물을 보고 멋있다, 얼마나 줬냐고 물을 때, 그리고 사실을 안 후 상대방의 얼굴에 떠오르는 놀란 표정이 그의 쾌락이다.

저렴한 멋을 구현한 제품은 소비자들에게 즐거움을 준다. 가격의 실용성에다 가격 대비 가치의 업그레이드를 실현했기 때문이다. 소비자들은 가격에만 구애받지 않는다. 그런 면에서 보면 저가와 중저가는 점점 구별하기 어려워질 것이다. 가격저항보다는 가치저항이 더 커지기 때문에 형편없는 질의 저가품보다는 가격이 좀 높아도 고객을 만족시키는 상품군으로 얼마든지 옮아갈 수 있기 때문이다. 이렇게 볼 때 사치(럭셔리)/신분을 표현할 수 있는 고가품과는 확실히 구별되면서도 저가와 중저가는 혼재되는 셈이다. 중저가는 저가 브랜드의 프리미엄급이 될 것이다.

레벨업 시장에서 저렴한 멋은 소비자의 주머니를 즐겁게 하면서 기분을 업그레이드시키는 트렌드로 성장할 것이다. 한국의 젊은이들이 즐겨 찾는 디자인소품 쇼핑몰에 가면 하다못해 흔하고 값싼 고무줄에도 예쁜 동물 모양의 디자인을 입혀 소비자를 유혹하고 있다. 천 원짜리 한 장으로도 가볍게 쇼핑을 할 수 있는 우리 주변의 자잘한 소품도 새로운 멋을 입고 등장할 수 있다. 이런 트렌드가 성장함에 따라 단지 저가라고 해서 쉽게 지갑을 여는 소비자는 점점 더 드물어질 것이다.

3 »» 라이프스타일 비즈니스(Lifestyle Business)

레벨업의 욕망이 일상의 디자이너라는 니즈로 나타날 때 주목하게 되는 것이 라이프스타일이다. 우리는 행동, 흥미, 견해로 이루어진 하나의 일관된 그림, 즉 라이프스타일을 설계하게 된다. 이때의 나는 설계자이며 디자이너다.

라이프스타일 디자이너로서의 모습은 어떤 것일까?

예를 들면 집안 인테리어에 어떤 일관성을 갖추려 할 것이다. 가구, 침구, 커튼, 주방 및 욕실용품 등을 특정 브랜드의 라인업으로 통일시킬 수 있다. 혹은 계절별로 컬러 톤을 자신의 취향에 맞춰 재구성할 수 있을 것이다. 그리하여 일상공간의 창조자이자 조율자로서의 즐거움을 만끽하고, 꽤 괜찮은 내 삶의 레벨에 만족하게 될 것이다.

스웨덴의 세계적 조립식 가구업체 이케아(IKEA)는 이 분야의 선두주자다. 7,000종이 넘는 가구와 인테리어 소품이 진열된 매장을 돌면서,

소비자는 자신의 취향을 살려 세련되면서도 저렴한 제품을 일괄적으로 구매할 수 있다. 그래서 이케아의 전략은 '가구가 아니라 라이프스타일을 판다'는 것이다. 덕분에 2005년 이케아의 매출액은 148억 유로(약 18조 원)로 가구업체로서는 경이적인 규모를 자랑하고 있다.

그렇다. 소비자에게 개별 상품이나 서비스가 아니라 라이프스타일을 팔 수 있다. 이것은 소비자가 가진 디자이너로서의 니즈에 부응하는 일이다. '세련된, 우아한, 친환경적인, 클래식한, 선도적인' 등등의 라이프스타일이 소비자에게 제안될 수 있다. 어떤 일관성만 있으면 능히 라이프스타일이라고 부를 만하다. 이렇게 상품과 서비스를 개별적으로 파는 것이 아니라 라이프스타일로 포장해서 시장에 내놓는 것을 '라이프스타일 비즈니스'라고 부를 수 있다.

라이프스타일 제안 비즈니스에서 가장 앞서가는 업종은 백화점이다. 모 백화점의 마케팅 담당자가 인터뷰에서 한 말을 빌리자면, 이제 백화점은 브랜드와 브랜드, 상품과 상품이 나뉘는 '디(De)파트먼트 스토어'에서 흩어져 있던 상품과 매장들을 스타일이라는 키워드로 하나의 공간에 선보이는 '코(Co)파트먼트 스토어'로 변신중이다. 여기서 관건은 스타일의 제안이 소비자의 라이프스타일을 얼마나 많이 반영하고 있는가 하는 점이다.

실제로 백화점 빅4들은 섹시 테마존, 트렌디 테마존 등의 이름으로 의류·잡화·화장품 등 테마에 맞는 상품군을 브랜드별 경계를 무시하고 한데 묶는다든지, 침구·목욕용품·향수까지 수십 개 브랜드를 한자리에 모아 파는 멀티숍을 연다든지, '셔츠·타이 원스톱 스타일링 매장' 등 남성패션을 한데 모아놓은 편집매장을 오픈하는 등 생활문화 제안의 장으로 거듭나기 위해 다양한 시도를 하고 있다.

한편으로는 브랜드 자체가 새로운 라이프스타일을 제안하는 경우도 있다. 의류업체 EXR코리아는 캐포츠, 즉 캐주얼과 스포츠를 결합한 스타일의 원조 브랜드로, 론칭 4년 만에 매출 1,400억 원을 넘으면서 무려 10배의 성장을 이루어냈다. 국내 의류시장 전체규모가 IMF 이전 수준을 회복하지 못하는 장기불황 속에서도 이처럼 성공을 거둔 것은 운동복의 편안함과 기능성에 캐주얼의 패션과 디자인을 가미하여, 활동성과 개성을 중시하는 젊은 세대들에게 어필하는 라이프스타일을 제안했기 때문이다. 그밖에도 '바른 먹거리'라는 컨셉으로 건강한 식탁을 제안한 풀무원이나 유기농산물과 건강기능성 식품을 남성·여성·가족·자녀건강·뷰티 등 연령별, 목적별 고객 존(Zone)으로 구성한 새로운 개념의 유기·건강기능식품 편집매장도 식문화의 라이프스타일 제안자라고 할 수 있다. 또한 건축물 실내를 레고 블록 조립하듯 거주자가 원하는 대로 바꿀 수 있는 주택 설계 시스템이라든가, 몇만 평짜리 아파트 단지를 고작 네댓 가지 모델로 찍어내던 관행을 뒤집고 대중의 욕구에 맞추어 도시환경을 변화시키면서도 그 무리 안에서 살아가는 개개인의 다양성을 표현할 수 있는 공간의 설계로 주목받고 있는 '매스 스터디즈(Mass Studies)'의 경우는 주거문화의 라이프스타일 제안자이다.

라이프스타일 비즈니스의 관건은 트렌드 예측에 있다. 위니아만도의 '라이프스타일 리서치 센터'나 하이네켄 맥주의 '그린 인조이팀', CJ의 '신문화특파원' 등은 각각 해당 분야의 현장을 국내외를 막론하고 직접 체험함으로써 새로운 라이프스타일을 발굴하고 있다. 소비자들의 새로운 욕망을 파악할 수 있다면 그들은 훌륭한 라이프스타일 제안자의 역할을 해낼 것이다.

4 ››› 생활밀착형 디자인

레벨업 소비자들에게 일상은 작품의 공간이자 시간이다. 앞으로 점점 더 많은 소비자들이 자신의 취향과 스타일에 맞춰 일상의 작품화를 시도할 것이다. 물론 언제나 게으른 사람은 있게 마련이지만 말이다.

흥미롭게도 가전업체에서 먼저 예술을 전면에 내세우기 시작했다. LG전자는 아트 디오스(냉장고), 아트 트롬(세탁기), 아트 휘센(에어컨) 등을 내놓으면서 10년을 봐도 질리지 않게 하겠다는 포부를 드러내고 있다. 디자인을 예술과 접목시킨다는 뜻인데, 원래 훌륭한 디자인은 예술인 것이다.

그런데 소비자의 눈은 훨씬 더 소소한 곳에까지 디자인적 시각으로 가닿고 있다. 예컨대 요즘 젊은이들이 즐겨 방문하는 디자인 소품 쇼핑몰을 가보라. 1300k, 텐바이텐, 스토어정글 등에는 톡톡 튀는 아이디어와 개성으로 무장한 디자인 소품들로 넘쳐난다. 그날그날의 기분이나 목표를 새겨넣은 티셔츠, 귀여운 펭귄 모양의 탁상용 미니생수기, 줄을 넘은 횟수와 시간, 소모된 칼로리까지 표시되는 심플한 디자인의 디지털 줄넘기 등 몇 천 원에서 몇 만 원 사이의 가격대로 소비자의 다양한 감성적 욕구를 충족시켜 주는 생활소품들이다.

브랜드명도 개성이 넘친다. 티셔츠의 왕이 되겠다는 브랜드의 이름은 'T왕', 퇴근 후 포장마차에서 한잔 하는 정겨운 풍경을 디자인으로 담아냈다는 '닭똥집 디자인', 게다가 이 회사의 한 디자이너는 '쓰바' 라는 브랜드 상품을 독자적으로 갖고 있다. 브랜드가 더 이상 고가상품의 전유물이 아닌 것이다.

지금까지 멋진 디자인은 최고급의 고가상품이 자랑하는 사치스런 표현방식이었다. 그런데 이들 쇼핑몰에서 유통되는 디자인 상품은 접착 테이프나 수저받침세트와 같은 저가의 생활용품들이 다수를 이루고 있다. 가격은 저렴할지언정 자신만의 스타일을 상품을 통해 대변할 수 있도록 깜찍하고 세련된 디자인 감각을 덧붙인 것이다. 이 새로운 시장에 걸맞는 이름은 '생활밀착형 디자인 시장' 이다.

인간은 보통 외부 정보의 70% 이상을 시각으로 받아들인다고 한다. 이 정보를 바탕으로 약간 억지를 부려보자면 인간의 즐거움 또한 70% 이상이 시각으로부터 비롯된다고 말할 수 있을 것이다. 그렇다면 소소한 일상과 현재에 관심을 돌린 한국인들이 가장 주목할 수밖에 없는 곳은 바로 '눈이 닿는 곳' 이 될 터이다. 그렇다면 이 '눈이 닿는 곳' 을 즐거운 대상으로 바꾸는 것이 일상의 혁명이 된다. 적은 비용으로 내 삶을 업그레이드하는 방법이기도 하다. 생활밀착형 디자인 시장은 바로 이 지점에서 탄생한다.

일상혁명의 시대에 생활밀착형 디자인은 점점 더 성장하고 진화할 것이다. 이 새로운 시장에 도전하려면 두 가지 사안을 염두에 두어야 한다.

첫째, 소비자의 작은 불편함이나 사소한 욕망을 잘 읽어내 제품이나 서비스에 반영해야 한다. 즉, 일상으로부터 출발해야 하는 것이다. 둘째, 감성적 욕구를 충족시켜 주는 시각적 아름다움을 제공해야 한다. 신선하고 즐거움을 주며, 나름의 미적 가치를 가져야 작품이 된다.

6장 더 사치스런 일상 : 레벨업(Level-up)

생활밀착형 디자인은 소소한 구경거리들로 일상을 채우는 시장이다. 일상 속의 디자인은 작지만 삶을 구현하는 예술적 언어이며, 그래서 삶은 작품이 된다. 제품의 기능은 어쩌면 뒷전으로 밀려날 것이다. 사람들은 단지 제품을 구매하는 것이 아니라 예술가로서의 자기 안목을 표현하는 것이다. 그것이 곧 내 삶의 레벨이다.

5》》 홈 매니지먼트(Home Management)

자기 삶의 레벨을 표현할 수 있는 최상의 공간은 집이다. 그래서 레벨업 소비자들에게 집은 가족이 머무는 공간이 아니라 전시장이며, 나만의 예술작품으로 다시 태어나는 장소이다. 가전제품, 가구, 커튼, 조명기구, 벽지 등은 작품의 소재이고, 컬러나 공간 배치는 예술가의 감각이다. 이렇게 집을 하나의 표현공간으로 재구성하고 관리하는 것을 '홈 매니지먼트'라고 부를 수 있을 것이다.

홈 매니지먼트는 거대한 시장으로 성장할 가능성을 지니고 있다. 저가에서 고가까지 다양한 가격대를 갖춘 가정용품들이 마치 오케스트라의 지휘를 받듯 홈 매니저들에 의해 새롭게 조율되면서 상품 및 서비스 시장을 재편하게 될 것이다. 여기에 여성들의 '컴백홈'이 새로운 트렌드로 가세할 것으로 예측되고 있다. 정글 같은 경쟁에서 싸워 이기는 것만이 여성의 자유를 획득하는 유일한 길이 아님을 알게 된 슈퍼우먼들의 우아한 귀환이다.

이미 미국에서는 이런 경향이 뚜렷이 나타나고 있다. 「뉴욕타임스」에 따르면 1990년대보다 2000년대에 전업주부가 13%나 늘어났다고 한다. 또 육아 때문에 가정으로 돌아갔다가 직장으로 복귀하는 비율이 1998년 59%에서 2년 후 55%로 감소하는 등 여성의 직장이탈 경향을 전하고 있다. 예일대학이 아이비리그 여대생 138명을 상대로 조사한 바에 따르면 60%에 달하는 85명의 명문대 여대생들이 아이를 갖게 되면 파트타임으로 일하거나 직장을 그만두겠다고 응답했다고 한다. 대학시절부터 육아를 위해 직장을 포기하겠다는 결심을 갖고 있는 여대생들이 증가했다는 얘기다.

실용직 페미니즘(Practical Feminism)의 등장은 이런 경향의 논리적 근거를 제공한다. 여성 스스로 선택했다면 전업주부로서의 삶도 페미니즘의 하나로 봐야 한다는 주장이다.

미국에는 15세 이하 자녀를 키우는 여성이 2,300여만 명이나 된다. 그중 육아를 위해 직장을 포기한 여성이 약 30%인 680만 명이다. 이들을 위한 잡지 『토털 180!』은 창간호에서 그들의 목표를 'CEO가 아니라 CHO(Chief Household Officer, 최고가사경영자)'라고 선언했다.

「파이낸셜타임스」의 분석에 따르면 금융회사, 로펌 등에서 일하는 전문직 여성들은 가정으로 돌아와 인테리어나 요리 기술을 습득하고, 학교 자선사업을 기획하는 등 새로운 전문가로 거듭나고 있다고 한다. 아마도 그들은 훌륭한 CHO가 될 것이다.

여기에는 새로운 라이프스타일도 한몫 한다. 영국의 트렌드 전문 사이트 트렌드워칭닷컴(Trendwatching.com)은 '밖에서 하던 활동을 집안으로 끌어들여 즐기는 성향'을 뜻하는 '인스피리언스(Insperience, Indoor+Experience)'라는 신조어를 내놓았다. 이는 5징에서 디뤘던 공포 조장 시대의 산물로, 외부활동이 주는 스트레스나 위험으로부터 벗어나기 위해 집을 엔터테인먼트 공간으로 꾸미기 시작했다는 것이다.

그러니까 홈 매니지먼트는 레벨업 소비자의 디자이너로서의 욕구를 중심으로 위험 회피의 욕구와 여성의 귀환이라는 트렌드가 어우러져 만들어지는 시장인 셈이다.

먼저 공간을 보자. 거실과 침실, 공부방 등의 단순한 분류는 시시하다. 영국의 경우 인스피리언스의 흐름에 따라 게임룸, 피트니스룸, 댄스룸, 요가룸, 오디오룸 등 특수한 기능을 갖춘 공간을 늘리고 침실을 줄이는 경향이 발견된다고 한다. 물론 그럴 만한 여유가 있는 가정에 한해서다.

공간이 많지 않더라도 홈시어터를 갖추거나 미니 홈바를 만들 수는 있을 것이다. 혹은 다양한 운동기구가 적절하게 배치된 미니 스포츠 센터도 가능하다.

가전제품도 인스피리언스용으로 인식되면서 대형 LCD TV나 가정용 스파거품 발생기, 가정용 고급 커피제조기, 가정에서 맥주를 만들어 먹을 수 있는 맥주 탭(Home Beer Taps), 혹은 맥주 탭이 장착된 냉장고가 인기를 끌 수 있을 것이다.

인스피리언스처럼 가정을 엔터테인먼트 공간으로 꾸미지 않는 사람, 보다 더 편안한 휴식공간으로 꾸미고자 하는 사람에게도 홈 매니지먼트의 수요는 크다. 친환경 소재를 이용한 인테리어, 제대로 된 요리를 만들기 위한 주방 개조, 아이들을 위한 공부방 꾸미기 등 홈 매니지먼트의 관리대상은 무한하다. 생활밀착형 디자인에서도 언급했지만 재발견이라는 관점에서 소소한 일상공간을 들여다보면 수백, 수천 가지 관리대상들이 존재한다.

우리나라에서도 마사 스튜어트 같은 살림의 여왕들이 탄생할 것이고, 일부는 마사 스튜어트처럼 전문가로 대접받게 될 것이다. 실제로 미국 CBS TV는 일반인들이 출연하는 리얼리티 프로그램 「How-To」를 방송하는데, 수많은 살림의 여왕들이 '넥스트 마사 스튜어트'의 명예를 걸고 토너먼트를 벌인다. 우리나라의 경우 EBS의 「살림의 여왕」을 제외하고는 대개 아침 프로그램의 한 코너 정도로 다뤄지고 있지만, 머지않아 이와 같은 본격 살림 프로그램이 등장할 것이다.

또 유아와 병행하여 가정에서 할 수 있는 프리에이전트로서의 직업을 갖게 될 경우, 집은 사무실 기능을 갖출 수도 있다. 이 경우에는 오피스 기능이 있는 제품군들이 홈 매니지먼트의 관리대상에 포함될 것이다.

홈 매니지먼트는 일상의 디자이너로서의 욕망이 가시화되는 시점에서 거대한 시장으로 성장할 것으로 보인다. 그리하여 지금까지는 주택이 가장 값나가는 대상이었다면 앞으로는 집 안의 소재들이 훨씬 더 가치 있어질 것이다. 그것은 레벨업 소비자들의 '예술작품'일 것이기 때문이다.

2위

■ 서울의 도시생계비 순위(2006) 뉴욕을 100으로 했을 때의 지수인데 서울이 121.7로 모스크바에 이어 2위를 기록했다.

14위

■ 인구밀도 순위(2004) 대한민국 1㎢당 488명이 모여 산다.

3.6개

■ 1가구당 사용 방 수(2005) 2005년 인구주택총조사(센서스) 잠정집계결과에 의하면 우리나라의 평균 가구원 수는 2.87명으로 3명에도 못 미치는 것으로 나타났다. 그런데 가구당 사용 방 수는 4개가 43.4%(688만 7,000가구)로 가장 많고, 이어서 3개가 25.6%(407만 가구) 순이었다. 주거의 밀도를 나타내는 1인당 주거면적도 2000년 20.2㎡(6.1평)에서 2005년 22.8㎡(6.9평)로 늘어났다.

16위

■ 근로자 행복지수(2005, 『포브스』 발표 'The Tax Misery Index') 연소득 5만 유로(약 6,000여만 원) 중 소득세와 사회보장비를 제외하고 실제 처분 가능한 소득액(기혼, 자녀 2명 기준)을 근거로 산출한 것인데, 한국은 40,819유로(약 4,900여만 원)로 집계되었다.

1,500만 대

■자동차 보유 대수(2006) 1955년 자동차 보유대수는 210가구당 1대였다. 그러던 것이 이제는 인구 4.8명당, 1.5가구당 1대를 기록하기에 이르렀다.

26.6%

■소득 중 식료품비가 차지하는 비율(2005) 1963년에는 이 비율이 61.3%, 그러니까 100원 벌어서 61원을 먹는 데 썼다는 이야기다. 말 그대로 먹고살려고 일했고, 먹고살기에도 빠듯한 시절이었다. 하지만 이제는 먹는 것 말고도 쓸 곳이 많아졌다. 먹는 방식도 달라졌다. 2000년에 음식비 중 가공식품 구입 및 외식 지출 비율이 63%였다. 1973년에는 음식비 중 조리용 재료 구입 비율이 78%였다.

7,000억 원대

■2007년 친환경 농산물 시장 예상규모 2001년 2,000억 원, 2003년 3,900억 원으로 가파르게 증가하고 있다.

39위

■한국인 삶의 질 순위(2006, IMD 세계경쟁력 보고서) '행복지수' 순위는 한술 더 떠서 세계 178개국 중 102위란다(영국 신경제학재단(NEF), 2006.7). 행복지수란 삶의 만족도와 평균수명, 인구밀도, 에너지 소비량 등외 환경적인 여건 등을 종합해서 점수를 매긴 것인데, 1위는 남태평양의 외딴 섬나라 바누아투다. 인구 20만 남짓에 문맹률이 85%에 달하며, 우리보다 평균수명은 8년 이상 적고, 1인당 국민소득은 1/6 수준이다. 중국 31위, 독일 81위, 일본 95위, 미국 150위인 걸 보면 '행복은 경제규모 순이 아니잖아요'임이 분명하다. 하지만 오늘도 한국인들은 끊임없이 레벨을 '업'해서 스스로 행복해지기 위해 부단히도 애쓰고 있다.

교배하는 세상

:

크로스브리딩

Crossbreeding

“21세기는 다양한 문화가 뒤섞인 잡종적 혼합이 될 것이다.”

– 움베르토 에코

1. 융합의 시대

짝짓기

트럼펫 연주자인 마일스 데이비스가 재즈에 강력한 록비트를 섞어낸 음악을 선보인 것이 1969년이다. 그의 음악에는 장르를 넘나들었다고 해서 '크로스오버(Crossover)'라는 이름이 붙었다. 그리고 1980년대에 퓨전(Fusion) 재즈가 선을 보였다. 그러고 보니 1980년대 중반에는 남성과 여성의 패션이 서로를 닮아가는 유니섹스(Unisex) 패션이 세계적인 유행이었다. 이런 사례를 열거하는 이유는 이질적인 분야 간의 짝짓기가 어제오늘의 일만은 아니라는 점을 강조하기 위해서다.

하지만 비즈니스의 시각에서 볼 때 오늘날처럼 짝짓기가 동시다발적으로 새로운 비즈니스의 출발점이 되는 시대도 드물다. 비즈니스의 지축을 뒤흔들 커다란 변화들이 이질적인, 혹은 인접한 분야들끼리의 결합과 융합을 통해 시작되고 있다.

한국에서 2003년 9월 은행이 보험서비스를 개시하면서 시작된 방카슈랑스(Bancassurance)는 은행업과 보험업의 짝짓기다. 여기에 증권업이 가세했다. 앞으로 은행, 증권, 보험은 서로의 업종을 넘나들며 거대한 금융업으로 통합되어 갈 것이다.

기술문명의 첨단을 이끈 정보통신산업은 방송과의 결합을 통해 신시장을 개척할 태세다. 정보통신과 생명공학의 결합은 휴대폰으로 건강관리를 하는 정도의 개별사업 아이템을 넘어선 바이오인포메틱스

(Bioinformatics) 산업을 성장시키고 있으며, 미래의 한국은 여기에 운명을 걸어야 한다는 이야기가 나올 정도의 대규모 빅뱅을 예고한다. 여기에 나노기술(NT) 또한 가세할 것이다.

기술 간의 짝짓기는 정보통신기기들 사이의 디지털 컨버전스에 이어 IT(정보통신), BT(생물학), NT(나노기술), CT(콘텐츠), ET(환경) 등 모든 분야에 걸쳐 있다. 누가 누구의 짝이 되고, 시너지 효과가 얼마나 클지는 아직 분명치 않다. 전통적인 기술인 자동차 제조기술도 정보통신과의 결합에 의해 텔레메틱스(Telemetics)라는 분야를 만들어냈다. GM은 휴대폰업체인 모토롤라와 합작해 온스타(On-star)를 설립하고, 자동차 안에서의 인터넷, 원격진단 등으로 대변되는 텔레메틱스 산업을 주도해 가고 있는 중이다.

첨단분야만 짝짓기를 하는 것은 아니다. 스포츠웨어 전시장에 레저나 등산용품 전문 브랜드인 아웃도어 업체들이 머리를 내밀고, 반대로 아웃도어용품 박람회에는 나이키나 아디다스 같은 스포츠 브랜드들이 끼어든다. 음식점의 퓨전은 이미 오래전부터 대세를 장악하고 있다. 영화나 드라마도 역사극과 현대극, 멜로와 스릴러의 구분이 점차 사라져가고 있다.

이런 현상에 대해 뭐라고 이름을 붙이면 좋을까? 퓨전? 컨버전스? 크로스오버? 짝짓기? 어떤 이름을 붙이든 세상은 바야흐로 교배중이다. 이것이 다이내믹 코리아가 처한 또 하나의 지배적 변화다.

그런데 중요한 것은 짝짓기 자체가 아니다. 당나귀와 말의 잡종인 노새는 로마시대 이전부터 이종교배의 산물이었지만, 수천 년이 흐른 지금도 여전히 수컷의 번식력이 없다. 노새는 노새를 낳을 수 없다. 염색체 이상으로 수컷이 정자를 만들지 못하기 때문이다. 융합의 결과가 노새라면 그 짝짓기는 실패한 것이다. 짝짓기의 효과가 확실한, '새 장르'라는 알을 낳은 대표적인 사례가 에듀테인먼트다.

1969년 미국 PBS 방송사는 대통령의 특별지시에 따라 재미와 교육을 결합한 유아 프로그램 「세서미 스트리트」를 방영하기 시작했다. 그후 수십 년 동안 「세서미 스트리트」는 전 세계 120여개 국으로 수출되었고, 에듀테인먼트 사업의 개척자로 군림했다. 재미와 교육의 결합인 에듀테인먼트는 이제 새로운 산업분야가 되었다. 에듀테인먼트는 짝짓기의 결과로 탄생한 알이면서 스스로 번식이 가능한 좋은 사례다.

융합의 결과가 노새처럼 번식이 불가능한 일회용 품종일 수도 있고, 에듀테인먼트처럼 새로운 장르의 개척일 수도 있다. 하지만 문제는 왜 하필 융합인가 하는 점이다. 그것은 기존의 산업문명이 구분해 놓은 장르, 가치들이 한계에 부딪쳤기 때문이다. 오늘날의 글로벌한 경쟁사회에서는 20세기의 장르 구분이 가치창출의 한계에 부딪치고 있다. 더 많은 부가가치를 생산할 수 있는 전에 없던 새로운 분야를 만들지 않으면 경쟁에서 뒤처지고 만다. 이것이 융합의 시대가 갖고 있는 본질이다.

2. 크로스브리딩, 가치를 낳는 욕망

상위쾌락과 하위쾌락

히딩크 감독은 한국의 젊은 축구선수들이 오른발, 왼발을 모두 잘 쓴다는 것을 발견했다. 테크닉 면에서 세계 일류선수들에 분명 뒤진다고 보았을 때, 그는 이 선수들의 장점을 최대한 끌어올리기 위해 90분 내내 뛸 수 있는 체력과 두 발을 자유롭게 사용하는 특기를 결합하는 멀티플레이어의 양성으로 그 간극을 극복하려 했다. 그리고 거기에 한국인들의 열광적인 응원이 섞이면서 시너지 효과가 나타났다. 월드컵 4강, 꿈이라고 여겼던 결과를 낳았다.

가치와 가치를 결합해 새로운 가치를 탄생시키는 것, 이것을 생물학에서는 '크로스브리딩(Crossbreeding)' 이라고 한다. 크로스브리딩이란 이종간의 교배를 통해 새로운 잡종을 육성하는 것을 뜻한다. 체력과 양발잡이의 장점을 결합해 멀티플레이어를 육성했던 히딩크 감독처럼 크로스브리딩은 이질적인 것들의 가치를 결합해 새로운 가치를 만들어내는 것이다.

융합의 시대라는 이 지배적 변화가 호모 데시데로의 내면에 불러온 자극도 바로 크로스브리딩이다. 다이내믹 코리아가 지금까지 이룬 성과는 시작에 불과하다. 선진국들은 벌써 새로운 가치를 개척해 나가고 있다. 한국인들이 여기서 뒤처진다면 영원히 일류를 모방하는 이류국가에 머물게 될 것이다. 그러니 창조하라. 크로스브리딩하라.

한 가지 즐거운 소식은 이미 오랜 전통 속에서 한국인들은 교배에 익숙해 있다는 점이다. 이어령 씨는 비빔밥 문화가 한국의 대표적인 융합문화라고 지적한 적이 있다. 그는 세계문명이 디지털과 아날로그의 합성인 디지로그 시대로 가고 있으며, 한국인의 민족적 유전자는 그런 합성에 적합하다고 말한다. 그의 말대로 한국문화 자체가 오랜 외래문화 흡수의 역사이고, 우리의 DNA 속에는 합성 유전자가 있을지도 모른다.

그렇다면 더없이 신나는 일이다.

하지만 아무리 합성에 익숙하다 하더라도 새로운 시대의 가치융합은 결코 쉬운 일이 아닐 것이다. 원래 고정관념을 깬다는 것 자체가 고통스러운 일이 아니던가? 창조란 늘 고통의 과정을 거쳐 피어나는 꽃이 아니던가?

그래서 크로스브리딩의 욕망은 이제 막 피어나는 꽃이다. 현재보다는 미래의 지배적 욕망이다. 아직 많은 한국인들은 자기 분야의 프로페셔널이 되기에도 바쁘다. 시대는 우리 모두가 크로스브리딩의 마술사가 되기를 원하지만, 우리 중 일부만이 크로스브리딩을 행동에 옮기고 있을 뿐이다.

크로스브리딩의 욕망을 매슬로의 기준에 따라 분류하자면 5단계인 성장욕구에 해당할 것이다. 호모 데시데로의 관점에서 보면 최상위 욕망이다. 이 단계에서 사람들은 성취를 통해 인간으로서의 존재가치를 자각하게 된다. 결핍욕구와 달리 존재가치를 향한 성장욕구는 만족을 주며, 더 높은 만족을 위해 계속 새로운 가치를 추구하게 만든다. 그것은 끝없는 모험과 도전의 과정이다.

만남과 파괴를 통한 성장

크로스브리딩의 욕망은 익숙한 것들과 충돌한다. 늘 존재했던 관습, 고정관념, 사소하다고 치워버렸던 것, 전혀 다른 분야라고 여겼던 것들과 부딪친다. 과거나 전통, 관습은 모두 이 욕망의 희생양이다. 크로스브리딩은 바로 거기, 익숙한 것과의 충돌을 통해 새로운 가치를 만들어내기 때문이다. 그래서 성장의 욕구를 가진 호모 데시데로들은 끊임없이 전에 없던 새로운 가치를 추구하게 된다. 익숙한 것에서 익숙하지 않은 것을 만들고, 관심도 갖지 않았던 대상에 새롭게 눈뜨고, 비빔밥처럼 비비고 섞어서 새로운 맛을 만드는 것에서 가치를 발견한다.

크로스브리딩의 욕망은 두 가지 갈래의 소비자 니즈를 만든다.

첫째는 신선함이다. 전에 없던 새로운 것인가라는 질문에 대한 대답이기도 하다. 물론 이 새로운 것은 지구상에 없던 것이라는 의미가 아니다. 경험의 차원에서 그동안 만나지 못했던 것을 의미한다.

하얀 웨딩드레스를 입고 피아노 반주에 맞춰 아버지의 손을 잡고 식장에 들어가는 결혼식은 한국인에게 전에 없던 새로운 문화였다. 그리고 이제 할리우드 영화에서나 보았던 야외 피로연 같은 결혼식 문화가 전에 없는 새로운 것이 되어, 신부들은 주택을 개조해 만든 아늑한 공간에서 식을 올리는 '하우스 웨딩'을 꿈꾸기 시작했다.

일본의 소니사는 다양한 분야에서 일하던 인력 30명을 차출해 다기능팀을 발족시켰다. 이들은 소니가 만들고 있던 다양한 AV 기기들에 대한 전문적인 지식을 바탕으로 기존 기술과 새로운 IT 기술을 연결하는 연구를 시작했다. 그 결과 이 팀이 발족한 지 1년 만인 1998년에 메모리 스틱을 개발했다. 메모리 스틱은 우표만 한 크기와 얇은 두께를 가진 휴대가 용이한 저장장치로 문서, 동영상, 음악, 프로그램 등 다양한 멀티미디어 데이터를 담아 디지털 카메라나 휴대폰, PC 등에서 사용할 수 있도록 만든 것이다. 그들은 워크맨에서 이미 그랬던 것처럼 새로운 시장을 창조했다.

둘째는 실용성이다. 크로스브리딩은 공상과학에서 가치를 추구하는 것이 아니다. 소비자에게 의미 있는 실질적 가치를 증가시켜야 한다.

애플사의 매킨토시는 PC 산업의 초기에 가장 쉬운 운영체제라는 사용자 친화적인 혁신기술을 도입했다. 하지만 다른 프로그램들과의 호환성 부족 때문에 소비자에게 주는 실리적 가치라는 면에서 감점을 받고 말았다. 반면 한국에서는 종교적인 색채를 띤 기 수련 단체 정도로 알려졌던 단월드가 미국에서 성공한 것은 마음관리의 중요성을 깨닫기 시작한 가치구조의 변화와 맞물려 미국인들이 동양의 이질적인 문화의 정신적 가치를 인정했기 때문이다.

크로스브리딩의 욕망은 끊임없이 도전한다. 도전의 대상은 우리가 익숙했던 문화, 지식, 인재, 노동, 기업 등이다. 한국과는 전혀 다른 전통을 가진 글로벌 문화와 만나 그것을 한국적 스타일로 개조하는가 하면, 그냥 놔두면 엄청난 양으로 인해 쓰레기나 다름없을 정보와 정보들을 결합해 가치 있는 지식으로 탈바꿈시킨다. 다양한 분야의 경험과 지식을 고루 갖춘 새로운 인재상에 도전하고, 절대로 친구가 될 수 없는 기업들을 친구가 되게 하며, 취미에 불과했던 일들을 세상에 꺼내놓고 새로운 직업이라고 우긴다.

하지만 이제 시작에 불과하다. 크로스브리딩의 욕망을 품은 호모 데시데로들은 특정한 가치기준에 만족하기보다는 끊임없이 새로운 가치를 추구하기 때문이다. 그들은 불만족스럽기 때문이 아니라 만족하기 때문에 계속해서 더 높은 가치를 추구한다. 마치 세계신기록을 세운 100m 육상선수가 계속해서 신기록에 도전하는 것과 같다. 따라서 여기에 소개하는 성장시장들은 앞으로 새롭게 등장할 시장들에 비하면 빙산의 일각일 것이다.

3. 성장시장 & 트렌드

1»» 글로벌 문화 클러스터

서울 을지로 6가와 광희문 일대는 중앙아시아촌이다. '소변금지'라는
말이 슬라브계의 문자인 키릴문자로 써 있을 정도다. 러시아와 이웃 국
가들의 보따리상들이 동대문시장을 드나들기 시작하면서 형성되었는데,
중앙아시아의 우즈베키스탄 등에 살던 고려인들이 이곳에 터를 잡으며
발전하기 시작했다. 을지로 6가의 광희빌딩에 문을 연 '크라이 노드노
이'라는 중앙아시아 음식점은 정식 영업허가를 받은 최초의 고려인 음
식점이고, '사마리칸트'라는 카페나 '마이 프렌드'라는 우즈베키스탄
음식점도 이곳에 가면 볼 수 있다.

한국 내에 외국인 정착촌이 하나 둘 늘어가고 있다. 인천 중구의 차
이나타운은 1883년 인천항 개항 이후 청나라 사람들이 터를 잡았지만
오랫동안 침체되어 있다가 최근에 부활하는 중이며, 용산구 이촌1동에
는 일본인 5,000여 명이, 한남동에는 독일인 500여 명이, 우리가 잘 아는
이태원 일대에는 미국인들이 모여 살다가 미군기지 이전으로 인구가 줄
고 대신 이곳 이슬람사원(중앙성원)을 찾는 인도·파키스탄·방글라데시
등의 노동자들이 신흥 외국인촌을 형성하고 있다. 서울 반포동 서래마을
은 프랑스인들의 거주지이며, 숭인동과 창신동 일대에는 2,300여 명의
네팔인들이 살고, 서울 금천구 가산동과 구로구 가리봉동, 영등포구 대
림동 일대는 조선족과 중국인들이 모여 사는 '옌벤거리'이다. 또 경기도

안양에는 이슬람 사원이 있어 주말마다 전국의 방글라데시 노동자들이 모이는 문화공동체가 형성되는 중이고, 서울 혜화동 로터리에는 주말에 필리핀인들의 장터가 열려 '리틀 마닐라'로 불린다.

2006년 현재 한국에 사는 외국인 인구는 80만 명에 육박해 전체인구의 1.6%를 넘어섰다. 일본에 거주하는 외국인(재일동포 재외)의 수가 200만 명을 넘지만, 전체인구로 따지면 그 비율은 1.57%로 한국과 비슷하다. 한국도 이제 글로벌 소사이어티로 가고 있는 것이다.

예전과 달라진 점은 이들의 정착촌이나 문화가 더 이상 고립된 섬 같은 존재가 아니라는 데 있다. 당당히 한국문화의 일부로 바뀌고 있는 것이다. 실제로 이 지역들을 방문하는 한국인들이 하루가 다르게 늘어나고 있다. 이렇게 된 원인으로는 한국인들이 유학, 여행, 이민 등을 위해 다양한 외국체험을 하면서 시야가 넓어졌다는 점, 그리고 외국인 수가 많아지면서 접촉의 기회가 늘었다는 점을 꼽을 수 있을 것이다. 하지만 그보다 중요한 것은 한국인들이 이질적인 문화를 경험하면서 시각의 전환과 삶에 대한 이해의 폭을 넓히려는 욕망이 증가했다는 것이다. 다양한 세계문화를 굳이 외국에 나가지 않고도 접하게 됨으로써 크로스브리딩의 욕망을 실현하려고 하는 것이다.

이국적 문화를 통해 성장하는 크로스브리딩의 욕망은 '문화 클러스터(Culture Cluster)'라는 새로운 시장으로 나타나고 있다. 문화 클러스터는 이국적 문화의 네트워크가 모이는 집단, 혹은 무리라는 의미를 갖는다. 새로운 문화를 소개하거나 도입하는 하나의 발원지가 있고, 그 발원지를 통해 고객이나 기업들이 네트워크를 형성하면서 일종의 문화적 전염이 시작된다. 그리고 그것은 단지 문화를 소개하는 차원을 벗어나 문화를 사고 팔고 체험하는 비즈니스로 발전하게 된다.

문화 클러스터의 발원지는 특정한 외국인 거주 지역 같은 곳만이 아니다. 예컨대 새로운 음식점들이 문화 클러스터로서 음식문화를 전파한다.

'브런치(Brunch)' 문화를 이끌고 있는 곳은 레스토랑들이다. 뉴요커들의 음식문화에서 전파된 브런치란 아침(Breakfast)과 점심(Lunch)의 합성어로, 우리말로는 '아점'에 해당하고 조금 늦은 아침시간에 여유롭게 즐기는 식사를 뜻하는데, 일반적인 아침식사보다는 성찬이지만 정찬까지는 아닌 식사문화다. 서울에는 20개가 넘는 브런치 전문 레스토랑이 생겼는데, 아침 10시쯤이면 가족이나 친구들과 즐거운 시간을 가지려는 사람들로 문전성시를 이룬다.

음식점에서 시작된 브런치 문화는 빠른 속도로 번지고 있다. 아침과 점심 사이라는 시간의 발견, 모여서 먹고 그 다음 일정을 즐길 수 있다는 데서 새로운 가치를 창출해냈기 때문이다. 정유회사인 GS칼텍스는 브런치를 먹고 나서 영화를 보는 시네마브런치 행사를 벌이고, 삼성카드는 예술의전당에서 브런치 콘서트를 열었다. 유니버설발레단은 발레공연에서 죽어 있는 시간대였던 정오에 브런치 발레를 선보일 예정이며, 경기도 문화의전당은 '2006 립스틱 콘서트'라는 주부 대상의 콘서트를 오전에 열고 공연 후 브런치를 제공한다.

해외상품 구매대행 사이트 같은 인터넷 쇼핑몰이 문화 클러스터가 되기도 한다. 패션 잡화류 중심이고 국내에 희귀한 브랜드들이 많은데, 벌써 시장규모가 5,000억 원을 넘어서고 있다. 선두업체인 위즈위드의 경우에는 프리미엄 진(20, 30만 원대의 고급 청바지) 섹션을 통해 고급 청바지 붐을 선도한 바 있으며, 엔조이 뉴욕이라는 쇼핑몰은 실시간으로 뉴욕의 패션 트렌드를 전하는 현지통신원을 통해 문화전파와 비즈니스를 동시에 수행한다. 구매대행 사이트가 전 세계 패션문화를 한국에 소개하는 문화 클러스터 역할을 하고 있는 것이다.

이국적 문화와의 교배지 역할을 하는 문화 클러스터는 다양한 비즈니스 분야로 확산되고 있다. 오리지널 뮤지컬을 들여와서 무대에 올리는 공연단체나 영어마을 같은 교육프로그램, 이국적인 파티나 결혼식을 주최하고 새로운 파티, 웨딩문화를 소개하는 이벤트업체 등도 이 시장에 동참한다. 또 방송이나 신문 등의 미디어는 세계 각국의 음식, 여행, 시사, 트렌드 등을 소개함으로써 문화 클러스터 시장의 발원지 역할을 한다.

그러나 앞으로는 단순히 외국상품이나 유행을 소개하는 정도로는 소비자들의 크로스브리딩 욕망을 채울 수 없을 것이다. 이질적인 문화와의 접촉은 필연적으로 다음 단계, 즉 한국문화와의 접목을 통한 교배육종의 새로운 가치를 탄생시켜야 한다. 예컨대 국내 최초의 파티플래너인 이경목 파티즌 대표는 파티문화를 수입하면서 여기에 한국식 잔치 개념을 접목한 스탠딩 파티를 개발한다. 또 인맥을 중시하는 한국인의 정서를 감안해 파티를 '인맥형성을 위한 사교파티'로 발전시키고 있다.

세계는 이미 전통문화와 이국의 문화들이 교배되며 새로운 문화를 만드는 크로스브리딩의 시대로 진입했다. 글로벌 문화 클러스터 시장은 전 세계 곳곳에 형성되고 있다. 그렇게 보면 한국은 오히려 뒤늦은 감이 있다. 아직도 이민법 등 뒤처진 법체계니 방어적 민족주의 가치관의 장벽이 남아 있긴 하다. 하지만 새로운 것을 받아들이는 놀라운 수용성에서 어느 나라에도 뒤지지 않는 만큼, 한국의 문화 클러스터 시장은 앞으로 눈부시게 성장할 것이다.

2》》》 맞춤지식시장

유선, 무선의 정보전달 방식이 나날이 진화한다. 평범한 개인도 한꺼번에 얻을 수 있는 정보의 양이 폭증하고 있다. 하지만 정작 나 자신이 필요로 하는 정보와 지식은 어디에 있는지 찾기 어려울 때가 많다. 웹페이지나 블로그들에는 거기서 거기인 뉴스 퍼나르기나 똑같은 원전에 해석만 조금 다른 칼럼들이 넘쳐나고 있다. 그래서 나에게 꼭 맞는 정보, 나에게 깨우침을 주는 고급지식을 원하게 된다. 새로운 가치를 창출하는 크로스브리딩을 위해서는 양은 많지만 쓸모없는 대량정보들이 아니라, 작아도 가치가 있는 소수정예의 맞춤지식이 꼭 필요하다. 그래서 성장하고 있는 것이 '맞춤지식시장' 이다.

사실 정보는 정보일 뿐이다. 정보와 정보를 연결하는 맥락을 찾아내고 이것을 구조화하여 지식으로 만들지 않으면 가치를 지니지 못한다. 예를 들어 강남에서 뷰티숍을 하는 A씨가 부산의 B씨와 우연히 채팅을 하던 중 그가 해외 뷰티 트렌드에 관심이 많다는 것을 알았다고 하자. 이것은 정보 1이다. 또 A씨는 우연히 동창회 모임에 갔다가 파리에서 코스메틱 산업을 공부하고 돌아온 친구 C씨를 만났는데, 그는 막상 무엇부터 시작하면 좋을지 고민하고 있다는 것을 알았다. 이것이 정보 2다. 동창회에서 돌아온 날 밤에 A씨는 B씨와 또다시 채팅을 하게 되고, 얘기 도중에 C씨의 이야기가 떠오른다. 그렇다면 해외 뷰티 트렌드에 정통한 C

씨를 사업에 동참시켜 전국에 있을 B씨 같은 사람들에게 최신 뷰티 트렌드도 소개하고, 상품도 판매하는 인터넷 뷰티숍을 열 수 있지 않을까 생각하기 시작했다. 정보 1과 정보 2가 만나 맥락을 갖게 되면서 정보 3, 아니 새로운 지식 1이 탄생한 것이다.

우리가 새로운 가치를 추구하기 위해 필요로 하는 것은 수십만 개의 정보들이 아니라 이처럼 구조화된 정보, 즉 지식이다. 좋은 지식 하나가 수십만 개의 정보보다 가치를 지닐 때가 많다. 그래서 맞춤지식시장은 정보의 전달에 그치는 것이 아니라 정보를 걸러내고, 가공해서 특정 소비자들에게 가치 있는 지식으로 탈바꿈시키는 시장이다. 따라서 기존의 뉴스 생산자들, 전문가나 학자들이 대량화가 가능한 매체에 일방적인 지식을 쏟아내는 방식을 탈피하여, 컨설팅처럼 고객의 수요에 맞춤화된 지식을 만들어내는 제3의 지식시장이 성장할 것이다.

세계시장을 분석할 때 필요한 전문적 지식을 누가 제공하는지 곰곰이 생각해 보자. 전 세계에 구축한 정보 네트워크를 앞세워 보스턴컨설팅그룹, 모니터그룹, 매킨지, IBM글로벌서비스 등에서 쏟아내는 시장분석 리포트들이 그 역할을 한다. 모두 미국기업이고 컨설팅 회사들이다.

인도, 중국, 중남미, 아프리카 등의 신흥시장에 대한 지식은 이곳을 타깃으로 삼을 회사들에게는 필수적이다. 그렇다면 이 지식은 어디에서 구할까? 전 세계 경영인들에게 인정받고 있는 월간지 『하버드 비즈니스 리뷰』는 정치컨설팅 분야에서 명성 높은 유라시아 그룹(Eurasia Group)과 손을 잡고 '컨트리 리포트'를 제공한다. 이 리포트는 신흥시상 국가들의 정치적 리스크를 분석해 점수를 발표한다. 시장이 성장가능성만큼이나 정치적 불안정 요소 또한 큰 이들 나라의 위험요소를 분석함으로써, 미리 대처하는 데 도움을 주는 맞춤지식을 제공하는 것이다.

이와 같이 세계정세나 시장분석에 대한 맞춤지식은 미국의 컨설팅 회사들이 독점하다시피 하고 있다. 미국은 맞춤지식산업의 지배자다. 대표적인 지식수입국인 한국의 경우, 경제경영 분야의 베스트셀러 대부분이 미국에서 수입한 책들일 정도다.

남은 것은 국내에 특화된 지식이나 정보를 제공하는 국내 맞춤시장이다. 삼성경제연구소는 CEO와 기업 임원들에게 맞춤지식을 제공하는 'SERI CEO'로 연 70억 원대 매출을 올리고 있다. 개인 연회비가 120만 원에 이르지만 2002년 9월에 서비스를 시작한 지 3년 만에 회원수가 5,000명을 넘어섰다. 회원들은 매주 경영분석 리포트를 받아보고, 한 달에 한 번 신라호텔의 조찬 세미나에 참석할 수 있으며, 경영정보와 멀티미디어 5분 브리핑 등을 제공받는다. 일일 단위로 해외동향을 기업회원에게 서비스하는 애틀러스리서치그룹, 국내 최대의 패션 관련 지식업체인 삼성디자인넷, 경영 관련 고급정보를 가입비 50만 원으로 제공하는 휴넷 골드클래스, 800여 명의 전문가가 매일 20여 건의 전문지식을 생산해 회원들에게 메일링 서비스를 제공하는 CEO 리포트 등도 이 시장의 강자들이다.

이 사례들에서 알 수 있듯이 주로 비즈니스맨들에게 필요한 종합정보시장이 중심이 되고 있다. 하지만 이 시장은 앞으로 더 세분화되고, 한층 다양한 소비자를 대상으로 영역을 넓혀가게 될 것이다.

예컨대 미국에서는 기업의 미래예측을 위한 트렌드 한 분야만 해도 고급 트렌드 리포트를 전문적으로 제공하는 수십 개의 회사가 있고, 1년에 6번 트렌드 리포트를 제공하는 대가로 무려 1만 5,000달러의 회비를 받는 경우도 있다.

이처럼 마케팅, 재무, 미래예측, 창업 등 좋은 지식 하나가 고부가가치를 생산할 수 있는 맞춤지식 분야는 많다. 또 미술품 수집가, 부동산이나 주식투자자, 교육에 남다른 관심이 있는 주부, 특정 아이템에 관심이 있는 쇼핑 마니아 등도 이 시장의 잠재적 소비자들이다. 더 나아가면 한국 및 세계의 역사, 인생과 세상을 이해하는 데 필요한 철학, 일상을 윤택하게 만드는 생활지식, 하루가 다르게 쏟아져나오는 도서 요약 등 관심과 라이프스타일에 따른 맞춤지식도 성장가능성이 있는 잠재적 시장이다.

소비자의 욕망이나 시장의 조건상으로는 맞춤지식시장의 성장에 큰 문제가 없다. 오히려 문제는 정보 사이의 맥락을 파악하고, 이를 지식으로 만드는 지식노동자들의 부재이다. 국내 맞춤지식시장은 최고급 자료들조차 몇몇 경제연구소 연구원들의 부산물인 경우가 많다. 보다 전문적인 지식가공자들의 양성이 뒷받침되고, 현장의 생생한 정보를 제공받을 수 있는 네트워크가 뒷받침된다면 눈높이가 달라진 소비자들의 욕망을 바탕으로 맞춤지식시장이 성장하게 될 것이다. 이제는 한국도 지식수입국에서 벗어날 때가 되었다.

3 ››› 멀티태스커 교육

2005년 말, 미국의 시장 전문업체인 가트너는 인재관의 변화를 보여주는 보고서를 내놓은 바 있다. 이 회사의 '2006년 IT동향 전망' 보고서에 따르면 앞으로 IT 기업이 필요로 하는 인재는 IT에 대한 전문지식은 물론이고, 다양한 분야에 걸친 업무들을 해낼 수 있는 종합적 인재라는 것이다. 이 보고서는 장기적인 관점에서 IT 전문가는 기업이 처할 다양한 상황, 전체적인 업무 프로세스와 자원조달 패턴을 이해하여 이를 지도할 능력을 갖춘 사람이라고 지적한다. 한마디로 IT 분야에 대한 전문지식은 기본적 능력에 해당하며, 여러 분야에 걸친 경험과 지식을 바탕으로 전체를 이해하는 시야를 가져야 한다는 것이다.

나는 전작 『한국인 트렌드』에서 이런 인재를 '멀티태스커(Multitasker)'라고 정의했다. 문서작업, 음악, 동영상 등 여러 가지 작업을 동시에 해낼 수 있는 컴퓨터 기술인 멀티태스킹이라는 용어에서 따왔지만, 여러 가지 일을 한꺼번에 처리하는 천재적 다중능력이나 팔방미인을 뜻하는 말이 아니다. 자기 분야에는 이미 프로페셔널이되 다른 분야에 대해서도 준전문가적 교양과 시야를 갖추고, 이질적인 것들 사이의 조화와 융합으로 독창적 가치를 창출할 수 있는 인재가 멀티태스커인 것이다. 지난 세기가 분야별 프로페셔널의 시대였다면 융합의 시대인 21세기는 멀티태스커의 시대다.

이러한 인재관의 변화는 더 나은 존재가 되려는 욕망을 가진 호모 데시데로들을 두 가지 부문에서 자극하고 있다. 바로 재능과 시야다. 둘 모두 한국인들에게는 버거운 짐이 되고 있는데, 왜냐하면 지금까지의 한국형 인재는 '사(士)'자 자격증에서 보듯 한 분야의 프로페셔널이었기 때문이다. 고시원에 틀어박혀서 5년을 보내도 '사(士)'자 자격증 하나만 챙기고 자기 분야에 정통하기만 하면 '다재'도 필요 없고 '넓은 시야'도 필요 없었기 때문이다.

그런 점에서 이휘성 한국IBM 사장의 다음과 같은 언급은 의미심장하게 다가온다.

하나를 잘하는 사람은 많습니다. IBM 직원들은 고객에게 혁신과 비전의 가치를 전달하는 컨설턴트이면서 단기 실적을 달성해야 하는 어려운 과제를 안고 있습니다. 이 가운데 하나만을 잘하겠다고 하면 IBM에 남아 있기 힘들어요. 그래서 저는 양손잡이 역량을 가지고 있어야 한다고 강조합니다. 지금 한국IBM 임금 6분의 1이면 해당 분야에서 탁월한 능력을 갖추고 있는 인도, 중국의 인력을 채용할 수 있습니다. 그들과의 경쟁에서 이기려면 다양한 역량을 갖추고 이를 통합해 새로운 가치를 창출할 수 있어야 합니다.

(2006년 9월 18일자 「디지털 타임스」 기사 중에서)

지난 10여 년간 한국의 젊은이들은 새로운 시대의 인재상, 즉 멀티태스커가 되기 위해 그야말로 맨몸으로 부딪쳐왔다. 학교를 비롯한 교육기관에서 가르치는 것은 기본 교양과 프로페셔널 교육, 그나마도 사회적 필요와는 거리가 있는 프로페셔널 교육이었다. 그래서 한국의 경영대학원은 홀대받았고, 너도 나도 현장과 이론을 두루 경험할 수 있는 미국의 MBA과정에 몰려들기도 했다. 아무도 가르쳐주지 않은 것을 직접 몸으로 부딪쳐가며 배우고, 재능과 시야를 확보해 온 것이다. 하지만 그걸로는 부족하다. 새로운 인재상에 맞춘 교육에 대한 욕망은 계속해서 자라나고 있다. 바로 멀티태스커 교육시장이다.

가장 먼저 멀티태스커 교육에 나서는 것은 그 필요를 가장 직접적으로 느끼고 있는 기업들이다. 일찌이 일본 도요타자동차는 히토쓰쿠리(인재 만들기)에 사운을 걸면서 'T자형 인재'를 강조했다. 'ㅣ'은 한 분야에 대한 깊이 있고 전문적인 능력, '一'은 인접 분야나 관련성이 있는 다른 분야에서의 폭넓은 업무수행 능력을 의미한다. 국내 대기업들도 멀티태스커를 노골적으로 요구하기 시작했다. 현대기아차는 신입사원들에게 '진취적이며 유연한 사고를 바탕으로 미래를 대비하는 인재, 개인의 능동적 학습을 바탕으로 전문성을 키우고 이를 통해 생산성 향상을 주도할 수 있는 인재, 타인과 협조를 바탕으로 사회 속에서 자신의 역할과 책임을 다하는 인재'를 요구하고 있다.

하지만 도대체 어디서 이런 교육과 훈련을 받는단 말인가. 멀티태스커 교육시장은 욕망과 필요가 모두 존재하는 성장시장이지만, 현실은 미약하기만 하다. 멀티태스커 교육시장은 앞으로 정규 교육과정의 개편과 맞물려 성장할 것이다.

초중등 교육부터 보자. 학교형 인재와 사회가 필요로 하는 인재 사이의 갭이 점점 벌어지면서 학부모들은 사회형 인재를 육성하는 맞춤형 일대일 교육을 원하게 된다. 따라서 공교육 체제의 개편에 대한 사회적 논의가 필요할 것이다. 그리고 그 과정에서 창의력 캠프, 어린이 및 청소년 리더십 교육, 경제에 대한 실용적 이해, 세계문화 체험, 사교와 매너 훈련 등의 다양한 멀티태스커 교육이 정규 교육과정 이외의 과외교육으로 편입될 가능성이 높다. 기존의 교육시스템이나 교육자들만으로는 이런 수요를 감당하기가 어려우므로 외부의 교육업체들이 정규교육에 참여하는 공적 사교육 시장이 열릴 수밖에 없을 것이다.

대학과 같은 고등 교육기관은 어떤가? 대학은 MBA처럼 기업이 필요로 하는 멀티태스커 교육과정들을 개발할 필요가 있다. 예컨대 숙명여대는 컨설팅과 유통, 마케팅, IT 등 각 분야 전문가들의 성공비결이나 실무교육을 내용으로 하는 40여 개의 멘토 클래스를 운영하고 있는데, 이는 기초적인 시도라고 할 수 있다. 현장과 이론, 학문과 학문을 두루 배울 수 있도록 하면서 이질적인 경험이나 가치를 융합해 새로운 가치를 도출하는 문제해결형 교육이 이루어질 필요가 있다. 말하자면 철학의 역사를 꿰고 있는 IT 전공자가 인터넷의 미래를 인간의 관점에서 예측해보는 교육을 받을 수 있어야 하는 것이다.

기업형 인재교육도 내부 재교육이든 위탁교육이든 변화가 불가피하다. 일부 대기업들이 외국 유명대학의 비즈니스 스쿨에 인재를 파견하거나 글로벌 현장 교육을 실시하고 있지만, 엄청난 비용이 든다는 문제가 있다. 따라서 더 적은 비용으로 훈련이 가능한 국내 교육시장도 성장가능성이 충분하다. 다만 특정 기능이나 전문성 교육에서 벗어나 멀티태스커를 양성할 수 있는 종합적 인재 교육 프로그램을 갖출 필요가 있다. 이 프로그램에는 단지 경영분야의 지식만이 아니라 역사나 문화에 대한 해박한 시야, 글로벌 문화에 대한 이해, 마케팅에서 첨단 테크놀로지에 이르는 전문적 지식 등을 통해 변화와 미래에 대한 통찰력을 키우는 과정이 포함되어야 할 것이다.

'메가트렌드'라는 용어의 창안자로 유명한 존 나이스비트는 세계의 중심이 제품의 맞춤화가 아닌 인재의 대량 맞춤시대로, 국가 단위에서 경제도메인(Domain, 전통적 국가경계와 상관없이 경제적 관계를 가지고 있는 여러 변수나 주체의 집합을 의미) 단위로 이동하고 있으며, 도메인 중심의 세상에서 성공의 기반은 바로 교육이라고 지석했다. '미래의 세상을 준비하는 데 가장 중요한 경제적 우선순위가 교육'이라는 것이 그의 주장이다. 한국은 사교육시장만 41조 원에 달하는 교육대국이지만, 막상 시대가 필요로 하는 인재양성에는 미흡하기만 하다. 그러나 호모 데시데로들의 성장욕망, 학부모들의 맞춤교육에 대한 요구, 기업과 사회의 새로운 인재상에 대한 요구가 맞물리면서 변화가 시작될 것이다. 그리고 그 변화의 방향성은 멀티태스커가 될 것이다.

4》》 신기한 동거 기업들

기업의 세계에서도 크로스브리딩이 등장하고 있다. 경제주체로서의 기업은 다른 기업들과 악연과 선연이라는 양자택일적인 관계를 형성해 왔다. 경쟁사가 신제품으로 좋은 반응을 얻으면 재빨리 모방제품을 만들어 시장의 물을 흐려놓는 일 따위는 비일비재했다. 악연이다. 모기업과 하청회사가 함께 성장하는 '윈-윈' 관계를 형성하는 경우도 있다. 그렇다면 선연이다.

하지만 오늘날에는 가치창출이라는 목표 앞에서 적과 아군의 구별이 없어지고 있다. 서로 사이가 좋을 수 없는 기업들이 인연을 맺고, 동반성장을 추구하고 있다.

대표적인 사례가 삼성전자와 소니의 전략적 동거일 것이다. '차세대 TV'로 일컬어지는 LCD TV 부문에서 삼성전자와 소니는 양보 없는 경쟁을 벌이지만, TV 부품 분야에서는 서로 손을 잡고 있다. 두 회사가 공동으로 핵심부품인 LCD 패널 제조공장을 한국에 설립하여 생산하고 있는 것이다. 2006년 3월에는 양사가 기존의 협력관계를 유지하면서 8세대 LCD 공장을 신설하기로 합의한 바 있다.

기업들은 요즘 협력과 경쟁의 새로운 동거문화를 만들고 있다. 과잉

경쟁시대를 헤쳐나가기 위해 하나의 상품, 하나의 기술을 위해 들여야 할 과다한 비용을 분담하고, 여러 회사의 능력을 결합해 크로스브리딩의 새로운 가치를 창출할 수 있는 가능성 때문이다. 그래서 기업과 기업은 어떤 부문에서는 경쟁하면서 다른 부문에서는 협력한다. 미국의 트렌드 전문가 샘 힐은 영국에서 가장 인기 있는 슈퍼마켓과 가장 인기 있는 항공사의 제휴를 사례로 들면서 '이상한 동거'라는 트렌드를 소개한 바 있다. 하지만 경쟁과 협력을 동시에 하는 이 새로운 기업문화는 이상하기보다는 신기하다. 슈퍼마켓과 항공사처럼 경쟁은커녕 서로 스칠 일도 없는 분야 간의 제휴라서가 아니라, 간발의 차로 총을 먼저 뽑는 자가 살아남는 총잡이의 세계만큼이나 비정한 라이벌 간의 협력이기 때문이다. 이것은 분명 과거에는 없던 신기한 동거다.

충청북도에 있는 오창산업단지에서도 신기한 동거기업들이 탄생했다. 송죽테크놀러지, 큐티에스, 삼진이엔지라는 세 기업은 각 사의 고유 기술을 결합해 반도체 제조공정에 쓰는 핵심장비 공급사업을 시작했다. 그들은 한 공장의 여유공간에 공동생산라인과 공동사무실을 만들었다. 세 회사는 각각 항공기 기체부품 등 정밀기계 가공회사(송죽테크놀로지), 유·공압 기술 전문회사(삼진이엔지), 전기전자와 반도체 기술엔지니어링 회사(큐티에스)이다. 이들의 협력과 상생은 기술융합을 통한 신사업 모색이라는 의미도 있지만, 자본과 인력이 부족한 중소기업들의 새로운 사업모델이기도 하다.

미디어 분야에서는 글로벌 기업들이 일찌감치 동거를 시삭했나. 2005년 11월에 휴대용 '비디오 아이팟(Video iPod)'을 선보인 애플사는 월트디즈니 계열의 ABC 방송에서 인기리에 방영되고 있는 드라마를 제공하기로 함으로써 두 회사의 공조시대를 열었다. 쌍방향 TV 서비스를 제공하는 DVR(디지털 영상저장장치) 사업체인 미국 티보(TiVo)사는 인터넷 기업인 야후와 손을 잡았다. 원하는 대로 골라 TV 시청을 할 수 있는 DVR이 야후의 영화사이트인 '판당고'와 제휴하여 영화티켓도 구매하고, 날씨나 교통정보도 알 수 있는 장치로 변신했다.

신기한 동거기업들은 앞으로 계속 늘어날 것이다. 기업들은 더 적은 비용으로 새로운 상품과 서비스를 만들어내기 위해 적 혹은 이웃과의 신기한 동거를 만들어낼 것이다. 대기업과 중소기업, 같은 분야의 경쟁기업, 문화 서비스와 인터넷 기업, 온라인 기업과 오프라인 기업들은 이제 기존의 먹이사슬 관계를 끊고 새로운 융합의 시대로 돌입하게 될 것이다.

물론 순탄하기만 한 것은 아니다. 교류나 협력은 어디까지나 새로운 기회를 만들고, 이익을 공정하게 분배할 수 있을 때까지다. 그래서 신기한 동거는 늘 '임시'일 수밖에 없다. 따라서 신기한 동거기업들은 신규시장에 진출하기 위한 위험부담을 줄이는 일만이 아니라 헤어지고 난 다음의 경쟁력 약화 위험까지 고려해야 할 것이다.

5》》 취미노동

미국 콜럼버스에 거주하고 있는 47세의 처크 램은 특이한 취미를 가지고 있다. 보험회사 컴퓨터 프로그래머가 직업인 그의 취미는 '시체놀이'다. 그는 '데드바디가이닷컴'이라는 사이트를 운영하면서 다양한 포즈의 시체놀이 사진을 연출했다. 그의 꿈은 할리우드 영화에서 시체 역할을 해보는 것이었다. 인터넷 덕분에 여러 사람이 그를 알게 되었고, 마침내 「스티프스」라는 코미디 영화에서 커다란 봉지 안에 들어 있는 시체 역할로 데뷔하게 되었다.

물론 특이한 취미를 가진 특이한 사례다. 하지만 그보다 강도는 덜하지만 취미가 자기만의 골방을 벗어나는 사례는 점차 늘어나고 있다. 취미가 시장에 나와 노동이 되는 것은 우리 시대의 새로운 트렌드다. 이것을 '취미노동'이라고 한다.

취미노동의 성장에는 비정규직이 늘어나고 고용불안이 심화되는 사회적 배경의 영향도 있지만, 내가 좋아하는 일 속에서 내가 만들어낸 가치를 실현하고픈 욕망이 에너지로 작용하고 있다. 기존의 직업들만으로는 내가 추구하는 가치를 만들어낼 수 없다는 점도 에너지가 된다. 그래서 세상의 많은 일들 중 특별히 내게 선택된 것들이 내 안에 들어와, 내 삶의 영역 안에서 크로스브리딩 과정을 거친다. 그것을 예전에는 그저 취미라고만 불렀다. 하지만 축구 관전이 취미였던 사람들이 '축구 전문 평론가'라는 신종 직업을 만들어낸 것을 보라. 이것은 불과 몇 년 사이의 일이다. 지상파 방송의 스포츠 중계에서 해설자로나 존재했던 직업군을 대폭 확대시킨 것은 취미노동이었던 것이다.

개인적 취미와 사회적 분업으로서의 노동시장은 대문 안과 바깥처럼 공존하기 어려웠던 것이 그동안의 직업 질서였다. 그래서 수많은 사람들은 돈을 벌기 위한 사회적 노동 속에서 자신을 소외시킬 수밖에 없었다. 하지만 세상의 변화는 가끔 즐거운 일을 만들어준다.

사람들의 일상은 더욱 분주해지고 있지만, 그 가운데에서도 개인이 갖는 관심분야나 취미의 영역은 엄청나게 증가하고, 점점 더 세분화되고 있다. 그리고 사람들은 일단 관심이나 취미를 갖게 되면 과거처럼 일정한 수준에서 수동적으로 즐기는 것이 아니라 적극적으로 정보를 찾아보고, 필요하다면 배우고, 가까이 두고 즐기고 싶은 대상에 대해서는 마니아가 되기도 한다. 이렇듯 점점 다양화, 세분화되어 가는 취미와 관심 영역에서는 소규모일지라도 지속적인 수요층이 생겨나게 되고, 이 수요에 부응하고 나아가 그 수요층을 늘리는 역할을 담당하는 공급자 혹은 생산자가 생긴다. 따라서 똑같이 취미에서 출발했을지라도 더 많은 재주와 능력을 바탕으로 먼저 성취한 사람들은 취미를 직업으로 삼을 수 있게 되었다.

취미노동이 성장할 수 있는 또 하나의 배경은 디지털 기술 기반 세계로 변화함에 따라 구매자와 공급자 간의 시간 및 거리가 단축되었다는 점이다. 아날로그 시대와 달리 실시간으로 수요와 공급이 노출되기 때문에 사람들이 필요로 하는 것이라면 금방 시장이 형성되곤 한다. 따라서 예전이라면 단순한 취미 정도에 머물러 있을 일들이 직업이 될 수 있는 것이다.

취미노동은 프로슈머(prosumer, producer+consumer 프로듀서와 소비자의 합성어로 돈을 쓰면서 버는 적극적 소비자들을 지칭)를 화폐경제로 끌어들인다. 적극적 소비자였던 이들이 직접 생산의 세계로 뛰어드는 것이다. 그리고 그들의 출현은 일과 놀이의 관계, 화폐경제와 비화폐경제의 경계에 대한 상식과 고정관념을 흔들어놓고 있다.

예를 들어 모 잡지사 기자는 PDA를 산 것이 계기가 되어 얼리어답터로서 디지털 신제품들을 꾸준히 사모으기 시작했다. 그녀는 어항 속에서 전자물고기 '무츠' 가 헤엄치게 하고, 달걀이 익어가면 흰자위만 익은 상태-반숙-완숙을 색깔로 보여주는 에그타이머나 돋보기 달린 손톱깎이, 렌즈 4개 달린 카메라 같은 각종 신제품들로 방을 가득 채웠다. 그러다 아예 이것이 일이 되었다. 인터넷 방송국에서 신제품 소개 프로그램의 콘텐츠를 만들게 된 것이다. 그 다음에는 아예 케이블 방송에서 신제품을 소개하는 프로그램의 진행자가 되었다.

국내 스트리트 댄스의 로킹(Locking, 힙합 댄스의 한 요소로 빠르고 현란한 동작을 하다가 비트에 맞춰서 몸을 순간순간 끊겨 보이게 하는 춤) 부문 여성최고팀으로 인정받는 '락앤롤(LOCK' N' lol)'의 한 멤버는 불문학과를 나와 방송국 작가로 일했지만 대학 때 힙합 동아리에서 춤에 입문한 뒤 로킹의 매력에 빠졌다. 이후 그녀에게 춤은 관람에서 취미로, 취미에서 평생직업으로 바뀌었다.

어릴 적부터 그림 그리는 것을 좋아했던 또 다른 여성은 아내로서, 커리어 우먼으로서, 엄마로서의 역할에 충실하다가 뒤늦게 예전의 꿈을 되찾았다. 어린 시절 작은 화장대를 만들거나 깨진 거울에 타일을 붙여 새로운 거울로 탄생시키는 놀이를 즐겼던 그녀는 오랜 시간 잊혀졌던 그 꿈을 집안을 꾸미는 인테리어 코디네이터라는 직업으로 실현했다. 그리고 온라인 쇼핑몰까지 열었다.

취미노동은 단순한 이야깃거리로 끝나지 않을 것이다. 왜냐하면 취미노동은 새로운 직업에서만이 아니라 기존의 직업세계에도 영향을 끼치기 때문이다. 일과 취미를 결합시키려는 욕망은 기존의 일과 자신의 취미를 창의적으로 크로스브리딩하게 만들고, 이들은 의무적으로 일하는 사람들보다 훨씬 높은 부가가치를 생산하게 된다. 취미노동자들은 미래의 리더인 멀티태스커가 될 소양이 풍부한 사람들인 셈이다.

7장 교배하는 세상 : 크로스브리딩(Crossbreeding)

사회의 이런 변화는 직업선택의 과정까지 바꿔놓을 것이다. 그래서 지금까지의 취미노동이 못다한 꿈을 이루는 방식이라면, 앞으로의 사회에서는 어릴 때부터 아예 취미노동의 길로 들어선 사람들이 늘어날 것이다.

예컨대 예전의 실업계 고등학교는 인문계 고등학교에 갈 성적이 안 되거나 가정형편이 어려운 아이들이 가는 곳이었다. 하지만 지금 실업계 고등학교의 일부는 특성화 고등학교로 변모하면서 일찌감치 취미와 관심의 대상을 정한 아이들이 선호하는 인기학교가 되고 있다.

이미 수많은 특성화 고등학교들이 생겨났다. 디자인, 인터넷, 애니메이션, 관광, 조리, 디지털 미디어, 도예, 보석전문가, 골프, 승마 등의 교육과정을 둔 특성화 고교들이 이미 73곳이나 된다. 정부는 2010년까지 이런 고등학교를 200개 교로 확대할 계획이다. 성적이 안 좋아서 간다는 것은 이미 옛말이 되었다. 2006년 서울대 미대 수석합격자는 애니메이션고등학교 출신이었고, 경기도에 있는 한국조리과학고는 경쟁률만 5.5대 1이며 중학교 내신성적도 상위 20% 안에 들어야 한다. 심지어 대학에 진학한 특성화 고교 출신자들은 새로 배울 것이 그리 많지 않다고까지 이야기한다. 이들은 취미와 노동, 직업을 한꺼번에 해결하는 길을 가고 있는 것이다.

물론 아직까지 한국에서는 고용불안, 경제불황 같은 외적 이유 때문에 겉으로만 취미노동에 가까운 비정규 일자리를 가진 사람이 더 많다. 취미노동의 증가는 한국경제가 지속적으로 성장하는가에 연동되어 있다. 하지만 일과 취미를 결합시켜 나만의 가치를 창의적으로 크로스브리딩하려는 욕망은 이미 시작되었고, 이것은 많은 사람들에게 창의력의 원천이 될 것이다. 앞으로의 사회에서는 가치생산자가 멀티태스커가 될 것이라는 예측에 비추어볼 때, 취미노동자의 창의성은 더 많은 사회적 필요를 충족시킬 수밖에 없을 것이다. 그렇게 되면 마티아스 호르크스가 예측한 것처럼 취미노동자와 같은 '잡 노마드(Job Nomad)'들이 21세기 경제를 이끄는 날이 오게 될 것이다.

7장 **교배하는 세상 : 크로스브리딩(Crossbreeding)**

크로스브리딩을 상징하는 숫자들

13.6%

■ 국제결혼 비율(2005) 1990년 1.2%에서 10배 이상 증가했다. '코시안(KOSIAN, 한국인과 아시아인이 결혼해 낳은 2세)'의 수도 2만여 명에 이른다(초·중·고교 재학중인 혼혈아동 8,000여 명). 그러나 2006년 10월 MBC가 초등학생 및 학부모 각 500명을 대상으로 조사한 결과, 학부모 중 '혼혈인과 내 아이가 결혼해도 좋다'고 응답한 사람은 불과 10%, 학생들 중 '엄마나 아빠 둘 중 한 사람이 외국인이면 한국인이 아니다'라고 응답한 학생은 30%가 넘었다. 섞이는 것은 피(血)만이 아니어야 한다. 사람과 함께 섞여 들어오는 다양한 문화를 기꺼이 받아들이고, 즐겁게 비벼봄직하다. 그리고 다니엘 헤니, 하인스 워드 같은 '잘 나가는' 혼혈인들뿐만 아니라, 어디선가 '한국인 나빠요!'라며 울먹거리고 있을 코시안들과 수많은 '블랑카'들도 감싸안을 때다.

120만 5,000명

■ 90일을 초과한 장기이동자 수(2005) 이는 2005년 한 해 동안 우리나라 국경을 넘어서 이동한 총 출입국자 2,925만 7,000명(한국인 출국자 1,007만 8,000여 명) 중 4.1%에 해당한다. 2004년보다 총 출입국자 수는 11.1% 증가한 데 비해 장기이동자 수는 30%나 증가했다.

1,000만 명

■ 마이링커의 이용자 수(2006) 마이링커는 온라인상에서 인터넷 사용자에게 실시간으로 정보를 배달해 주는 서비스다. 각 사이트를 일일이 방문하지 않더라도 정보가 도착하면 모니터 하단에 위치한 마이링커 키가

깜박이며 정보를 알려준다. 서울시청, 청와대 경호실 등 공공기관과 다수의 언론사, 그리고 KT, 아시아나, 포스코 등 기업 1,000여 곳에 서비스를 공급중이다.

3위

■ 미국 유학생 수(2004~05) 인도와 중국에 이어 세 번째다. 일본, 대만이 우리 뒤를 잇고 있다. 같은 기간 미국 내 외국인 학자 수는 중국에 이어 한국이 2위(8,301명)다.

173개 국

■ 한인이 정착한 국가 수 해외거주 한인(자손 포함) 수는 633만 명, 남북한 인구 대비 10%에 육박하는 비율이다. 동부 카리브해에 위치한 인구 17만여 명의 소국 세인트루시아(한인 55명)에서도, 멀리 서아프리카의 니제르(한인 11명)에서도 우리 문화와의 크로스브리딩이 시작되고 있을 터이다.

1,220종

■ 해외에서 출간된 한국문학 종수(2006.9) 대산문화재단과 한국문학번역원의 통계에 따르면 우리 문학작품은 세계 45개 국, 29개 언어로 출간되었는데 미국이 190종으로 가장 많고, 일본(193종)－프랑스(165종)－중국(137종)－독일(135종) 순이다. 초기에는 연구자들이 인맥을 통해 번역하여 소개하다가 1980년대에 들어서야 체계적인 해외 번역이 이루어졌다.

1/4

■ 미국 실리콘 밸리의 비용 절감 폭 부동산과 인건비가 치솟자 사무실을 줄이고 직원 수는 대폭 절감한 대신 인도의 네트워크를 사용하고 현지의 직원을 채용한 결과다. 비용은 대폭 줄이고 개발능력은 향상시키는 두 마리 토끼를 잡은 셈이다.

다이내믹 코리아의 도약을 꿈꾸며

다이내믹 코리아의 시대는 더 이상 단일한 정체성으로 한국을 표현하기 어려운 시대다. 다이내믹이라는 단어는 좀처럼 고삐를 낚아챌 수 없는 한국인의 다양한 욕망들을 형용하고 있을 뿐이다. 앞으로의 대한민국은 청춘의 나라이면서 동시에 스마트하고 끊임없이 삶의 레벨을 업그레이드하려는 소비자들의 나라일 뿐만 아니라, 날것의 체험을 찾아 세계를 넘나들면서도 나를 보호할 안전판을 고대하고, 따뜻한 네트워크를 지향하면서도 새로운 가치를 위해 비비고 섞는 것을 주저하지 않는 사람들의 나라다. 많은 것들이 들끓고, 그 들끓음이 활력의 요소가 되고 있는 나라. 그것이 바로 대한민국이다. 한국의 호모 데시데로들은 아직 고정되지 않은 미래에 대한 도전과 모험의식을 잊지 않고 있다. 다이내믹 코리아의 성장가능성도 여기에 있다.

그렇다고 해서 다이내믹 코리아의 미래가 무조건 낙관적이며 성장 일변도이리라 예측하는 것은 아니다. 욕망은 길을 열고 성장의 토대를 만들지만, 그 가능성을 현재화하는 것은 한국인들의 자각과 노력이다. 예컨대 청춘의 욕망은 점점 더 많은 이들에게 확산될 것이 분명하고, 베이비붐 세대라는 거대한 토대가 뒷받침될 것도 틀림없지만 청춘 시장을 장악하는 것이 반드시 한국인일 것이란 보장은 없다.

그래서 우리에게 필요한 것은 욕망의 성장시장에 대한 전략적 접근이다. 기업은 물론이고 국가적 차원에서도 욕망을 토대로 한 성장시장에 주목할 필요가 있다. 그간의 전략산업 육성은 지나치게 새로운 과학기술 자체에만 매달린 측면이 있다. 가령 ‘유비쿼터스 신기술은 청춘 시장과 어떻게 접목될 것인가’와 같은 질문을 통해, 새로운 테크놀로지가 욕망과 만나는 지점에 대한 접근법을 바탕으로 재해석되어야 한다. 기업도 마찬가지로, 예컨대 휴대폰을 생산하는 기업이라면 몇 년씩의 장기적 투자가 필요한 신기술 개발을 시도할 때 소비자들의 스마트한 욕망과의 만남을 전략적으로 계산해야 할 것이다.

나는 이 책에서 욕망을 통해 변화의 종합적 맥락을 파악하고, 필연적으로 성장할 시장의 기회를 추적하고자 했다. 하지만 시장의 기회를 현실화시키려면 개별 경제주체의 노력이 더 필요하다. 개인과 기업, 국가는 인간의 욕망에 좀더 주목하고, 새로운 욕망이 만들어낼 미래의 성장시장에 대한 전략적 접근을 통해 그 시장의 가능성을 현재화할 필요가 있다. 각각의 경제주체들은 이 새로운 성장시장에 대한 예측을 토대로 미래의 로드맵을 새로 쓸 필요가 있다. 그럴 때 비로소 이 성장시장들이 다이내믹 코리아의 새로운 진로를 이끌어갈 수 있는 것이다.

10년 넘게 한국사회의 변화를 추적하는 작업을 하면서, 처음에는 변화 그 자체에 주목했다. 여러 가지 변화들 중에서 발견할 수 있는 공통점을 묶어내는 데 주안점을 둔 것이다. 하지만 이 책에 이르러 비로소 생태학적 요소를 바탕으로 사회변화를 분석하는 기틀을 마련할 수 있었다. 사회의 흐름을 종합적으로 인식하기 위해 생태계 개념을 도입하고, 생태계의 구성요소와 변화의 인과관계를 체계적으로 분석하고자 했다. 그래서 이후 100여 개에 달하는 우리 사회의 트렌드를 추출하면서 물질, 에너지, 시공간, 다양성이라는 생태계적 요소를 바탕으로 구체적인 분석을 시도했다. 그리고 '욕망'의 에너지를 바탕으로 해서 소비자들을 '호모 데시데로'라는 새로운 개념으로 규정해 보고자 했다. 소비자라는 틀에 갇혀 시장을 분석하다 보면 인간의 입체적인 면모를 놓치게 될 우려가 크기 때문이다. 여기에도 휴먼웨어적 감성과 통찰이 필요하다.

앞에서도 이야기했지만 가장 간단한 분석틀은 '지배적 변화–지배적 욕망–성장시장과 트렌드'로 이어지는 인과관계다. 아무리 복잡한 현상들도 이 관계망 속에 집어넣어 볼 수 있다. 누구든 몇 번만 시도해 보면 그 진가가 금방 드러날 것으로 나는 믿고 있다. 그렇게 되면 세계적 전문가가 대신 읽어준 변화들도 곧 내 것으로 바뀔 수 있을 것이다.

　　이제 또 한 걸음을 내딛을 때다. 지금까지도 물론 한국인들은 잘해왔지만 이제부터는 선진국의 모방에서가 아니라 우리 스스로 다이내믹 코리아의 가치를 창의적으로 개발해야 한다. 예전에는 해외의 선진 사례를 본보기 삼아 진로를 모색했지만 이제는 우리 안에서 미래의 가치를 찾고 봉화를 올릴 차례다. 이 책에서 생태계적 틀에 기초한 욕망의 분석을 통해 대한민국의 성장시장을 찾고자 한 것도 그런 시도의 하나다. 이 새로운 성장시장들을 먼저 개척하고 선점한다면 다이내믹 코리아는 또 한 번 멋진 승리의 역사를 써나갈 수 있을 것이다.